__________________ 드림

나는 왜 툭하면 욱할까

초판 1쇄 인쇄 2016년 3월 11일
초판 1쇄 발행 2016년 3월 18일

지은이 차희연

발행인 장상진
발행처 경향미디어
등록번호 제313-2002-477호
등록일자 2002년 1월 31일

주소 서울시 영등포구 양평동 2가 37-1번지 동아프라임밸리 507-508호
전화 1644-5613 | **팩스** 02) 304-5613

ISBN 978-89-6518-172-9 03320

· 값은 표지에 있습니다.
· 파본은 구입하신 서점에서 바꿔드립니다.

감정 조절이 서툰 사람들을 위한
관계심리학

차희연 지음

경향미디어

머리말

사소한 일에 욱하지 않는 방법이 있을까?

많은 사람이 욱하지 않는 방법을 찾는다. 아마도 화났을 때 잘 참는 방법을 배우고 싶은 것일 것이다. 만약 그렇다면 인내심만 있으면 욱하는 문제는 해결된다. 하지만 이런 방법은 문제 해결은커녕 스트레스 상황이 되풀이되는 대가를 치러야 한다.

분노를 다루는 방법을 배운 적이 없다 보니 회사에서도 집에서도 항상 참고 희생만 하다가 언제 폭발할지 모르는 시한폭탄처럼 사소한 일에 욱하고 화내고 분노를 터트려 버린다. 욱하더라도 현명하고 우아하게 감정을 표현하고, 욱하는 감정을 잘 다루어서 자신에게 도움이 될 수 있게 만드는 것이 분노 조절의 핵심이다.

욱하는 사람들이 저지르는 실수를 심심치 않게 뉴스에서 접할 수 있다. 운전을 할 때 끼어들기를 했다는 사소한 이유로 보복운전을 한 사람에 관한 이야기, 술김에 친구를 폭행한 이야기, 묻지마 폭행이나 묻지마 살인과 같은 무시무시한 이야기가 자주 등장한다.

직장에 다니는 사람들 중에서 욱하지 않는 사람이 있을까? 욱하는 감정이 생기는 것은 우리 몸에 스스로를 지키는 보호 시스템이 작동하고 있다는 증거이다. 화가 날만 한 상황이라서 화가 났다면 신체를 건강하게 보호하기 위해서 신체 시스템이 발동한 것이다. 하지만 왜 화가 났는지도 모르고 너무 자주 화가 나고 사소한 일에 욱하기 시작했다면 위험 경보가 울린 것으로 받아들여야 한다.

그런데 직장에서 욱할 일이 없다고 해서 건강이 안전하다는 의미로 착각하면 안 된다. 욱하지 않는다면 자신의 타고난 기질이 분노를 덜 느끼는 둔감한 성향이거나, 이미 감정이 마비되어 감정을 느끼지 않게 된 것일 수도 있다. 둔감하기 때문에 욱하지 않는 것이라면 사회생활을 잘 하고 있는지 한 번쯤 점검해 보아야 한다. 감정은 대인 관계에서 의사소통을 담당하기 때문에 둔감하다면 자신도 모르게 상대방에게 분노를 유발할 수도 있기 때문이다. 또한 감정이 마비되어 느끼지 못하는 것도 대인 관계에서 문제가 발생할 가능성이 높다.

분노는 어떻게 다루고 관리하는지에 따라서 자신을 살릴 수도 있고, 병들게 할 수도 한다. 아주 작은 것에서부터 분노를 관리하는 방법을 배우고 연습하다 보면 사소한 것에서 욱하던 습관에서 벗어날 수 있다. 분노를 잘 관리하게 되면 분노를 전략적으로 활용할 수 있고, 분노를 통하여 자신을 이해할 수도 있다.

이 책에서는 욱하는 감정을 다스려서 마음의 평화와 행복을 스스로 만드는 방법에 대해 다루었다. 분노가 생기는 상황에서 자신의 의견을 부드럽지만 명확하게 표현하는 방법을 터득하게 되면 자기 자신뿐만 아니라 주변 사람들도 함께 행복해질 수 있을 것이다.

차희연

◈ 차례

CHAPTER 3

관점을 바꾸어 상대방의 눈으로 나를 바라보라

CHAPTER 4

나의 감정을 인정하고 분노의 고리를 끊어라

CHAPTER 5

나의 감정을 표현하고 타인과의 관계를 조율하라

CHAPTER 6

내일로 미루지 말고 지금 여기서 행복하라

CHAPTER 1

나는 왜
사소한 일에 욱할까?

오늘도 나는 욱한다

한 직장인이 취업을 준비하던 시기에 직장인들이 사원증을 걸고 위풍당당하게 웃으며 길을 걷는 모습에 주눅이 들었다고 했다. 하지만 자신이 직장인이 되고 나니 직장인들이 왜 길에서 웃는지 이유를 알 것 같다고 했다.

"그냥 밖에 나와서 기분이 좋은 것이었어요."

또 다른 직장인의 이야기이다.

"다들 어떻게 이걸 버티는 거죠?"

1년차 사회 초년생이 하는 말이다.

"그토록 원하던 취업의 기쁨도 잠시일 뿐 매일 매일이 지옥입니다. 다들 어떻게 이 생활을 몇 년, 몇 십 년씩 하는 건가요?"

"출근길은 1시간 30분이나 걸립니다. 걸어서 정류장에 가서 버스 타고 중간에 지하철을 갈아탑니다. 앉아서 가기는 하지만 도착하면 어느새 땀범벅에 파김치가 됩니다. 근무 시간엔 10분 이상 자리를 비우면 찾는 전화가 오고, 점심은 상사가 좋아하는 메뉴를 억지로 먹고, 커피는 또 사비로 먹어야 합니다.

일 빨리 끝내고 퇴근하면 될 걸 굳이 저녁 먹고 천천히 들어와서 야근을 하면 밤 9시에서 10시가 돼야 일이 끝납니다. 그러곤 또 상사가 필 받으면 회식을 가지요. 싼 소주로.

이런 생활을 1년 정도 계속하니까 정말 미치기 일보 직전입니다. 아직 1년차밖에 안 되어서 그런지 모르겠지만 이게 내가 원하던 인생인가 싶기도 하고, 하루하루 발전하기보다는 겨우 버티는 것 같고, 정말 출근하기 싫습니다. 분명 저보다 더 열악한 분들도 계실 텐데…. 정말 다들 어떻게 버티는 건가요?"

회사에 출근할 생각만 하면 나도 모르게 몸이 늘어지고, 쉬고 싶고, 회의감이 드는 것은 아닌가. 출근할 생각만 하면 즐겁기보다는 괴롭고, 꼴 보기 싫은 사람을 마주칠 생각만 하면 진저리가 나지는 않는가. 로또만 당첨되면 회사 때려치우고 말겠다는 다짐을 수없이 하는 것은 아닌가. 품에 사직서를 넣고 다니다가 여차하면 상사의 얼굴에 던지고 퇴사하겠다는 상상을 하는 것은 아닌가.

직장에서 근무하는 시간이 행복하면 더할 나위 없겠지만, 눈을 뜨는 시간부터 눈을 감는 시간까지 일을 하기 위해서 존재하는 것 같다는 생각이 든다. 눈을 뜨면 회사에 가기 위해서 씻고 옷을 입고 버스를 타고 출근한다. 그리고 하루 종일 회사에서 일을 하고, 퇴근을 하기 위해서는 눈치작전을 펴기 일쑤다. 상사가 퇴근을 하라고 하더라도 상사가 야근을 하면 눈치껏 야근해야 하고, 회식을 하면 회식도 업무의 연장이라 빠지기가 어렵다. 이렇게 하루를 보내다 보면 언제 터질지 모르는 시한폭탄처럼 누가 건드리기만 해도 폭발해 버릴 것같이 욱하기 좋은 모드가 되어 버린다.

2011년에 취업포털 사이트 사람인에서 직장인 1,434명을 대상으로 설문 조사를 했다. '직장에서 욱하고 화가 나는 순간'을 주제로 한 설문 조사에서 94.7%가 직장에서 욱하는 순간이 있다고 대답했다. 그리고 욱하는 횟수는 하루 평균 3.4회라고 대답했다.

감정 조절을 하고 싶다고 도움을 요청하는 사람이 늘고 있다. 특히 직장에서 욱하는 것이 올라올 때 어떻게 해야 하는지 모르겠다는 것이다. 아주 작고 사소한 것에 욱하는 것이 올라오기 때문에 화를 내면 이상한 사람이 될 것 같고, 그냥 있자니 언젠가는 터질 것 같은 느낌에 어떻게든 처리해야 할 것 같은 생각이 드는 것이다. 자신이 자꾸 사소한 일에 욱하는 것도 괴롭고, 순간적으로 욱할 때 상대방에게 소리를 지르거나 싸워 버리면 그 순간에는 시원할지 모르겠지만 회사에 다니는 내내 후회하고 또 후회하게 될지도 모르기 때문이다.

욱할 때 더욱 잘 참기 위해서 감정을 조절하고 싶다고 말한다. 욱하는 것을 참는 것이 감정 조절이라고 생각하는 사람이 많다. 감정을 참는 기술이 감정 조절이라면 굳이 감정 조절 방법을 배울 필요가 있을까. 그저 인내심만 있으면 누구라도 감정을 참을 수 있으니 분노 조절을 배울 필요가 없다. 분노를 조절하는 것은 참고 인내하는 것이 아니다. 화날 때 잠깐 기다렸다가 자신에게 이득이 되는 방식으로 표현하거나 감정을 차단할 수 있는 기술이다. 욱할 때 감정을 조절할 수 있는 방법은 배우고 연습해야 한다.

대한민국에서 직장을 다닌다는 것은 쉬운 일이 아니다. 한국 대기업의 프랑스 법인에서 10년 동안 근무한 프랑스인이 쓴 책의 제목이 『Ils sont fous, ces Coréens!(그들은 미쳤다, 한국인들)』이다. 오죽하면 이런 제목일까. 저자인 에릭 슈르데쥬는 일본 대기업인 소니와 도시바에서도 13년이나 일한 경험이 있는데 한국 기업에서 근무한 10년은 기상천외한 경험이었다고 말한다. 그저 도전정신을 갖고 임해야 하는 수준을 떠나서 매 순간이 도전의 연속이었다고 말한다. 오죽하면 책의 부제가 '효율의 광란에서 보낸 10년'일까.

한국에서 태어나 한국에서 살면서 한국에서 직장을 다녀야 하는 숙명을 타고난 우리들은 그 '광란의 효율성'을 추구하는 기업에서 살아남기 위해서 어떻게 해야 할까. 그저 직장 생활을 잘하기 위해서가 아니라 어쩌면 생존을 위해서 본능적으로 분노 조절을 해야 한다고 생각하는 것일지도 모른다. 인간의 생존 본능은 인류가 지구상에서 인간이라는 종이 멸종하지 않을 수 있게 만들었다.

분노를 조절하는 것은 그저 직장 생활을 잘하기 위해서가 아니다. 행복한 삶을 살기 위해서 노력하는 방법 중의 하나이다. 즐겁고 행복하게 살기 위해 취미 생활을 하거나 여행을 가고, 쇼핑을 하거나 휴식을 취하는데, 분노를 조절하는 것은 행복한 삶과 자신이 목표한 삶을 만들기 위한 가장 좋은 방법이다. 우리는 욱하는 순간만을 모면하기 위해서가 아니라 자신의 삶을 컨트롤하고 삶을 행복하게 만들기 위해서, 원하는 목표를 달성하기 위해서 분노를 조절해야 한다.

왜 툭하면 욱하는 것일까

직장인이 일주일 중 가장 행복한 시간이 언제일까? 그건 바로 금요일 오후 5시이다. 1시간 후에 퇴근을 하고 나면 주말이기 때문이다. 그래서 불타는 금요일이라고 하면서 불금을 기다린다. 불금에는 마음이 맞는 사람을 만나서 쌓여 있던 스트레스를 풀기 바쁘다. 단연 으뜸의 안줏거리는 한 주간 우리를 괴롭힌 팀장, 과장, 동료들이다. 그들의 온갖 만행을 올려놓고 씹고 뜯고 칼질하는 것으로 회포를 푸는 것이다. 직장인들은 직장에 있는 시간이 행복해야 하는데, 행복한 사람보다 직장을 다니지 못하겠다고 말하는 사람이 더 많다. 무엇이 직장을 있기 힘든 공간으로 만드는 것일까.

친구들과 모인 자리에서 한 명이 자신의 팀장에 대해서 말하기 시작한다.

"우리 팀장은 자기가 한 말을 기억하지 못해. 분명히 자기가 시킨 대로 해서 가져갔는데, 왜 이렇게 해 왔냐면서 소리부터 지른다니까. 완전 또라이야. 팀장 잘못 만났어."

그러자 다른 친구가 말한다.

"소리 지르는 것도 짜증나겠지만, 나랑 같이 일하는 김 대리 있지? 완전 사람 미치게 만든다니까. 업무 협조 요청을 하면 대답은 진짜 잘 하거든. 근데 꼭 마감 시간에 맞춰서 이상하게 가져와서 사람 엿 먹여. 지난번에 원가랑 매출 분석하려고 구매팀 구매 목록과 구입금액 자료를 달라고 했더니 뭐를 가져온 지 알아? 회사 비품 구매자료 가져와서 엿 먹이는 거 있지? 회의 시간은 다가오는데 다시 자료 찾고 하느라 시간도 없는데 진짜 고생했다니까."

경쟁하듯 또 다른 친구가 말한다.

"야, 우리 팀 과장은 얼마나 잘 삐치는지 아냐? 차라리 말을 하면 좋겠는데, 대체 뭐가 문제인지 말도 안 하고 삐쳐서 눈치만 보다가 하루가 다 지나간다니까."

"말도 마라. 우리 팀에는 쌈닭이 있거든. 진짜 아무것도 아닌 일로 막 큰소리를 치는데, 차분하게 대화가 안 돼. 목소리 큰 사람이 이긴다고 생각하는 건지. 언제든지 싸울 준비가 되어 있는 것 같아. 그래서 한 번은 내가 물어 봤거든. 대화로 해결할 수 있는 일에 왜 목소리부터 커지냐고? 그랬더니 자기가 그렇게 하는지도 모르더라고."

회사만 가면 왜 그렇게 또라이가 많은지, 평화롭게 살고 싶은 우리를 건드리는 인간들이 꼭 있다. 직장 상사뿐만 아니라 동료라는 이름으로, 고객사라는 이름으로, 부하 직원이라는 이름으로 자꾸 건들고 또 건든다.

인류는 2만여 년의 역사 동안 생존한 유일한 생명체이다. 인간은 살아남기 위해서 아주 작은 세포 단위에서부터 사회화 과정까지 생존할 수 있도록 진화해 왔다. 생존을 위해서 우리의 세포와 신경계는 서로 협력하도록 진화되었고, 진화 과정 동안 흥분과 억제를 통해서 신체가 균형을 잡아 왔다. 위험한 순간뿐만 아니라 일상생활에서도 인간은 상황을 빠르게 감지하고 신체 시스템을 조정한다. 이렇게 신체 시스템을 조정하고 인간이 다양한 상황에서 생존할 수 있도록 하는 과정을 통해서 감정을 조절해 왔다.

다른 사람들과 어울리고 직장 생활을 하고 친구를 만나거나 가족과 생활을 하면서 일상적인 스트레스를 관리하는 능력은 감정 조절력에 달려 있다. 소리 지르는 직장 상사와 잘 지내는 것이나, 말이 안 통하는 동료와의 갈등을 처리하는 것이나, 피곤한데도 지각하지 않기 위해서 아침에 일찍 일어나서 출근을 하는 것과 같은 일상적인 스트레스를 관리하는 능력이 감정 조절력이다.

사회적인 동물인 인간은 협업이나 집단생활이 생존과 밀접한 관련이 있기 때문에 섬세한 자기조절력이 필요하다. 그래서 다른 사람과 교류를 할 때 언제 어떻게 어떤 목적으로 누구에게 접근해야 하는지를 알아야 한다. 소리 지르는 직장 상사와 함께 일해야 하고, 지시를 이해하지 못하는 부하 직원에게 일을 시켜야 하고, 퇴근하고 집에서 쉬고 싶지만 놀아 달라는 아이들과 놀아 줘야 한다.

이런 복잡한 사회적인 행동을 할 수 있도록 자율신경계를 섬세하게 조절하기 위하여 미주 신경계가 진화했고, 갈등이 생기더라도 관계를 유지하면서 조절해 나갈 수 있게 되었다. 그래서 미주 신경계는 환경에 문제가 없다면 신체의 회복과 성장에 도움을 주지만, 통제가 불가능한 상황이나 위협 상황이 생기면 싸울 것인가 도망갈 것인가를 선택할 수 있도록 빠르게 신체 시스템을 '싸움-도주' 시스템으로 바꾼다. 그리고 우리가 느끼는 스트레스를 중단시키는 역할을 한다.

스트레스가 심할수록 욱하는 감정이 더욱 자주 올라오게 되는 이유는 몸과 마음이 느끼는 스트레스를 차단하거나 해소해서 분노가 스트레스를 대신하기 때문이다. 즉 스트레스보다는 화를 내는 것이 더 몸과 마음이 편안해지기 때문에 전략적으로 욱하는 분노를 선택한다. 분노는 우리를 스트레스로부터 해소하는 기능을 하기 때문에 회사에서 욱하는 감정이 자주 올라올수록 스트레스를 많이 받고 있다는 것이다.

스트레스를 차단하기 위하여 우리의 몸과 마음이 선택하는 첫 번째 전략은 스트레스를 받았을 때 생기는 감정들을 분노로 전환하는 것이다. 회사에서 받는 스트레스에 따라서 자신이 느끼지 못했던 감정들이 생긴다. 예를 들어, 직장의 입사 동기가 나보다 실력이나 성과가 떨어진다고 생각했는데 승진하는 모습을 보게 되면 시기심과 질투심, 좌절감과 불안감이 생기고 수치심까지 생길 수도 있다. 강한 감정들을 느끼게 되면 스스로 그 감정에서 벗어나기 위해서 자신도 모르게 분노를 선택한다.

스트레스를 받으면 신체가 긴장하는데, 대부분의 사람은 자신이 긴장하는 것을 인식하기 어렵다. 신체의 취약한 부위가 긴장하면 욱하고 분노 감정을 분출하면서 에너지를 방출함으로써 근육의 긴장을 풀어

준다. 스트레스를 받았을 때 가장 빠르게 근육을 이완하는 방식으로 욱하면서 에너지를 분출하는 전략을 선택하는 것이다.

스트레스를 받는다는 것은 자신이 원하는 욕구가 좌절되었다는 뜻이기도 하다. 원하는 것이 있는데 자신의 기대나 욕구가 좌절되면 스트레스를 강하게 받게 된다. 화를 내면서 자신이 원하는 것을 스스로 알아챌 수 있게 되거나 다른 사람에게 자신의 욕구나 기대를 말로 표현할 수 있게 된다.

스트레스를 받으면 강한 감정과 몸의 긴장, 좌절된 욕구로 인하여 상당한 위협을 느낀다. 욱하면서 생기는 분노 감정은 자신이 받는 위협을 스스로 극복할 수 있고 상황을 통제할 수 있다는 착각을 불러일으킨다. 상황을 통제할 수 있다는 느낌은 매우 중요하다. 상황을 통제할 수 있다고 착각해야 자신감이 생기기 때문이다. 자신감이 생기면 자신이 느끼는 위협 상황을 극복하기 위해 무슨 행동이라도 시도할 수 있게 된다.

한 방울씩 떨어지는 물방울이 바위를 뚫듯이 약하지만 지속적인 스트레스는 이혼이나 가까운 사람의 죽음과 같은 강한 사건보다 건강에 더 해로울 수 있다. 이혼이나 가까운 사람의 죽음은 시간이 지나면 어느 정도 충격에서 벗어날 수 있지만, 약한 스트레스는 시간이 흐른다고 저절로 해결되지 않기 때문이다.

사소한 일 때문에 욱하는 것은 회사의 잘못일까? 그 또라이의 잘못일까? 아니면 욱할 때 감정을 관리하지 못한 자신의 잘못일까? 사실은 그 누구의 잘못도 아니다. 세상의 모든 것은 우리를 열 받게 만들기도 하고, 행복하게 만들기도 한다.

욱하는 감정을 관리하고 조절할 것인가? 아니면 사소한 일에 계속 '욱'할 것인가?

『손자병법』에서 말하기를, 전쟁을 잘하는 장수는 이길 수밖에 없는 곳에서 적을 이길 수 있는 기회를 놓치지 않는 장수이다. 그래서 승리하는 군대는 먼저 이긴 상태에서 싸우고, 패배하는 군대는 일단 싸운 다음에 승리를 바란다. 직장이라는 전쟁터에서 승리하고자 한다면 욱하는 감정을 그대로 두지 말고 승리할 수 있는 방법을 타인에게서 찾는 것이 아니라 우리 자신을 다스리는 것에서 시작해야 이긴 상태에서 싸울 수 있다.

통제하지 못하는 상황이 욱하게 한다

남자들이 말하는 악몽! 군대 다시 끌려가는 꿈.

남자들이 대단하다고 말하는 사람! 싸이(PSY). 군대를 두 번 다녀왔으니까.

남자들이 군대를 싫어하는 이유가 무엇일까. 그것은 바로 '끌려가기' 때문이다. 대한민국은 강제 징집을 하기 때문에 대한민국의 남성들은 가기 싫더라도 군대에 가야만 한다. 법을 바꾸지 않는 이상 군대에 '끌려가는' 것은 이미 정해져 있다. 군대를 갈지 말지 선택할 수 없다는 뜻이다. 선택할 수 있는 것은 육·해·공군과 해병대 중에서 어디를 갈지 선택하는 것 정도이다. 그마저도 선택하지 않으면 입영 통지서에 결정되어 나온다.

군대에 가서는 선택권이 거의 없다고 느낀다. 먹고 싶은 것을 마음대로 사 먹을 수도 없고 쉬고 싶을 때 마음대로 쉬지도 못하고 자고 싶을 때 잠을 잘 수도 없다. 정해진 시간에 일어나고 정해진 시간에 일과를 보내고 정해진 시간에 잠을 자야 한다. 하지만 같은 일과를 보내는데 이병과 일병이 경험하는 스트레스의 강도와 상병과 병장이 경험하는 스트레스의 강도는 다르다. 가장 스트레스를 많이 받는 사람은 이병이다. 계급 사회에서는 계급이 높은 사람이 갑 중의 갑이다.

직장에서는 직장 상사와 부하 직원 중 누가 스트레스를 많이 받을까. 정답은 부하 직원이다.

일반적으로 40대 직장인들이 회사에서 승진하기 위해서 열심히 일하고 가정을 건사하기 위해서 최선을 다하느라 건강을 챙기지 못하기 때문에 스트레스가 많고 건강이 좋지 않을 것이라고 생각한다. 40세가 넘으면 과로사를 할지도 모른다는 불안감에 건강을 챙기기 시작한다. 그래서 직급이 높은 상사가 더 많은 스트레스를 받을 것이라고 생각한다. 하지만 정작 직장에서 더 많은 스트레스를 받는 사람들은 부하 직원이다. 직장도 역시 계급 사회이기 때문이다.

직장이라는 계급 사회에서 부하 직원들이 하는 업무는 대부분 상사의 지시와 통제를 받게 되어 있다. 그래서 직장 내에서 적응을 잘하는 사람들은 상사가 원하는 것을 얼마나 기대 수준만큼 잘 수행해 나가는가에 따라서 정해지는 경우가 많다.

런던 대학교에서 1967년부터 수십 년간에 걸쳐서 20~64세의 영국 공무원 1만 명 이상을 대상으로 종단 연구를 진행했다. 화이트홀(Whitehall) 연구라는 이름으로, 직원의 급여 수준이 직원들의 건강에 미치는 영향을 분석하였다. 그 결과 급여가 낮은 사람이 높은 사람에 비해서 심장병으로 사망할 가능성이 2배가 높았다. 의사나 변호사, 전문직을 대상으로 한 연구에서도 그들의 상사에 비해서 사망할 위험이 높았다.

직장에서 자신의 업무를 다른 사람이 통제해서 자신의 의지대로 하지 못하게 되면 통제당하는 사람의 혈압이 높아진다. 자신의 업무에서 얼마나 선택권이 있는지, 통제할 수 있는지에 따라서 스트레스의 강도가 다르다. 그래서 직장 상사보다는 부하 직원이 스트레스를 더 많이 받는다. 스트레스 강도가 높고 스스로 통제하지 못한다고 자각할수록 더 많은 분노를 느끼게 된다.

한 대기업의 그룹사 사내 방송 팀에서 직원들의 '기(氣)살리기 프로젝트'로 블라인드 인터뷰를 진행했다. 직원들이 평상시에 회사에서 화가 났던 상황들을 말하기 시작했다.

"우리 팀장님은 뭔가 지시를 내리면 바로 직답이 오기를 원합니다. 자신의 기대에 부응하지 못하면 더 화를 내는 것 같습니다."

"팀장님께서 분명 지시한 내용인데, 보고를 하면 '왜 이렇게 했어?' 라고 이야기하십니다. 저희가 그 전날 쏟았던 에너지나 시간이나 정성들이 다 무시당하는 느낌이고 저희가 했던 일에 대해서 보람도 못 느끼게 되고 화가 나요."

"회의 시간에 남의 아이디어에 대해서 무조건 안 좋다든지 그런 것은 이미 있다고 말한다든지, 누구나 할 수 있는 이야기라고 하면서 의견을 무시해서 화가 많이 났어요."

"팀과 팀이 협의하는 상황이 많이 있는데, 상대 팀이 자신들의 입장만 내세워서 일을 우리 팀으로 넘긴다든지, '너희가 알아서 해.' 하는 식의 태도를 보이면 좀 당황스럽기도 하고 화가 납니다."

"아랫사람에게 일을 미루고 시킨 다음에 막상 일을 다 하고 나면 그 일을 자신이 한 것처럼 윗사람에게 보고하고 아부하는 것을 보면 화가 나죠."

"방향성이 모호할 때 화가 나요. 내가 하는 일이 무엇을 위한 일인지도 모른 상태에서 혼란스럽게 그냥 시간만 보내고 있으면 시간을 낭비하는 것 같아서 가장 화가 나요."

부하 직원이 하는 업무는 직장 상사의 말 한마디에 따라서 방향성이 바뀌기도 하고, 갑자기 교체되기도 한다. 사소한 것까지 지시를 받아야 하고, 열심히 밤을 새워 완성한 보고서도 직장 상사의 말 한마디로 다시 처음부터 작성해야 한다.

현대 사회는 우리가 통제하지 못하는 상황이 너무나 많다. 원시시대에는 사냥을 하러 가서 자신이 사냥을 할 수 있느냐 없느냐의 그 순간에만 위협 상황을 판단하면 됐지만, 지금은 시도 때도 없이 돌발적인 위협 상황이 발생한다. 피곤한 주말에 울리는 상사의 업무 메시지나 매일 아침 울리는 휴대폰 알람음, 출퇴근 시간의 지하철이나 교통체증으로 늦어버린 미팅과 같이 사소한 것들이 우리를 긴장하게 만든다.

이런 위협 상황들은 우리가 통제하지 못하는 경우가 많다. 하지만 통제할 수 있을 것이라고 착각하면서 신체와 감정이 예민해진다. 사소하지만 통제가 불가능한 사건들은 대부분 스트레스로 여겨지고 작은 스트레스들은 우리가 자각하지 못하는 사이에 우리의 신체를 긴장하게 만들고 싸울 준비를 하게 만든다. 이 때문에 사소한 일에도 '욱'하게 되는 것이다.

내 감정이 내 삶을 좌우한다

이번에 입사한 경력직 신입사원이 나보다 나이가 많다. 신입사원의 직급은 대리로 나와 직급이 같다. 한 번은 지나가면서 신입사원인 최 대리가 스포츠 뉴스를 보는 것을 우연히 봤다.

'하루 종일 일에 집중하다 보면 뉴스를 볼 수도 있겠지.'

이렇게 생각하고 지나갔다. 그런데 이것이 실수였던 것일까. 그 다음부터는 뉴스뿐만 아니라 인터넷 쇼핑까지 했다. 게다가 자신의 태블릿 PC로 주식 거래까지 했는데, 근무 시간에 일은 대충 끝내 놓고 다른 일에 몰입하는 것이 한두 번이 아니었다.

진짜 짜증나는 것은 과장님이 자리에 없을 때만 그런 행동을 해서 과장님은 모른다는 거다. 내가 상사가 아니라 뭐라고 하기도 그랬지만 그냥 있기도 그랬다. 왜냐하면 그 피해가 고스란히 나에게 넘어왔기 때문이다. 최 대리가 하지 않으면 내가 수습해야 하는 일이 자꾸 생기는 것이다. 그러다 보니 자연스럽게 최 대리만 보면 짜증이 나면서 말이 좋게 나오지 않았다.

"최 대리님, 아직도 이거 안 해 놓으셨어요?"

"언제까지 하란 말은 없었지 않았어?"

"꼭 언제까지라고 말해야 일하나요? 바로 하는 거죠!"

"그런데 왜 나한테 짜증이야? 과장님도 뭐라고 안 하시는데."

언제부터인가 최 대리와는 말을 하지 않고 타 부서 사람들에게 최 대리에 대한 험담만 늘어갔다.

물리학에서 에너지 총량 불변의 법칙이 있다. 에너지 보존의 법칙으로 에너지는 증감 없이 항상 일정하다는 의미이다. 감정에도 에너지 총량 불변의 법칙이 적용된다. 이것은 감정 총량의 법칙이라고 말할 수 있는데, 사람에게도 감정이라는 에너지가 있어서 이 에너지가 다양한 방법으로 바뀌는 것이다.

사람마다 갖고 있는 감정의 총량이 있어서 감정을 느끼면 다양한 방법으로 표현을 하게 된다. 출근하기 싫은 직원은 싫다는 감정이 잠이라는 행동으로 표현되어 지각하는 형태로 나타나고, 열심히 일하고 싶어 하는 직원은 청소를 하더라도 꼼꼼하고 열심히 노력하는 형태로 나타난다. 화가 났을 때 그 대상이 상사라면 직접적으로 상사에게 화를 내지 못하고 툴툴거리거나 짜증을 내거나 뒷담화를 하는 형태로 나타난다.

감정은 자신의 생각과 생활 태도와 가치관 등을 나타낸다. 행동과 말은 포장해서 표현할 수 있지만, 감정 자체는 포장하기가 어렵다. 어떤 순간이든 자신의 감정은 자신을 대변하게 되어 있다.

나는 회사를 운영하는 입장이라 직원을 평가할 수밖에 없다. 일을 잘하고 못하고는 두 번째이다. '열심히 일하고 싶어 하는가.', '일을 하기 싫어하는가.'는 직원을 평가하는 데 매우 중요한 평가 요소이다. 그런데 이 중요한 평가를 대단한 프로젝트를 통해서 평가하지 않는다. '열정을 갖고 일을 하려고 하는가, 아닌가.'는 아주 작고 사소한 것에서 발견된다.

채용을 하고 나면 가장 먼저 시키는 일이 청소이다. 청소를 시켜 보면 꼼꼼한 사람인지 꼼꼼하지 않은 사람인지를 알 수 있다. 그리고 우리 회사에서 얼마나 열정을 갖고 일하고 싶은지도 알게 된다. 우리 회사에서 최선을 다하고 싶은 사람은 청소라도 최선을 다해서 꼼꼼하게 한다. 하지만 단지 월급이 필요해서 입사를 한 경우라면 자신이 청소를 하는 것에 대해 못마땅하게 생각한다. 그리고 그것은 행동으로 그대로 반영된다. 그래서 청소를 대충 끝내거나 불만에 가득 차서 한다. 그런 경우에는 말을 하지는 않지만 투덜거리는 것이 들리는 것 같을 때가 많다.

회사에 열정을 갖고 최선을 다하고자 하는 직원은 아침에 일찍 출근한다. 그리고 시키지도 않은 청소를 하거나 정리를 하고 일을 할 준비를 한다. 그런데 열정이 식고 다른 회사로 이직하고 싶어지면 출근 시간이 늦어진다. 종종 지각도 한다. 지각 횟수가 많아지고 지각하는 시간이 길어질수록 곧 그만둘 확률이 높다. 아주 사소하지만 자신의 생각과 감정이 태도에 그대로 반영되기 때문이다.

회사에 출근하고 싶은 마음이 들어야 아침에 출근 준비하는 시간을 고려해서 눈이 빨리 떠진다. 반대로 회사에 출근하기 싫은 마음이 들면 아무리 알람이 울려도 눈이 천근만근 무거워서 5분만, 10분만을 외치면서 간신히 출근한다. 그래서 회사의 CEO나 상사들은 직원의 출근 시간을 보거나 일하는 것을 5분만 봐도 그 직원이 열심히 일하고 싶은지 일하기 싫은지를 금방 알게 된다는 말을 하는 것이다.

스탠퍼드 대학교의 제임스 그로스(James Gross)와 텍사스 대학교의 제인 리처드(Jane Richard) 교수가 감정과 관련된 실험을 했다. 실험 대상을 두 그룹으로 나누고, 한 그룹에는 영화를 보면서 감정을 억누르라고 하고, 다른 그룹에는 별다른 지시를 하지 않았다. 영화가 끝난 후 영화의 내용을 묻는 기억력 테스트를 했다. 그러자 감정을 억누르라는 지시를 받은 그룹은 별다른 지시를 하지 않은 그룹에 비해서 영화 줄거리를 잘 기억하지 못했다. 감정을 억누르라고 지시한 팀의 경우 자신의 감정을 억누르는 데 에너지를 모두 쏟은 나머지 다른 것을 기억하지 못하게 된 것이다.

우리는 삶을 차근차근 계획하고 실천하면서 자신이 원하는 대로 삶을 만들어 나간다고 생각하지만, 사실은 나의 마음이 나의 삶을 만들어 나가는 경우가 많다. 아주 사소한 행동이나 말이 나의 삶을 좌지우지하는 경우가 많은데, 그것의 이면에는 감정이 있기 때문에 나의 삶을 결정하는 것은 나의 마음이다.

우리는 세상을 어떻게 인식하고 어떻게 느끼는지에 따라서 다르게 살아간다. 자기 인생의 사건마다 느끼는 감정이 자신의 삶이다. 삶의 롤러코스터를 그래프로 그렸을 때 상승 곡선 부분을 차지하는 것은 기쁘고 즐겁고 행복한 상황이다. 반면에 삶의 그래프가 하강 곡선을 타거나 바닥을 치는 것은 상황이 악화되었을 때 그 상황을 자신이 불행하게 받아들였기 때문이다. 돌이켜 보면 결국 삶의 그래프는 객관적이고 물질적인 지표가 아니라 주관적 감정지수이다. 인간의 삶은 자신이 느끼는 감정으로 기억하는 것이라고 해도 과언이 아니다.

소비심리학에서는 사람들이 물건을 구입하는 이유를 그 물건이 갖고 싶기 때문에 필요한 이유를 찾는 것이라고 말한다. 즉 그 '물건이 좋다.'고 느끼거나 그 '물건을 갖고 있는 나 자신이 좋다.'고 느끼기 때문에 그 물건이 '필요하다.'고 인식한다는 것이다. 인간의 삶은 자신의 감정을 어떻게 인식하는지에 따라서 기억되는 것이나 다름없는데, 뇌의 변연계가 감정을 담당하고 학습 기능을 갖고 있기 때문이다.

10년 전에 크게 싸우고 헤어진 친구를 10년 만에 우연히 만나면 반가울까? 아마 거의 대부분 싸운 기억은 잊어버렸지만 왠지 모르게 기분 나쁜 감정은 남아서 그리 반갑지 않을 것이다. 행복하게 살고 싶다면 나의 생각과 감정에 집중할 필요가 있다. 지금 기분이 좋지 않다면 좋지 않은 기분을 인식해야 기분 좋게 하기 위해서 노력할 수 있다.

자신의 감정과 기분을 인식하지 못하면 감정을 바꾸기 위한 노력을 하기 어렵다. 자기를 있는 그대로 인식하려면 자기 자신을 객관적으로 볼 수 있어야 한다. 즉 자신의 생각과 감정·행동을 제삼자의 관점에서 관찰할 수 있어야 한다. 의외로 사람들은 자신이 어떤 생각과 감정을 갖는지, 어떤 행동을 하는지, 무엇을 원하는지, 어떤 말과 표정을 짓는지 잘 모르는 경우가 많다.

완벽하게 자기 자신을 인식할 수 없지만 자신의 생각과 감정, 행동을 인식하고 자신의 욕구를 파악하려고 노력하다 보면 자기인식 능력이 조금씩 커질 수 있다. 자기를 인식한다는 것은 '지금 여기'에서 자신이 원하는 것을 이해하는 것을 말한다. 나의 생각·감정·행동·가치관을 비롯해서 무엇을 하고 싶은지, 무엇이 싫은지, 자신이 할 수 있는 것과 못하는 것 등 '있는 그대로의 자기 자신'을 이해하는 것이다.

보통 '내가 원하는 것'이 무엇인지 이해하라고 하면 갖고 싶은 물건이나 가고 싶은 곳을 떠올린다. '내가 원하는 것'은 지금 여기서 내가 무엇을 하고 싶은지, 무엇을 느끼는지 '내가 나에게 물어보는 과정'이다. 나에게 물어볼 때는 전두엽이 활성화되는데, 자신의 감정을 더욱 명확하게 인식할 수 있고, 본질에 바로 접근할 수 있게 된다. 자신의 감정을 인식할 수 있어야 감정을 조절할 수 있게 된다.

단순히 화가 났으니 '감정을 조절해야지!' 하고 심호흡을 하고, 욱하는 것을 참는 것이 감정 조절이 아니다. 감정 조절의 첫걸음은 지금 내가 화가 났는지, 질투를 하는지, 두려워하는지, 즐거워하는지를 인식하는 것이다. 자신의 감정을 인식하지 못하면 감정을 조절하는 방법을 배운다고 하더라도 절대로 사용할 수 없다.

감정은 뇌의 대뇌피질 바로 아래에 있는 변연계에서 생성된다. 그래서인지 우리는 무의식적으로 감정이 계속해서 생겼다가 사라지는 것을 반복하지만 실제로 인식하지 못하고 지나가는 경우가 많다. 물론 대뇌피질과 변연계가 이중구조로 긴밀하게 연결되어 있어서 항상 감정을 느낄 수도 있고 의식적으로 감정을 바꿀 수도 있다. 감정을 인식하지 않으면 자신도 모르는 사이에 몸이 먼저 움직이게 된다.

들리는가. 나의 마음이 어디로 향하고 있는지. 그리고 그 마음이 나의 행동에 어떻게 명령을 하고 있는지. 그 마음에 귀를 기울여 보면 나의 삶이 어디로 향하고 있는지를 알 수 있을 것이다.

지각과 인식은 감정을 동반한다

오늘도 담배를 피우고 말았다. 담배 값이 너무 많이 올라서 새해가 되자마자 가장 먼저 금연을 선언했다. 며칠 동안 참고 또 참아서 드디어 작심삼일을 넘어섰다고 생각했는데, 진상 박 과장이 오늘도 자기 할 일을 나에게 미루고는 빈둥거리면서 노는 모습을 보니 담배가 당기기 시작한 것이다. 안 그래도 열 받아서 씩씩대고 있는데, 회의 시간에 모여서 쓸데없는 이야기로 시간만 보내고 나니 도저히 참을 수가 없었다. 담배가 간절히 그리워졌다. 결국 올해도 금연을 결심만 했다.

오늘도 '먹고' 말았다. 다이어트를 하고 있다고 말하고 다닌 지 1년째인데, 일주일째 회식과 술자리가 연이어 있다. 회식은 업무의 연장이요 술자리는 내가 스트레스를 풀 수 있는 유일한 기회인데 마다할 수가 있나. 회사에서 있었던 억울한 일과 화났던 일을 이야기하고 소주 몇 잔 마시고 나면 다이어트는 이미 물 건너 가 있다.

건강을 생각해서 다이어트를 좀 해야 하는데, 다이어트 하겠다고 하루 조금 절식하고 나면 다음 날은 음식이 더 맛있어지는 것을 어찌하란 말인가. 다이어트를 시작하고 나니 음식이 더 맛있고, 왜 이렇게 회사 주변에는 맛집이 많은지 새삼 다시 알게 된다. 여전히 내가 좋아하는 음식이 앞에 있으면 정신을 못 차리고 이미 반 이상은 내가 다 먹어버렸다.

다이어트 하고 나서 성격이 예민해져서 친구들한테 그냥 다이어트 하지 말라는 소리를 많이 들었다. 그래도 어제는 굶었으니 오늘 먹은 것으로 살이 찌지는 않을 것 같다. 그런데 큰일이다. 내일도 약속이 있는데…. 하루 더 먹는다고 괜찮겠지? 하면서 스스로를 안심시킨다.

매일 매일 다이어트를 외치면서 항상 음식이 나오고 나면 정신이 혼미해진다. 그러고는 다시 한 번 도전한다.

'원래 다이어트는 내일부터 하는 거야.'

오늘도 안 가고 말았다. 배에 튜브를 끼고 살고 있냐는 핀잔을 듣고 난 이후로 매일같이 벼르고 있었다. 이제 운동을 시작하기로 말이다. 막상 운동을 가려고 하니 귀찮기도 하고, 오늘 따라 할 일이 너무 많아서 운동하러 가기가 힘들 것 같다는 생각이 들었다. 운동을 6개월로 끊고 일주일이 지났다. 일주일 동안 왜 그렇게 해야 할 일이 많은지 모르겠다. 미뤄 뒀던 일들이 왜 그렇게 눈에 밟히는지, 만나야 하는 사람이 왜 그렇게도 많은지, 내 주변에 친구가 그렇게 많은지 새삼 다시 알게 됐다. 일을 다 마치고 이제 운동을 하러 가려고 했지만 가더라도 씻

고만 나와야 할 것 같다.

'하필 오늘 일이 많아서 늦어 버렸네.'

사실 나는 알고 있다. 일이 많아서 운동 시간에 늦은 것이 아니라 막상 가려고 하니까 생각했던 것만큼 운동이 나에게 필요한 것 같지 않고, 운동하러 가는 것이 귀찮아서 미적거리고 있었다는 사실을 말이다.

이런 일들은 남의 이야기가 아니다. 모두 다 내 이야기이다. 매번 담배를 손에 들고 수십 번을 고민한다. 담배를 끊느라 스트레스를 더 받느니 담배를 피워서 있는 스트레스를 날리는 것이 더 나은 것이 아닌가 하면서 고민하고 망설이다가 결국 담배를 피우고 후회를 한다. 하지만 어쩌겠는가, 이미 손에는 담배가 들려 있는 것을 말이다. 우리는 알고 있다. 담배를 피울까 말까 고민하는 그 순간에 이미 담배 피우는 것을 선택했다는 사실을….

매번 다이어트를 외치지만 치맥에 무너지고, 운동을 하겠다고 선언하지만 퇴근 시간 직전에 꼭 해야 할 일이 생겨서 운동을 하지 못하게 된다. 이렇게 생각과 행동이 따로 노는 것을 반복하는 것은 우리만이 아니다. 세상 사람 모두가 자신이 생각하고 계획한 대로 모든 것을 빈틈없이 실행한다면, 모두 다 성공했을 것 아니겠는가. 원하는 대로, 생각한 대로, 마음먹은 대로 모두가 다 할 수 있다면 담배를 피우는 사람도 없을 것이고, 모두가 날씬할 것이고, 성공한 사람들밖에 없을 테니 말이다.

대체 왜 우리는 매일 다이어트를 외치고도 실패하고, 자기계발을 계획하고 미적대는 것인가. 그것의 정답은 바로 우리의 뇌에 있다. 우리의 뇌는 신체를 보호하기 위해서 진화되어 왔다. 뇌의 가장 중요한 기능은 몸을 주변 환경에 대해 최적의 상태로 만들어 생존 가능성을 최대화하는 것이다. 끊임없이 나오는 홈쇼핑 방송을 보면서 물건이 '필요하다.', '필요하지 않다.' 등을 판단하고 상품이 필요하면 살까 말까를 고민하게 하고, 필요가 없으면 채널을 돌리게 한다. 이런 경험들을 반복적으로 겪으며 자신만의 경험과 판단 기준이 쌓이고 의사 결정에 영향을 미친다.

우리의 뇌는 후뇌, 변연계, 대뇌로 3중으로 이루어져 있다. 후뇌를 변연계가 감싸고 있고, 변연계를 대뇌가 감싸고 있다. 그래서 대뇌의 크기가 가장 크다.

뇌의 가장 안쪽에 숨겨진 뇌는 바로 후뇌이다. 호흡·심장박동·혈압 조절 등과 같은 생명 유지에 필요한 기능을 담당하기 때문에 문제가 생기면 목숨을 유지할 수 없다. 그래서 이를 '생명의 뇌' 또는 '파충류의 뇌'라고 부른다.

두 번째 부위는 후뇌 바로 위에 있는 중뇌(중간 뇌)이다. 중뇌에 있는 변연계는 사람의 기억·감정·호르몬을 관장한다. 중뇌는 위아래로 모든 정보를 전달해 주는 중간 역할을 하며, 감정과 학습(기억) 기능을 담당한다. 호르몬도 중뇌에서 관장을 하고 있어서 감정과 신체에 많은 영향을 미친다.

세 번째 부위는 대뇌 피질부가 있는 대뇌(전뇌, 앞뇌, forebrain)로 가장 최근에 진화한 것이다. 전뇌는 고도의 정신 기능과 창조 기능을 관

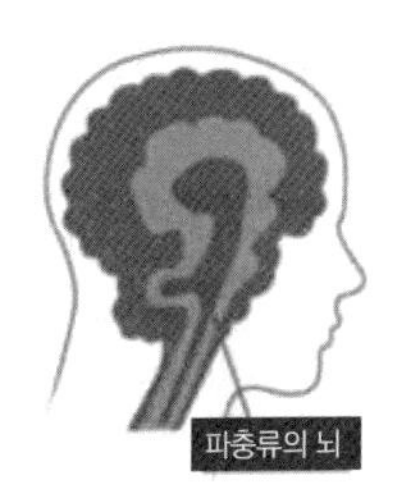

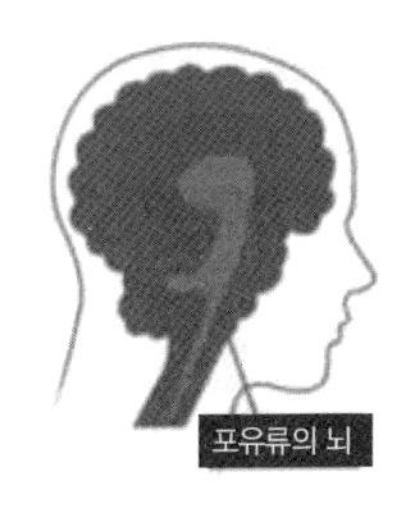

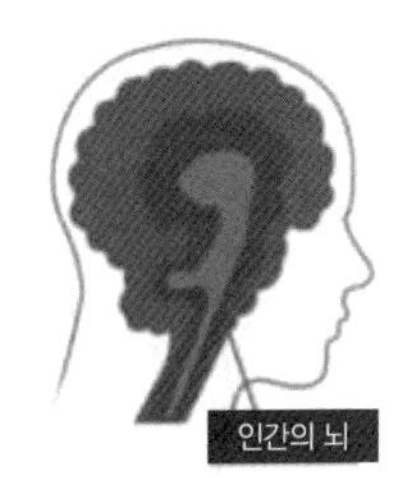

부위별 뇌의 특징

할하는, 인간만이 가진 인간의 뇌이기 때문에 '인간의 뇌' 또는 '이성의 뇌'라고 부른다.

대뇌, 중뇌(변연계), 후뇌(뇌간)는 각각 독립된 존재가 아니다. 대뇌가 활동할 때는 언제나 변연계와 뇌관이 함께 활동한다. 그래서 대뇌에서는 다이어트를 하라고 시키지만, 음식을 먹고 난 후의 행복감과 포만감을 이미 느껴 본 적이 있는 중뇌와 후뇌에 의해서 음식을 다 먹게 된다. 음식을 다 먹고 나면 대뇌가 꾸짖는다. 왜 먹었냐고 말이다. 하지만 뇌의 안쪽으로 갈수록 본능에 가까워지기 때문에 이성과 본능은 항상 충돌을 하고, 그 충돌에서 이성이 이기는 횟수보다는 본능이 이기는 횟수가 더 많다.

외부에서 들어오는 모든 정보는 5감(시각, 청각, 후각, 미각, 청각)을 통해서 들어오고, 이 정보는 후뇌와 중뇌를 거쳐서 대뇌로 빠르게 이동한다. 그리고 대뇌는 최종 판단을 해서 필요한 명령을 다시 아래로 내려 보내서 적절한 행동을 하게 한다. 여기에서 나의 뇌가 나에게 보내는 메시지가 바로 감정이다.

2011년에 리메이크된 미국 드라마 「브이(V)」에 등장하는 외계인은 감정을 느끼지 못하게 진화되어 왔다. 지구를 침공하기 위해서 수없이 많은 종족이 인간의 탈을 쓰고 살아가는데, 모든 의사 결정의 중심에는 종족 번식을 위한 목표가 있다. 그래서 종족 번식에 방해되는 것은 모두 제거하고 정리한다. 방해하는 것이 어머니든 딸이든 아무런 감정 없이 처형하는 내용 등 의사 결정에서 감정이 배제되어 무자비한 모습이 자주 등장한다. 어쩌면 감정이 하는 역할은 미미하다고 생각할지도 모른다.

가끔 지름신이 강림하는 것도 그 상품을 사고 싶은 나의 '마음'이 '이성'을 이겨 버리기 때문이다. 헤어진 그 나쁜 놈이 헤어진 후에 만나자고 하면 거절하지 못하고 뛰쳐나가는 것도 만나고 싶은 '마음'이 강해서이고, 자기계발을 위해서 영어공부를 해야 하는데 TV를 보는 것도 놀고 싶은 '마음'이 강해서이다. 이렇게 우리는 이성보다 감정에 더 좌지우지된다. 과연 우리의 의지가 약해서일까? 아니면 다른 이유가 있는 것일까?

감정이 의사 결정에 어느 정도의 영향을 미치는지에 대한 정확한 실험이나 데이터는 많지 않다. 다만, 다니엘 카너먼과 같이 행동경제학자들의 실험에서 추정할 뿐이다. 도모노 노리오의 저서 『행동경제학』에 감정과 의사 결정의 관계를 추정할 수 있는 사례가 있다. 미국의 신경과 의사인 안토니오 다마지오(Antonio R. Damasio)의 『데카르트의 오류』라는 책에 등장한 엘리엇이라는 환자를 소개한 내용이다.

엘리엇은 무역회사에서 일하는데 매우 유능하여 동료들 사이에서도 인정받고 개인적·사회적으로 성공한 사람이었다. 그런데 뇌종양이 생긴 이후에 엘리엇의 인생은 완전히 바뀌고 말았다. 뇌종양은 수술로 제거할 수 있었지만, 종양이 커짐에 따라서 뇌에 압박이 가해져서 손상된 뇌의 전두엽 조직도 일부 제거해야만 했다.

수술은 매우 성공적이었고 운동 능력, 언어 능력, 지적 능력에는 문제가 없었다. 지능지수도 높았고 논리력, 주의력, 기억력에도 전혀 문제가 없었다. 계산 및 학습 능력도 정상이었고 인격 테스트에도 문제가 없었다. 하지만 엘리엇은 정상 생활을 하는 것이 불가능했다. 그 이유는 엘리엇이 수술 이후로 그 어떤 결정도 내릴 수 없게 되었기 때문이다.

높은 수준의 의사 결정을 하지 못한 것이 아니다. 파일 정리라든지 순서대로 나열하는 것 등 매우 간단한 단순 작업조차 하지 못했다. 아침에 일어나서 출근을 하고 식사를 하는 것, 화장실에 가는 것 등 모든 것이 다른 사람의 지시가 없으면 할 수 있는 것이 아무것도 없었다. 지성이나 인격은 정상이었음에도 불구하고 일상생활에서 적절한 판단과 결정을 내릴 수 없게 되어 버렸다.

가장 큰 변화는 엘리엇이 감정이 없는 사람으로 변해 버린 것이다. 감정을 느끼지 못하고 표현하지 않게 되었다. 감정을 억제하는 것이 아니었다. 자신이 뇌수술 이후로 직장 생활도 못하고 일상생활을 못하는 사실을 누구보다 잘 알고 있었다. 하지만 그것을 한탄하거나 괴로워하거나 화를 내지 않았다. 슬픔이나 불안감조차 없었다. 항상 온화했다. 엘리엇은 자신의 감정 상태가 달라졌다는 사실도 알고 있었고,

자신이 의사 결정을 하지 못한다는 사실도 자각하고 있었다. 하지만 감정을 느끼지 못했다. 다마지오는 정서나 감정의 쇠퇴가 엘리엇의 의사 결정을 불가능하게 만들었을 것이라고 추측했다.

심리학자인 로버트 제이존크(R. B. Zajonc) 등의 연구를 계기로 의사 결정이나 판단에 감정이 하는 역할이 중요하다고 인식되기 시작했다. 또한 안토니오 다마지오나 조지프 르두(Joseph LeDoux) 같은 신경과학자는 감정이 없으면 적절한 판단이나 결정을 할 수 없다는 사실을 밝혀냈다.

뇌과학에서도 감정과 이성은 따로 움직이는 것이 아니라 동시에 움직이는 것으로 밝혀졌다. 리타 카터(Rita Carter)의 『뇌(Brain)』라는 책에서 내린 감정의 정의는 '외부 자극에 대한 생리적인 반응으로 위험을 피하고 보상을 얻을 수 있게 하는 내적인 동기'라고 했다. 그래서 벼르고 벼르면서 구입한 비싼 카메라를 보면 행복하고, 남들이 못하겠다고 포기한 어려운 프로젝트를 성공시키면 성취감과 만족감이 든다. 그리고 그것에 대해서 자신만의 가치와 동기를 부여한다.

제이존크는 '모든 지각(知覺, perception)과 인식은 감정을 동반한다.'고 주장했다. 사람들은 자신이 필요한 것들에 대해서 객관적인 자료나 대안을 검토해서 자신에게 생기는 이익을 고려해서 심사숙고한다고 생각하지만 사실은 그렇지 않다는 것이다.

감정을 조절한다는 것은 회피하는 것이 아니다

이번에 입사 동기인 최 대리가 과장으로 승진했다. 팀원들이 모여 축하인사를 했다. 나도 최 대리에게 가서 축하인사를 했다.

"아이고, 최 과장님. 축하합니다."

"왜 이래, 이 대리! 갑자기 왜 존대야."

"과장님이 되셨는데 축하드려야죠."

축하하기 위해서 일부러 존댓말을 썼는데, 오히려 분위기가 이상해졌다. 주위에 있는 사람들의 분위기가 이상해지면서 자리를 피하기 시작했다.

조용한 목소리로 최 대리가 말했다.

"이 대리, 왜 이래. 분위기 이상하게. 하던 대로 하자고!"

"왜? 축하하는 건데!"

"여하튼 고맙다. 이 대리."

그러면서 최 대리가 자리를 피했다.

사실, 입사 동기들은 친할 것 같지만 입사 때부터 어쩔 수 없이 계속 경쟁 관계일 수밖에 없다. 이번 승진에서도 마찬가지이다. 어차피 승진 대상자가 많아서 최 대리와 나 둘만의 경쟁은 아니었지만, 입사 동기들은 하나씩 승진하는데, 나는 아직 대리 직급으로 있다 보니 불안하고 초조하기 짝이 없다.

최 대리와 나를 비교해 봤을 때 내가 그리 실적이 떨어지는 것도 아니고 인사평가도 나쁘지 않은데, 최 대리가 먼저 최 과장이 되었으니 나의 초조함이 얼굴에 드러날 수밖에 없지 않았을까.

직장에 있으면 많은 일을 겪는 만큼 다양한 감정을 경험한다. 목표한 일을 달성했을 때는 성취감과 기쁨을 경험하고, 동료와는 경쟁심과 질투심 혹은 시기심을 경험하기도 한다. 그리고 시도 때도 없이 분노를 느낀다. 사회생활을 잘하려면 시기, 질투, 경쟁심, 성취감, 기쁨, 슬픔, 분노 등 감정을 조절해서 상황에 맞는 표현을 할 수 있어야 한다. 자신의 감정을 조절하지 못하고 상황에 맞는 적절한 표현을 하지 못하면 사회성이 떨어진다고 할 수 있다.

직장인들이 가장 많이 하는 말 중의 하나가 감정 조절하는 방법을 배우고 싶다는 것이다. '감정을 조절한다는 의미는 무엇일까?'라는 질문을 하면 '욱하는 감정을 참는 것.', '가만히 있는 것', '상황을 수용하는 것', '상대방과 똑같이 표현하는 것' 등의 대답을 한다. 그중에서도 가만히 있는 것이나 욱하는 감정을 참는 것이라는 대답이 70% 이상을 차지한다. 즉 대다수 사람은 감정을 조절하는 것을 감정을 억제하는 것으로 인식한다는 것이다. 화가 나는 순간에 욱하지 않고 참는 능력을 감정 조절력이라고 생각하기 때문에 감정 조절 방법으로 욱하는 순간에 감정을 누르고 웃으면서 상사를 대할 수 있는 것이나 욱할 때 잘 참는 것을 가장 먼저 떠올린다.

감정은 우리에게 귀중한 정보를 전달해 준다. 중요한 프레젠테이션을 하는 날, 밤새 준비한 자료를 USB에 저장해 놓고 아침에 출근할 때 왠지 찜찜한 기분이 든 적이 있을 것이다. 나중에 보면 집에 뭔가를 놓고 출근하고 만 것이다. 불안하거나 찜찜한 기분이 드는 날에는 어김없이 뭔가 실수를 했을 가능성이 있다. 그래서 감정을 무조건 무시하거나 억누르는 것은 결코 좋은 방법이 아니다.

감정을 조절한다는 것은 화가 나는 감정을 억누르거나 회피를 하는 것이 아니다. 적절한 순간에 적절한 감정을 느끼고 적절한 방식으로 표현할 수 있는 것이 감정 조절력이다. 감정은 뇌와 몸에서 만들어 내는 생리적인 변화이기 때문에 감정을 피하는 것으로는 모든 것이 해결되지 않는다.

직장에서 겪는 일은 무척 다양하다. 직장 동료가 상사가 되는 순간 미묘한 감정이 교차된다. 질투심, 경쟁심, 시기심과 함께 좌절감과 무기력감도 느끼게 된다. 고객사의 갑질을 겪게 되면 비참함과 괴로움과 분노를 느끼게 된다. 수없이 많은 상황을 경험하고 다양한 상황 속에서 수없이 많은 감정을 느끼는 것은 당연한 일이다. 그런데 우리는 감정을 외면하는 것이 옳다고 생각한다. 감정을 외면하고 보지 않으려고 노력하기 때문에 감정 조절이 더 힘들다는 사실을 깨닫지 못한다.

자신의 감정을 무시하고 억누르고 피하다 보면 결국 적절한 순간에 적절한 감정을 사용하지 못하고 감정이 마비되어 버린다. 감정 마비 상태가 되면 자신이 무엇을 느끼는지, 무엇을 원하는지를 모르게 되어 관계가 무뎌지고 제대로 사회생활을 하지 못하게 된다.

한 여자 연예인이 장례식에서 겪은 일이다. 장례식에서 조문한 뒤 상주에게 슬픈 얼굴로 인사를 하며 함께 눈물을 흘려야 하는데, 자신도 모르게 밝게 웃으면서 인사를 했다. 그래서 너무 민망했다고 한다. 분명 조문할 때는 눈물을 흘리고 함께 슬퍼해 주고 상주와 인사를 할 때 슬픈 얼굴로 상대방을 위로할 수 있어야 한다. 그리고 가슴 깊이까지는 아니더라도 슬픔을 공감할 수 있어야 하는데, 감정을 무시하고 인식하지 못하다 보니 슬픈 상황에서 슬픔을 느끼지 못한 것이다. 감정을 억누르거나 회피하다 보면 결국 감정이 마비되어 자기인식 능력과 공감 능력이 떨어지게 된다.

인간은 누구에게, 언제, 어떻게, 어떤 목적으로 접근해야 하는지를 알아야만 한다. 그래야 안전하게 살아갈 수 있기 때문이다. 우리를 매일 공격하는 직장 상사와 좋은 관계를 유지할 수 있어야 하고, 신뢰할 수 없는 고객사와 가깝게 지내야 하고, 집에서 먼 직장에서 근무하기 위해서 사랑하는 사람과도 떨어져서 지내야 한다. 이런 복잡한 일들을 잘 수행하기 위해서 신체적·정서적 조절 시스템이 필요하다.

직장인이라면 하루 종일 일에 집중하고, 동료들과 경쟁하면서도 좋은 관계를 유지해야 한다. 의사들은 수십 명의 환자를 돌보아야 하고, 회계사는 하루 종일 지루한 계산을 해야 한다. 이 모든 행동은 미래를 위해서 충동과 감정을 억누르고 조절할 수 있을 때 가능해진다. 자신의 장기적인 목표를 생각하고 융통성 있게 문제를 해결해 나가면서 타인의 입장과 욕구를 생각하고 파악할 줄 알아야 가능한 일이다. 감정 조절의 과정은 타인과 어울리고 일상적인 스트레스를 관리하기 위해서 기꺼이 자신의 마음을 들여다보는 것이다.

감정을 조절한다는 것은 자신이 느끼는 감정을 상황에 맞는 방식으로 표현하는 것이다. 감정을 표현할 수 있는 상황이라면 적절한 사회적인 기술로 감정을 표현하고, 감정을 표현하지 못하는 상황이라면 감정을 스스로 해소할 수 있는 기술을 통해서 감정이 우리의 건강에 나쁜 영향을 미치지 않게 하는 것이다.

감정 조절력이란 자신과 타인의 감정을 인식하고, 자신이 원하는 꿈과 목표를 달성하기 위하여 감정을 활용하는 것, 관계나 상황을 악화시키지 않고 자신의 감정을 표현하거나 차단할 수 있는 능력이다. 감정 조절력은 온전히 혼자만의 노력으로 키울 수 있다. 누구나 배우고 연습하고 노력하면 감정을 조절할 수 있다.

춤을 배울 때는 한 동작 한 동작을 끊어서 익힌 후에 익숙해지면 동작들을 연결해서 다시 연습을 한다. 감정을 조절하는 것도 마찬가지이다. 감정을 조절하는 단계를 이해하고 각 단계별로 끊어서 배우고, 그것들을 이어서 연습하다 보면 감정 조절력을 키울 수 있다.

직장에서 생기는 강렬한 분노나 수치심, 경쟁심과 같은 강렬한 감정과 스트레스는 뇌의 회로를 만드는 신경세포를 감소시킨다. 심한 언어폭력이나 왕따 혹은 수치심은 행복 호르몬인 도파민의 수치를 낮추어 직장에서 행복하지 않게 만든다. 또한 스트레스 호르몬인 코티졸이 분비되고, 집중력을 파괴하는 노르아드레날린이 만들어져 결국 성과가 낮아지게 된다.

직장에서 인간관계가 좋으면 개인이 행복해지고 결국 업무 성과가 높아진다. 뇌 과학에서도 이런 사실을 증명해 준다. 사회를 구성하고 함께 어울리면서 살아가는 것은 복잡한 진화의 산물이다. 인간과 같이 사회를 이루면서 양육, 협동 및 집단의 응집력이 필요한 사회적인 동물은 섬세한 감정 조절력이 필요하다.

정체성을 찾으면 관계를 바꿀 수 있다

이번에도 김 과장 때문에 약이 올라 혼자 씩씩댔다. 교묘하게 사람 이상하게 만드는데, 딱히 틀린 말은 아니라 반박하지 못할 때가 많다.

어제도 급한 출장이 있어서 자리를 비웠다. 그런데 하필이면 그때 사장님이 우리 부서에 방문하셨다. 그리고 고생한다고 말씀하시면서 박 과장은 자리에 없나 보다고 물어보고 가셨다는 것이다.

그 상황을 본 옆 부서 김 과장이 오늘 한마디 했다.

"참, 박 과장은 어떻게 사장님 오시는 날을 기가 막히게 맞히나 몰라. 두 번째인가? 사장님 방문 때 자리 비운 게."

"그러게 말이다."

"누가 보면 사장님 피해서 출장 가는 줄 알겠다."

"그게 무슨 말이야."

"하긴, 사장님이 박 과장을 보러 내려오시는 것은 아니니까."

김 과장과 이야기를 하면 기분이 썩 좋지 않다. 휴게실에서 우연히 만난 것이 아니라면 평상시에는 말을 섞지 않는다. 누가 들으면 오해하기 딱 좋게 말하는 김 과장 때문에 이상한 소문에 휩싸인 적이 한두 번이 아니다. 언젠가는 싸울 것 같다는 생각이 들어서 언제부터인가 김 과장하고는 마주치지 않는 편이 속이 편하다고 생각했다.

연령별로 싸울 때 승패를 결정하는 것을 다룬 유머가 있다. 유치원 아이들은 싸울 때 울면 지는 것이고, 초등학생은 싸울 때 코피가 나면 지는 것이라고 한다. 중학생은 맞으면 지는 것이고, 고등학생은 눈을 깔면 진다. 대학생은 때리면 지는 것이고, 성인은 싸우면 지는 것이라고 한다.

직장에서는 상대방 때문에 화가 났다 하더라도 화를 내고 상대방과 싸우면 그 싸움에서 이기든 지든 결국 지는 게임이다. 아무리 상대방이 갈등의 원인이라고 할지라도 이 갈등을 현명하게 풀어내는 것이 사회생활을 잘하는 사람이라는 평가를 받는다. 이런 평가를 받기 위해서 화가 나도 참고, 이상한 소문이 나도 참고, 상사가 무시해도 참고, 고객이 갑질을 해도 참고, 언어폭력을 당해도 참는다.

참고 참다가 어느 순간 폭발해 버리거나 복수하기 위해서 이를 갈거나 욱해서 성질을 내기도 한다. 이렇게 폭발하면 자신의 감정 관리도 실패하고 관계 관리도 실패해서 사회생활을 못하는 사람으로 전락하게 된다. 그렇다고 가만히 있자니 참을 수는 없는 일이 비일비재하다. 억울한 생각이 들 때도 많다. 왜 감정은 자신만 조절해야 하는 것인가 말이다. 열 받게 하는 그 사람은 그냥 있는데 왜 나만 감정을 조절해야 하는가 말이다.

우리가 감정을 조절해야 하는 이유에는 감정을 잘 조절해서 내가 행복해지는 것과 주변 환경을 내가 원하는 대로 만들어 나가기 위한 것도 포함된다. 많은 직장인이 좌절하는 것이 있다. 상사를 바꿀 수 없다는 사실이다. 상사를 바꿀 수 있다면 감정 조절하는 방법을 배울 필요가 없을지도 모른다고 말한다. 언어폭력이 일상인 상사, 무시하는 상사 등이 있으면, 아무리 감정을 잘 조절해서 성과를 내고 싶어도 도저히 성과가 나지 않는다고 말한다.

그런데 직장에서 우리가 느끼는 것보다 할 수 있는 것이 더 많을지도 모른다. 다만 상사에게 내가 하고 싶은 말을 다 하면 내 무덤을 내가 파는 것이 될까 봐 조심하고 또 조심하는 것이다. 부하 직원인 내가 상사를 바꿀 수 없다고 생각하는데, 상사의 위치에 있어 보면 생각이 달라진다. 부하 직원이 누구인지에 따라서 행동이 미묘하게 다르게 나오기 때문이다. 인간관계는 일방적일 수 없다. 상호 작용으로 새롭게 만들어지는 것이 관계이다. 상사나 부하 직원의 성향에 따라서도 달라진다. 내가 바뀌면 자연히 주변 환경도 바뀌게 되어 있다.

로버츠 딜츠는 변화를 이끌어 내기 위해서는 신경 논리적 수준(neurological level)의 상위 레벨부터 변하면 변화하기 쉽다고 한다. 사람은 누구나 자신만의 논리 흐름에 따라서 행동하게 된다.

1단계는 가장 낮은 단계로 '환경' 단계이다. 우리가 사는 곳과 만나는 사람, 직장 상사, 동료, 하는 일 등의 환경이다. 일이 바빠서 매일 야근해야 하고, 시간이 없어서 연락하기 힘들다고 하며, 그 이유가 모두 환경 때문이라고 말한다. 그런데 자신의 주변 환경이 문제라고 말하는 한 바뀌는 것은 없다.

2단계는 '행동' 단계이다. 행동과 행동의 결과를 말한다. 상사가 막말을 하거나 비꼬아서 말할 때 우리가 감정을 조절하고 상사에게 하는 행동을 바꾸면 결과도 바뀔 수 있다. 상사의 행동을 어쩔 수 없이 받아들여야 한다고 생각하고 상사의 말을 그대로 수긍하고 가만히 있으면 이것이 일정한 관계의 규칙이 되어 매번 같은 상황이 반복된다. 하지만 대처하는 방법과 상황, 관계를 악화시키지 않고 표현하는 방법을 연습하면 능력이 생긴다.

3단계는 '능력' 단계이다. 상사와의 갈등이나 고객사와의 갈등 혹은 동료와의 갈등을 현명하게 잘 풀어내고 자신의 의견을 상대방에게 기분 나쁘지 않게 전달할 수 있는 능력이 있다면 문제는 해결된다.

4단계는 '신념' 단계이다. 상사는 변하지 않는다는 신념을 갖고 있다

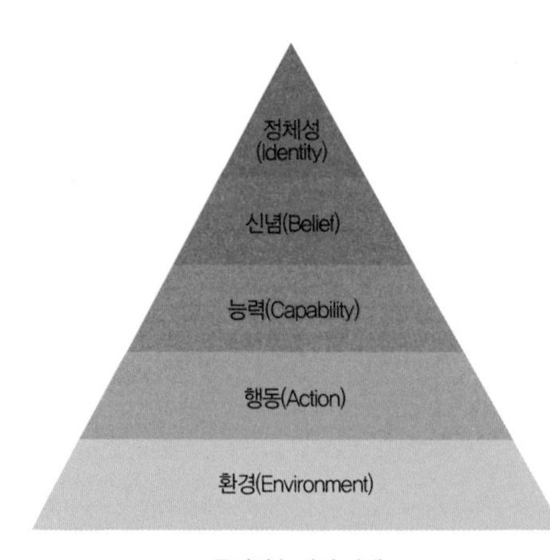

5단계 : 정체성(나는 누구인가?)
4단계 : 신념(내가 믿고 있는 사고방식, 가치관, 좌우명)
3단계 : 능력(나의 능력치)
2단계 : 행동(행동, 결과)
1단계 : 환경(사는 곳, 만나는 사람)

두뇌의 논리적 단계

거나 상사가 지시하는 것은 무조건 실행해야 한다고 믿는다면 감정을 조절해서 갈등을 해결할 수 있는 능력을 갖고 있다고 하더라도 사용할 수 없게 된다.

5단계는 '정체성' 단계이다. 자신에 대한 생각에 따라서 신념이 달라진다. 전문가의 정체성을 가진 사람과 평사원의 정체성을 가진 사람은 다르다. 정체성에 따라서 모든 행동과 생각이 재조정된다. 부모로서의 정체성을 갖고 가정으로 돌아가면 부모의 행동을 하고, 명절에 자식으로 정체성을 갖고 부모님께 가면 자식으로서의 행동과 생각을 하게 된다. 그래서 상사의 정체성과 부하 직원의 정체성에 따라서 모든 것이 재조정된다.

두뇌의 논리적 단계의 서열을 이해하고, 낮은 단계인 1단계를 바꾸는 것보다는 높은 단계인 5단계를 바꾸는 것이 변화가 쉽다.

우리는 흔히 이렇게 말한다.

"직장 상사가 변하지 않는데 내가 할 수 있는 것이 무엇입니까?"

맞는 말이다. 다른 사람의 행동을 바꾸는 것은 매우 어려운 일이다. 그래서 다른 사람의 행동이나 환경 때문에 힘들다고 말하는 것은 의미가 없다. 다른 사람과 환경은 변할 리가 없기 때문이다. 하지만 바꿀 수 있는 것이 없지는 않다. 나 자신을 바꾸면 세상이 바뀌게 된다.

웨스트민스터 대성당 지하묘비에 다음과 같은 말이 쓰여 있다.

"내가 젊고 자유로워서 상상력의 한계가 없고 투지가 넘칠 때

나는 세상을 바꾸겠다는 꿈을 가졌다.

그러나 좀 더 나이가 들고 세상을 알게 되었을 때
나는 세상을 바꿀 수 없다는 것을 알았다.
그래서 내 시야를 좁혀 내가 살고 있는 이 나라를 바꾸겠다는 꿈을 가졌다.
그러나 그것 역시 불가능이라는 것을 깨달았다.
나는 마지막 시도로 나와 가장 가까운 가족을 변화시키겠다는 꿈을 가졌다.
그러나 아무도 달라지지 않았다.
이제 죽음을 맞이하기 위해 자리에 누워 나는 문득 깨달았다.
만약 내가 내 자신을 먼저 변화시켰더라면
그것을 보고 가족이 변화되었을 것을,
또한 그것에 용기를 내어 내 나라를 바꿀 수도 있었을 것을,
그리고 누가 아는가, 세상까지도 바꿀 수 있었을는지…."

나를 둘러싼 환경인 직장 상사나 동료, 회사나 업무를 바꿀 수는 없어도 그들을 대하는 자신의 행동은 바꿀 수 있다. 좋은 관계와 함께 좋은 성과를 만들기 위해서 감정을 조절하는 방법을 배우고 그들에게 하는 행동을 바꿀 수 있다. 이런 행동을 자주 반복하면 감정을 조절하는 능력이 생긴다. 감정 조절력과 적절한 표현을 할 수 있는 능력이 생기면 스스로에 대한 신념이 생긴다. 직장 내 갈등을 잘 해결할 수 있다는 신념이 생기면, 자신에 대한 정체성도 바뀌게 된다. 그러면 관계를 바꿀 수 있게 된다.

감정 조절력을 키우는 4단계

감정을 조절하는 과정은 운전 면허증을 획득하는 과정과 비슷하다. 운전을 배우기 전에는 무슨 능력이 부족한지조차 모르다가 배우기 시작하면 무엇이 부족한지 알게 되고, 그 능력을 익히고 나면 의식적으로 그 능력을 사용하려고 노력하고, 나중에는 자기도 모르게 그냥 운전을 잘하게 된다.

감정을 조절하는 능력을 만들기 위해서는 4단계를 기억하는 것이 중요하다. 라우버(Lauver)와 하비(Harvey)는 인간의 학습 과정을 4단계로 제시했는데, '무의식-무능력, 의식-무능력, 의식-능력, 무의식-능력' 단계이다.

'무의식-무능력' 단계는 자신이 무엇을 못하는지조차 모르는 단계이다. 자신이 감정을 조절하지 못한다는 사실을 깨닫지 못할 뿐만 아니라 감정을 조절할 수 있는 능력도 없다.

'의식-무능력' 단계는 자신이 감정을 조절하지 못한다는 사실을 안다. 하지만 조절을 할 수 있는 능력은 아직 없다.

'의식-능력' 단계는 감정을 조절하기 위해서 노력하는 그 순간에는 감정을 조절할 수 있지만, 노력하지 않을 때는 능력이 사라진다. 그래서 매번 노력해야 한다. 그러면 감정을 조절할 수 있다.

'무의식-능력' 단계는 의식하거나 따로 노력하지 않아도 감정을 조절하는 능력이 있는 단계이다. 이 단계가 되면 자신이 일부러 감정을 조절하기 위해서 노력하지 않아도 자신도 모르게 감정을 조절할 수 있게 된다.

가장 높은 수준은 '무의식-능력' 단계이다. 이 단계로 가기 위한 방법은 한 가지밖에 없다. 그것은 바로 '반복'하는 것이다. 반복하면 습관을 만들고 습관은 능력을 만든다.

'감정을 조절하는 능력을 배울 수 있을까.'

'나도 배우면 잘할 수 있을까.'

'직장에서도 감정 조절을 할 수 있을까.'

이 질문들에 대한 대답은 단 하나이다. 반복하고 연습하면 누구든지 잘할 수 있게 된다.

뇌를 자주 사용하면 뇌의 구조가 바뀐다. 이를 신경가소성이라고 하는데, 우리가 생각하고 행동하고 주의를 기울이는 것이 뇌의 구조와 기능을 바꿀 수 있다. 휴대폰을 들고 다니기 전까지만 해도 우리는 가족과 친한 친구들의 전화번호를 기억했다. 그런데 지금은 가족의 전화번호조차도 제대로 기억하지 못한다.

내비게이션이 없었을 때에는 길을 기억해서 찾아갈 수 있었지만 내비게이션이 보편화된 지금은 길을 알더라도 내비게이션을 켜고 길을 찾는 것을 익숙하게 여긴다. 인터넷과 모바일의 발달로 인해 짧은 글에 익숙해진 사람들은 장문의 글이 쓰인 책을 끝까지 읽지 못하고, 짧은 시간에 인터넷의 정보를 무작위로 읽으면서 많은 정보를 알고 있다고 착각한다. 『생각하지 않는 사람들』에 소개된, 1950년 영국 BBC 방송에서 방연된 강연 시리즈에서 영국의 생물학자인 영(J. Z. Young)은 주어진 임무에 따라 뇌는 끊임없이 변화할 수 있다고 하면서 인간의 뇌세포는 사용할수록 더 커지고 발전하지만 사용하지 않으면 줄어들거나 사라져 버린다고 주장했다.

『The Answer』에서 소개된 NASA의 유명한 실험이 있다. 피실험자에게 상이 거꾸로 보이는 안경을 착용하도록 했다. 이 안경을 쓰면 천장이 바닥으로 보이고 바닥이 천장으로 보인다. 이 안경을 쓰고 생활하면서 여러 가지를 기록하도록 했는데 처음에는 참가자들이 구토 증세가 있거나 어지럽다고 말을 하는 등 적응하기 힘들어했다. 그러나 27일이 지나고부터는 참가자들이 하나둘 놀라운 말을 했다. 세상이 거꾸로 보이지 않고 바로 보인다는 것이다. 상이 뒤집혀 보이는 안경을 쓰고 한 달간 생활하니 환경에 적응하도록 뇌의 구조가 바뀌어 버린 것이다.

이처럼 뇌는 신경가소성이 있어서 우리가 생각하고 행동하고 주의를 기울이는 것에 따라 구조와 기능이 바뀐다.

영장류의 뇌는 출생 직후부터 급격하게 커지며, 유년기 이후는 천천히 성장하다가 성년기에 최대가 되고, 노년기에 걸쳐 천천히 작아진다. 뇌의 무게는 성장함에 따라 무거워지지만, 뇌의 신경세포 수는 반드시 감소하는 것은 아니다. 노년기가 되어 분열하면서 늘어나는 것도 있다.

신경세포가 연결되어 신경회로를 만든다. 신경세포가 다른 신경세포에 정보를 보낼 때는 시냅스가 작용한다. 새로운 것을 기억하거나 학습한 때는 시냅스가 만들어져 정보를 쉽게 보낸다. 시냅스는 우리가 살아가면서 뇌를 사용할 때 무언가를 할 수 있게 되면 생기고, 할 수 없게 되면 사라진다. 하나의 신경세포의 일정 면적에 만들어지는 시냅스의 수를 보면, 출생 직후 곧 늘어나 생후 8개월에 최대가 되었다가 그 뒤에 천천히 줄어든다. 나이가 들어 정신 기능이 낮아질 때는 신경세포가 죽었기 때문이라고 알려져 왔으나 최근의 연구에서는 정신 기능의 저하는 시냅스의 감소에 의한 것임이 분명해졌다.

우리 마음의 일생은 시냅스의 변화에 따른다고 할 수 있다. 특히 나이를 먹어도 신경세포는 줄지 않는다. 신경세포의 수는 평생 동안 변함이 없다. 마음의 변화는 몸의 변화를 일으킨다. 그래서 뇌를 많이 사용한 사람은 나이를 먹어도 젊게 보인다. 우리의 몸은 심장 박동 수나 혈압을 일정하게 유지하는 것과 같이 체내 환경을 일정하게 유지하는 성질(항상성 유지)을 가지고 있다.

사람의 뇌에는 수십억 개의 신경세포가 있고 끊임없이 신호를 주고받는다. 신경세포가 활동할 때 전자신호가 신경세포에 달린 축색돌기 끝으로 흐르는데 이 돌기에서 신경전달물질이 분출된다. 이 신경전달물질이 신경세포를 따라서 전자신호를 전달해서 사고와 기억, 감정을 형성한다.

나이가 들면 '이 나이에 무엇을 더 할 수 있겠느냐.'고 말한다. 또 '사람이 바뀌는 것이 가능하냐.'고 말하기도 한다. 하지만 인간은 어떤 삶을 살았다고 하더라도 마음먹고 30일만 노력하면 바꿀 수 있다. 성인도 뇌의 구조가 변할 수 있다.

링컨은 행복에 관해서 다음과 같이 말했다.

"사람은 행복하기로 마음먹은 만큼 행복하다."

행복하지 못한 환경이 문제가 아니라 진짜 중요한 것은 행복하기로 마음먹는 것이다. 행복하기로 마음먹었는가? 마음먹었다면 행복을 만들어 내는 과정을 우리의 마음에서부터 시작하라.

CHAPTER 2

나를 욱하게 만드는 발화점을 찾아라

피할 수 없다면 지혜롭게 표현하라

문제 1. 이럴 땐 어떻게?

"김 대리, 머리는 장식으로 달고 다녀? 한 번만 생각하면 해결할 수 있는 거 아냐!"

"죄송합니다."

"죄송하다고 하면 다야? 손실은 어떻게 메울 거야?"

"열심히…."

"열심히? 열심히? 열심히 하면 수습이 가능해? 그럼 손실된 금액은 어떻게 할 건데?"

"…"

"대체 학교는 어디 나왔어? 대체 어느 학교 나오면 이렇게 어리바리 할 수 있냐?"

회사에서 아주 큰 실수를 하고 직장 상사에게 한 소리를 들었다. 당신이라면 어떻게 할 것인가?

1. 가슴에 품고 있는 사직서를 상사 얼굴에 확 날리고 그만둔다.
2. 참고 화장실 구석에 가서 펑펑 운다.
3. 나중에 안줏거리로 사석에서 상사를 열심히 씹거나 복수한다.
4. 기타

문제 2. 이럴 땐 어떻게?

회사 휴게실에서 입사 동기인 대리 2명이 대화하고 있다.

"이 대리는 너희 팀 과장이 너 엄청 챙기나 봐. 만날 찾는 것을 보면. 얼마나 칭찬을 하는지… 부러워."

"휴, 말도 마. 그거 다 일 시켜 먹으려고 하는 수작이야. 일 시키려면 꼭 칭찬부터 하는 거 아냐? 그래 놓고 일 폭탄을 주고 가는데, 이가 갈린다."

"그건 또 무슨 소리야?"

"나도 처음에는 내가 일을 잘해서 그러나 보다, 적어도 나를 예쁘게 봐 주시나 보다 생각했지. 그런데 그냥 습관이야 습관. 난 이제 과장이 웃으면서 내 자리로만 와도 소름이 끼친다."

이 대화의 주인공이었던 과장은 휴게실 입구에서 복잡한 얼굴로 듣고 있었다.

특별히 챙겨 주고 예뻐하던 후배 직원이 내가 챙겨 주는 것을 부담스럽게 생각하는 정도가 아니라 뒤에서 험담을 하고 다닌다는 사실을 우연히 알게 되었다. 당신이라면 어떻게 할 것인가?

1. 후배 직원을 불러서 화를 낼 것이다.
2. 앞으로는 신경 쓰지 않을 생각이다.
3. 반드시 후회하게 해 줄 생각이다. 야근에 잔심부름을 제대로 시킬 생각이다.
4. 기타

문제 3. 이럴 땐 어떻게?

"김 대리, 한 과장이 김 대리가 자리에 없을 때 책상 서랍에 있는 비품 꺼내 쓰던데, 기분 나쁘지 않아? 아무리 그래도 개인 책상에 있는 비품인데…."

그러자 김 대리가 생각이 난 듯 말을 한다.

"안 그래도 요즘 책상 서랍에 있는 물건이 하나씩 없어져서 내가 건망증이 심해진 줄 알았는데, 한 과장이 범인이었네."

"몰랐어? 괜히 말했나? 이번이 처음은 아닌 것 같던데…."

"아, 진짜! 왜 남의 책상에 손을 대고 그런대?"

회의 때문에 자리를 비웠을 때 상사가 내 책상 서랍의 물건을 말도 하지 않고 쓰는 것을 동료가 말해 주어 알게 되었다. 회사의 비품도 있지만 개인 물건도 있다. 그런데 자신의 물건을 사용한 것이 한두 번이 아니라는 사실을 알게 되었다. 당신이라면 어떻게 할 것인가?

1. 그 사실을 듣자마자 동료한테 가서 따진다.

2. 서랍을 잠그고 다닌다.

3. 나도 그 동료의 서랍에서 물건을 꺼내서 사용한다.

4. 기타

화가 나는 순간에 어떤 행동을 하는가? 화가 난 순간에 하는 행동을 관찰하면 감정 조절을 잘하는지 못하는지 알 수 있다. 감정을 잘 조절하지 못하면 3가지 방식으로 행동한다. 욱하거나 참거나 복수하거나이다. 욱하는 것은 다른 사람에게 감정을 있는 그대로 드러내는 방식인 공격형으로 대응하는 것이다. 참는 것은 화나게 만드는 상대방에게 직접 말을 하지 않고 참는 방식인 감정억압형으로 대응하는 것이다. 복수하는 것은 화나게 만드는 상대방에게 교묘하게 복수하는 방식을 선택하는 수동공격형 방식으로 대응하는 것이다.

이 3가지 방식은 감정을 잘 조절하지 못했을 때 하는 행동이다. 감정을 조절하는 것이 무엇인지 모르고 감정을 조절하는 방법을 배운 적이 없기 때문에 참거나 복수하거나 욱하는 방식으로 대응한다. 욱하면 관계가 틀어지고 참으면 화병이 생기고 교묘하게 복수하면 상대방도 결국은 알게 되어 관계가 나빠지게 된다.

피하지 못하는 상황들은 어디에나 존재한다. 회사에서든 가정에서든 동창회에서든 싫은 사람과 싫은 상황 그리고 마주치지 않았으면 좋겠다고 생각하는 상황이나 자신과 잘 맞지 않는 사람들은 어디에나 있다. 기분이 나쁜 순간도 있고 당황스런 상황도 있다. 상대방이 명백하게 잘못하는 상황도 있고 자신이 실수하는 상황도 있다. 바로 그 순간에 자신의 습관적인 생각과 행동이 드러나기 시작한다. 바로 이 순간이 감정을 어떻게 조절하고 있는가를 알게 되는 순간이다.

1번을 선택한 사람은 욱하는 것을 표현해서 상대방에게 공격적으로 행동한다. 2번은 욱하지만 욱하는 것을 참고 억압하는 방식으로 감정을 관리한다. 3번은 일단 욱하는 것을 참지만 뒷담화를 하는 등의 방식으로 교묘하게 복수를 한다.

1번처럼 욱하는 것을 표현하면 상대방과의 관계는 망가지고 만다. 공격적으로 욱하는 것을 표현하는 사람들은 자신이 쿨한 줄 안다. 욱해서 하고 싶은 말을 다 하고 나서 자신은 잊어버릴 수도 있다. 문제는 자신은 쿨할지 모르지만 상대방은 그 말에 상처를 받기 때문에 욱하는 사람들과 부딪치지 않으려고 한다. 인간관계가 그리 좋지 못할 가능성이 높다.

2번과 3번을 선택한 사람은 불편한 상황을 상대방에게 직접 표현하지 못하는 사람이다. 상사나 고객이 자신에게 불쾌하게 행동하거나 말을 하면 대부분 "죄송합니다."라고 말한다. 화를 낼 만한 상황에서조차도 사과를 하거나 참는 일이 너무나 많다. 일단 참는 것이 관계를 유지하기 위해서 필요하다고 생각하는 것이다. 참다 참다 못해서 자신도 모르게 욱하기도 한다.

2번의 감정억압형은 화가 나기는 하지만 그냥 사과를 하는 편이 낫다고 생각하거나 상대방에게 직접적으로 대응하지 않는 편이 앞으로 좋은 관계를 유지하기 위해서 낫다고 생각한다. 자신만 참으면 되는데 굳이 불편하게 화났다는 사실을 말할 필요가 있나 싶기도 하고, 어쩌면 상대방의 말이 맞을 수도 있겠다고 생각한다.

3번의 수동공격형은 자신과 갈등이 있는 사람에게 직접 표현하지 않으면서 소심한 복수를 하는 사람들이다. 무시무시한 복수가 아니라 불러도 대답을 하지 않는다거나 약속을 하고 약속 장소에 나가지 않는 것과 같은 소심한 복수를 한다. 상사가 일을 시키면 미적거리면서 일을 미루다가 상사를 곤란하게 만들거나, 이상한 소문을 내서 갈등의 당사자를 곤란하게 만들기도 한다. 이렇게 뒤통수를 치는 방식으로 상대방에게 소심한 복수를 하면서 감정을 표현하면 상대방이 먼저 감정이 상해서 더 큰 보복으로 복수한다.

3가지 중에서 그 어떤 것도 건강한 방법은 없다.

언제 폭발할지 모르는 공격형 대응

중소기업에 다니는 한 직장인이 직장 상사의 막말에 대해서 하소연했다. 작은 회사인 데다 일은 많지 않아서 시간적 여유가 있는 편이라고 했다. 그런데 문제는 일을 시킨 상사에게 보고를 하면 일을 잘하든 못하든 항상 막말을 한다는 것이다.

"실수한 것 있으면 찾아낸 만큼 월급에서 다 까 버릴 거야."

자신이 실수를 자주 하고 일을 못했다면 혼날 수 있다고 생각을 한다. 하지만 자신의 실수가 문제가 아니라 상사가 기분 나쁠 때면 하는 말버릇이라는 것이다. 상사는 기분이 나쁘면 자신의 의자를 발로 차기도 하고 등을 때리거나 머리를 밀었다. 거래처에서 일처리를 제대로 하지 못해서 짜증이 나면 눈에 보이는 자신에게 짜증을 내고 막말을 했다. 시간이 갈수록 우울해지고 자존감이 떨어지고 회사에 출근하기가 싫어지면서 회사를 그만둬야 하나 고민하기에 이르렀다.

말을 할 때 소리를 지르거나 화를 내면서 말한다는 사실을 모르는 사람이 많다. 평상시에도 짜증을 내면서 말을 하거나 화가 나면 소리부터 지르고 사소한 일에도 큰소리로 혼을 낸다. 자신의 감정을 공격적으로 표현하는 사람들은 큰소리를 치거나 크게 화를 내는 것뿐만 아니라 짜증을 많이 내거나 평상시에도 목소리가 커서 화가 나 있는 것처럼 보인다. 평상시에도 하는 말투가 싸우듯이 톡 쏘는 말투를 갖고 있기도 하고, 비꼬아서 말하기도 한다.

문제는 자신이 화를 내면서 말을 한다는 사실을 모른다는 것이다. 그래서 왜 그렇게 화가 났냐고 물어보면 화가 나지 않았다고 말한다. 다른 사람들이 볼 때는 영락없이 화가 난 사람의 행동을 하는데도 말이다. 그저 목소리가 크거나 짜증내면서 말하는 습관을 갖고 있을 뿐일지 모르지만, 주변 사람이 볼 때는 화가 난 사람으로 보인다는 것이 가장 큰 문제이다.

스티브 잡스는 회사에서 부하 직원들에게 막말을 하는 것으로 유명했다. 식당에서 식사를 하다가도 잡스가 나타나면 직원들은 재빨리 식사를 마무리하고 자리를 피할 정도로 악명이 높았다. 잡스가 부하 직원에게 어떤 직무를 맡고 있는지, 실적을 내고 있는지 등에 대해서 질문했는데 직원이 제대로 대답하지 못하면 바로 해고를 하는 일이 많았기 때문이다.

직장에서는 성과를 중요하게 여기기 때문에 상사가 부하 직원에게 소리를 치면서 혼을 내거나 짜증을 내는 행동들이 성과를 위해서 한 행동이라고 착각한다. 실제로 전략적인 행동이면 좋겠지만 사실 대부분은 감정 조절을 하지 못한 상태에서 소리를 지르는 것에 불과하다. 상사는 당근과 채찍 중에서 채찍을 휘두르고 있다고도 생각한다.

"일을 그것밖에 못해?"

"머리를 어디로 달고 다니냐?"

"월급이 아깝다. 그냥 집에 있어. 회사 나와서 민폐 끼치지 말고."

당근과 채찍 방식 중에서 채찍과 같이 성과에 대한 처벌이 효과가 없다는 사실은 이미 입증되었다.

2014년에 한 취업 포털 사이트에서 직장인 1,008명을 대상으로 한 설문 조사에서 '회사에서 폭언을 들은 경험이 있는가?'에 대해서 물어보았다. 68.2%가 폭언을 들은 경험이 있다고 대답했다. 폭언을 유형별로 보면 욕설형, 무시형, 성희롱형, 인격모독형으로 나눌 수 있다.

욕설형

-야, 이 건방진 XX야.

-바로바로 보고해야지, XX야.

-개념이 없어? 내 말 다 듣고 얘기해. 이 XX야.

무시형

-잔말 말고 시키는 대로 해.

-바보야? 사표 써야겠다.

-어떻게 회사 들어왔어? 학교 어디야?

-이것도 모르면서 밥은 어떻게 먹냐?

성희롱형

-여자가 따라 주는 술이 더 잘 넘어가지.

-이런 식으로 할 거면 너 왜 뽑았냐. 얼굴 예쁘고 몸매 좋은 여자 뽑아서 시키지.

인격 모독형

-머리는 장식품으로 달고 다니냐?

-일을 이따위로 하고 밥이 넘어가니?

-그 나이 먹도록 뭐했냐. 너희 부모님만 욕먹는다.

-인사 제대로 해. 네 옆에 있던 사람도 그렇게 인사하다가 쫓겨났어.

미국 조지타운 대학교 MBA 크리스틴 포라스 교수의 연구 결과에 의하면, 폭언을 듣거나 무시를 당하면 폭언을 듣지 않은 집단보다 30% 이상 실적이 낮았다. 우리나라 근로기준법에는 어떤 이유로든 근로자에게 폭행을 하지 못한다고 되어 있는데, 폭행은 완력을 행사하여 직원을 구타하는 행위만이 아니라 폭언을 반복하는 것도 해당된다.

말을 할 때 목소리가 크고 에너지가 넘치는 사람이 있다. 하지만 욱하거나 소리를 치는 것은 그것과 다른 문제이다. 이는 상대방이 자신을 만만하게 보거나 소리를 질러도 되는 대상이라고 판단한 것이다. 상대방이 자신보다 힘이 있거나 권력이 있다고 판단하면 분노보다는 두려움이 생긴다. 반대로 자신이 상대방보다 힘이 더 세거나 권력이 있다고 여길 때 분노 감정이 생긴다.

자신보다 힘이 약하다고 생각하는 사람에게 자신도 모르게 짜증을 내고 큰소리를 치는 것이다. 그래서 가정에서는 아이와 아내가 욱해도 되는 대상이 되고, 직장에서는 부하 직원이나 동료 중에서 만만한 사람이 욱해도 되는 대상이 된다. 욱하는 방식은 팀의 생산성을 악화시키고 가정에서는 관계를 악화시킨다. 욱하는 사람 주변에는 참거나 복수하는 방식으로 대응하는 사람이 많을 수밖에 없다. 결국 불건강한 방식이 대물림되는 것이다. 부하 직원 중에서 공격형인 경우는 상사에게 욱해서 따지기도 한다.

“제가 왜요? 제가 뭘 잘못했는데요?

“소리 지르지 마세요. 왜 제가 이런 대우를 받아야 합니까?”

회식자리에서 술을 마시고 술김에 상사와 주먹다짐을 하는 경우도 있고, 욱한 나머지 그동안 담아 뒀던 말들을 모두 하고 사표를 던지기도 한다. 욱하면서 상대방에게 화를 내는 사람들은 인간관계가 좋지 않거나 주변에 친구가 없기도 하다. 어떨 때에는 욱해서 소리치고 화를 냈는데 자신이 잘못했다거나 화를 낼 상황이 아니어서 민망한 상황이 연출되기도 한다.

한 여성 방송인이 경험한 일이다. 평상시에 자신에게 깍듯했던 한 후배 연예인이 대화를 하는데 선글라스를 벗지 않고 얘기를 했다는 것이다. 자신을 무시한다고 생각한 이 방송인은 후배에게 돌직구를 날렸다.

“너 지금 나 무시하니? 선배하고 얘기하는데 선글라스를 끼고 있니?”

그러자 후배가 대답했다.

"죄송해요. 눈에 다래끼가 나서 선글라스를 못 벗었어요."

먼저 후배에게 선글라스를 끼고 대화를 하는 이유를 물어봤다면 이런 민망한 상황은 생기지 않았을 것이다. 사소한 일로 화를 냈지만 결국 자신의 약점과 열등감을 후배에게 드러낸 것이나 다름이 없다. 상대방에게 욱한 것으로 자신의 밑바닥을 드러내 버린 것이다. 욱해서 자신이 얻는 이득이 무엇이 있을까. 소리 지르고 욱해서 표현하면 분노 감정이 사라지거나 스트레스가 해소될까.

프로이트는 카타르시스 이론에서 화가 났을 때는 화를 내야 한다고 주장했다. 그러나 다른 수많은 연구 결과는 화를 내면 낼수록 화가 더 난다는 사실을 알려 준다. 머레이 스트라우스(Murray Strauss)의 연구에 의하면 부부 싸움을 할 때 서로에게 고함을 치는 부부일수록 부부 싸움 후에 더 극심한 분노를 느낀다고 한다. 남녀노소 할 것 없이 화가 났을 때 공격적으로 분노를 표현한 사람들은 화가 난 상황이 종료된 후에도 화가 난 채로 있다.

자주 화를 내는 사람들은 자신도 모르는 사이에 자신의 몸을 병들게 한다. 위험을 판단하는 편도체는 위험한 상황에 민감하게 대처한다. 실제로 존재하는 환경에 대한 위험뿐만 아니라 의식적이든 무의식적이든 스스로 생각해 낸 상상속의 위험도 편도체를 자극한다. 이러한 자극은 생존을 위해 전력투구하는 상태로 전환하는 코티솔을 분비한다. 그리고 단백질이 생산되지 않으면서 면역력이 낮아진다. 이 상태가 지속되면 세포막이 손상되고 세포가 사망한다. 결국 욱하는 습관은 자신의 면역력을 낮추면서 건강에 좋지 않은 영향을 끼친다.

음식을 먹을 때는 맛있게 조리를 해서 먹는다. 예를 들어, 닭을 어떤 방식으로 조리하느냐에 따라서 치킨이 될 수도 있고, 닭볶음탕이 될 수도 있고, 닭갈비가 될 수도 있다. 닭요리를 좋아한다고 해서 닭을 날 것 그대로 먹지는 않는다. 감정도 마찬가지이다. 자신이 본능적으로 느끼는 감정을 날것 그대로 표현하는 것이 아니라 상황에 맞는 적절한 표현 방식이 필요하다.

감정을 담아 두는
감정억압형 대응

상사가 퇴근 시간 직전에 다음 날 필요한 자료를 준비하라고 시켰다. 그래서 박 대리는 밤을 새워 가며 준비를 했지만 역부족이었다. 그러자 상사는 준비한 자료를 보고 한마디 했다.

"어제 준비 안 하고 뭐했어? 겨우 이것밖에 준비 못한 거야?"

박 대리는 과장의 핀잔에 한마디 말도 못하고 가만히 있었다. 과장이 나가자 옆에 있던 동료가 말했다.

"어제 밤새워 준비했다면서? 시간이 부족했다고 얘기하지. 왜 얘기 안 했어?"

그러자 박 대리는 과장과 관계가 틀어질까 봐 걱정이 되고, 밤새워 일했는데도 제대로 못했다는 말을 들었을 때 무능하다는 말을 들을까 봐 말을 못했다고 대답했다. 밤새워 준비한 자료를 보고 일을 못한다고 말하는 과장 때문에 화가 나기는 하지만 참는 것이 최선이라고 생각한다고 했다.

많은 사람이 부당하고 불쾌한 경험을 하더라도 감정을 표현하지 않고 참고 조용히 넘어가는 것이 감정을 조절하는 것이라고 믿는다. 감정을 표현하지 않는 것이 미덕이라고 생각한다. 화가 나더라도 그냥 참기만 하는 감정억압형은 자신의 감정을 억압하고 참는 것에 익숙해 있다. 아무리 화가 나는 상황이라도 일단 참고 넘어간다. 특히 상대방이 상사나 고객이라면 무조건 참아야 한다고 생각한다. 상대방이 아무리 기분 나쁜 말을 하고 언어폭력을 가해도 참는 것이 감정 조절이라고 믿고 참고 또 참는다. 그래서 감정억압형인 사람은 주변 평가가 의외로 좋을 수 있다. 인간성이 좋다는 평이 대부분이지만 가끔은 표현하지 않아서 답답하다는 평가가 있기도 하다.

"소리를 지르는 과장님을 이해할 수가 없어요. 그런데 제가 말대꾸를 할 수는 없잖아요. 아무리 부당해도 참아야죠. 직장인데."
"화가 나지만 그냥 제 자리로 돌아와서 모니터를 보면서 눈물을 참아요."
"화장실 가서 많이 울었어요."

부당한 대우를 받더라도 상대방에게 자신의 생각이나 감정 혹은 입장을 정확하게 설명하지 않고 그것을 모두 참아 낸다. 『근사록』에서도 "노여움과 두려움은 다스리기가 어렵다."고 하였다. 그런데 화가 났을 때 분노를 표현하지 못하거나 표현하지 않는 것은 고혈압을 악화시키는 원인이 된다는 결과가 여러 연구에서 증명되었다.

문제는 분노를 표현하느냐 하지 않느냐가 아니라 분노 안에 숨어 있는 적대감이다. 스탠퍼드 연구소의 로젠만은 시카고의 웨스턴 일렉트릭 사(Western Electric Company)에서 일하는 남자 직원 1,877명을 대상으로 한 연구에서 적대감 수치가 높게 나온 사람들이 낮게 나온 사람들에 비해 심근경색이 나타날 가능성이 1.5배 높았다. 핀란드에서 실시한 쌍둥이 3,750명을 대상으로 한 연구에서는 적대감으로 인하여 병이 증가하여 사망한다는 결과가 나왔다. 감정을 표현하지 못하고 억제하면 결국 건강을 해치게 된다. 뿐만 아니라 감정을 억압하면 기억과 인간관계에도 문제가 생기게 된다.

비벌리 엔젤(Beverly Engel) 박사는 자신의 감정을 무시하거나 모른 척하고 억압하다 보면 다양한 감정을 느끼지 못하게 된다고 주장한다. 감정을 담당하는 변연계는 인간의 생존을 위해서 만들어진 두뇌 시스템으로 임신 8개월이 되면 거의 완성된다. 진화의 관점에서 인간을 안전하게 보호하기 위해서 진화해 왔는데 편도체는 공포 상황에서 신체를 안전하게 만들기 위해서 '싸움-도주' 반응을 한다. 그래서 외부 정보를 파악할 수 있게 만드는 것이 바로 감정 기능이다. 즉 자신의 감정을 인식할 수 있는 사람이 다른 사람의 감정도 인식할 수 있다.

잭 바바렛(Jack Barbalet)은 감정과 사회학에서 감정의 관여 없이는 사회에서 어떤 행위도 일어날 수 없다고 주장한다. 사회 규칙과 질서뿐만 아니라 인간 세계에서의 모든 것은 감정과 연결되어 있다는 것이다. 실제로 팀원들과 소통이 잘되지 않는다거나 눈을 바라보면서 대화를 하지 못하는 사람들, 혹은 친밀감을 잘 형성하지 못하는 사람들은 자신의 감정을 억압하는 유형에 해당된다.

자신의 마음을 모르는데 다른 사람의 마음을 읽을 수 있을까. 감정 억압형 사람은 욱하지 않아서 참는 것이 아니다. 욱하기는 하지만 그것을 어떻게 표현해야 할지 모르거나 화를 내면 다른 사람들과의 관계가 나빠져서 자신이 불편해질까 봐 그냥 화를 참는 것이다.

만약 업무를 하다가 실수를 했다면 당연히 업무 실수에 대해서 사과하는 것은 맞다. 하지만 인격적인 무시와 공격을 했는데도 사과하고 수긍하는 것은 스스로 무시당해도 되는 인간으로 인정하는 것이 된다. 그러다 보면 이후에도 비슷한 일이 반복된다. 처음에는 업무 피드백으로 큰소리를 듣지만 어느 순간부터는 업무가 아닌 것으로도 무시당할 수 있다. 결국 이런 방식은 패턴이 되어서 관계의 규칙을 만들어 낸다.

호의가 계속되면 권리인 줄 안다. 몇 번 야근을 했더니 퇴근 시간이 지나서도 당연하게 업무 지시를 하고, 중요하다고 해서 주말에 몇 번 출근했더니 주말에도 업무 메일을 발송한다. 욱해도 몇 번 참았더니 상대방은 더 큰소리 치고 자신을 무시하기 시작하는 것이다.

반드시 복수하는 수동공격형 대응

최 팀장은 얼마 전에 입사 동기인 오 팀장에게서 급하게 돈을 빌려 달라는 부탁을 받았다. 아파트 중도금을 내야 하는데 천만 원이 부족하다고 하면서 한 달만 쓰고 갚겠다고 했다. 최 팀장은 빌려 주고 싶어도 아내가 통장을 관리하기 때문에 아내에게 일일이 설명하면서 빌려 주기도 그렇고, 자신도 아이들 학교 문제 때문에 곧 이사를 할 예정이라 어떻게 될지 몰라서 거절할 수밖에 없었다. 그런데 그후부터 사내에 이상한 소문이 돌기 시작했다.

진행이 잘되는 일이 팀에서 일을 못해서 엎어졌다는 소문이 돌기도 하고, 거래처에서 불만이 많다는 말도 들렸다. 소문이 어디에서부터 흘러나왔는지를 알아보니 돈을 빌려 달라고 했던 오 팀장이었다. 돈을 빌려주지 않았다는 이유로 뒤에서 험담을 하고 다닌 말이 돌아서 귀에 들어온 것이다. 앞에서는 평소와 똑같이 잘 지내면서 뒤에서는 이상한 소문을 낸 것이다.

오 팀장은 서운하거나 불만이 있었던 점을 직접 표현하지 못하면서 교묘하게 복수를 하는 것으로 자신의 감정을 표현하는 수동공격형이다. 상대방에게 직접 자신의 감정을 말로 표현하지 못하는 한국 사람에게서 많이 나타나는 유형으로 뒤끝 있는 성격이라는 말을 듣는다.

이 유형은 화는 나지만 화를 내면 자신에게 불이익이 생길 것 같거나, 직접 화를 내면 불편한 관계가 되는 것이 싫어서 화났다는 사실을 말하지 못한다. 대신에 화가 나는 감정은 어떻게든 해소하고 싶고, 상대방을 엿 먹이고 싶어서 이상한 소문을 퍼트리거나 부탁을 받은 후에 일처리를 제대로 하지 않거나, 대답을 하지 않는 방식으로 복수하는 것이다. 보통 공격형이라고 하면 눈에 띄게 항의하거나 화를 내거나 말과 행동으로 공격하는 것을 생각한다. 하지만 대놓고 공격하는 것이 아니라 보이지 않게 공격하는 것도 공격형이다. 수동공격형은 뭔가 꼬집어서 눈에 띄는 잘못을 찾기가 어렵다. 하지만 공격받은 사람은 기분이 나쁘기 때문에 금방 알아채게 된다.

요즘은 공기업뿐만 아니라 기업 내 부정부패를 막기 위해서 회사 내에 핫라인을 설치해서 비위 신고를 독려한다. 실제로 부정부패를 신고하는 경우도 있기는 하지만 사소한 꼬투리를 빌미로 신고하거나 일부러 음해성 소문을 듣고 신고해서 싫어하는 사람을 곤란하게 만들기도 한다. 타인을 이용하거나 상황을 이용해서 복수를 하기 때문에 상황이 악화된 다음에야 문제가 발견된다. 그래서 관계를 회복하기 힘들거나 문제를 해결하기 힘든 상황으로 악화되기도 한다.

잡코리아가 직장인 2,069명을 대상으로 직장 내 동료와 상사에게 해 본 소심한 복수 방법을 질문했다. 1위는 불러도 못 들은 척한 것으로 무려 30%가 대답했다. 2위는 일부러 못 본 척 인사 안 하기였다. 기타로는 뒤돌아서 째려보기, 엘리베이터 타려고 뛰어 올 때 문 닫아 버리기, 커피에 침 뱉기 등이 있었다. 소심한 복수를 하는 사람이 상당히 많았다. 대개 소심한 복수는 직접적인 복수가 아니기 때문에 문제가 없을 것이라고 생각했다.

소심한 복수뿐만 아니라 티 나는 복수를 하는 사람도 상당히 많다. 상사가 업무 지시를 하면 일부러 차일피일 미루다가 결정적인 순간에 손들고 못하겠다고 엎어져 버리기도 하고, 회사 근처에서 동료들끼리 모여서 상사의 뒷담화를 한다. 시키는 일도 대충해서 스스로 잉여인간이 되어 버린다.

어울릴 때는 기분 좋게 만났는데 뒤에서 흉을 본다거나 이상한 소문을 내는 사람이 있다고 생각해 보자. 앞에서는 동조하고 함께 웃고 떠들어서 상대방이 기분 나빴을 것이라고는 생각조차 못했는데, 기분 나쁘게 했다는 등의 이상한 소문을 내거나 흉을 보고 다닌다는 사실을 알게 되면 배신감이 든다. 대부분의 사람은 이런 사람들과 만나 본 경험이 있기 때문에 어떻게 하는 것이 좋은 처신인지 안다. 그런 사람들과는 어울리지 않으려 한다.

상대방에게 직접 말하지 못하는 것은 뒤에서도 말해서는 안 되는 것이 인간관계이다. 처음에 그런 사람인 줄 모를 때는 친하게 지내지만, 뒤에서 한 말이 귀에 들어오면 그후부터는 그 사람과의 만남을 조심하게 된다. 이렇게 소심하게 복수를 하면 원만하게 좋은 관계를 맺기 어렵고 사회생활에서도 신뢰를 얻기 힘들다. 결국 업무 성과까지 영향이 미치게 된다.

문제는 자신이 수동적으로 공격한다는 사실을 인지하지 못하고 그것을 스트레스 해소라고 생각한다는 점이다. 건강한 방법으로 스트레스를 해소하고 건강한 인간관계와 건강한 신체 상태를 만들어야 한다. 직장 내 대인 관계도 망치고 자신의 커리어나 평판을 망치는 수동적인 공격은 아무에게도 이득이 되지 않는다. 소심하게 복수를 하든 대범하게 복수를 하든 자신에게는 전혀 이득이 되지 않는다.

욱하는 감정을 멈추게 하는 자각의 힘

운전을 처음 배울 때는 룸미러와 사이드미러를 조정하고, 목적지에 도착할 때까지 좌우를 살피며 긴장하면서 운전을 한다. 신호등이 바뀌어도 긴장하고 옆 차가 내 차 앞으로 차선을 변경해도 긴장한다. 초보운전이라는 표시가 붙은 차는 대부분 속도를 내지 못하고 천천히 가며, 운전자가 한 동작 한 동작 신경 써서 운전을 한다. 하지만 운전에 익숙한 사람들은 목적지까지 어떻게 가는지 기억하지 못한다. 자신이 빨간불에 멈추는 동작을 위해서 발의 위치를 어떻게 바꾸는지, 차선을 변경하기 위하여 어떤 행동을 하는지 자각하지 못한다.

항공기나 배에는 자동항법장치가 달려 있다. 자동항법장치는 이미 설정해 놓은 항로나 경로로 갈 수 있게 한 장치이다. 그래서 매 순간 신경 쓰면서 운전하지 않아도 가고자 하는 목적지에 도달할 수 있다. 인간에게도 이런 자동항법장치가 있다. 인간의 뇌는 매우 효율적으로 설계되어 있어서 이미 설정된 자동항법장치에 의해서 움직인다. 항공기나 배에 달린 자동항법장치는 출발지와 목적지가 정확하게 설정되어 있고 거기에 맞는 항로가 설정되어서 움직인다. 그런데 인간의 자동항법장치는 기계에 설정된 것과는 다르다.

뇌라는 인간의 자동항법장치는 설정을 누른다고 시작하고 종료하는 것이 아니다. 시냅스와 신경세포가 하나의 구조물을 만들고 있어서 이 구조물이 습관을 만들어 낸다. 생각도 습관이고 감정도 습관이고 행동도 습관이다. 습관이 되지 않으면 매번 처음 운전을 하는 것처럼 신호등 하나에도 긴장하고, 옆 차선의 차가 지나가도 긴장하기 때문에 매우 비효율적이다. 그래서 뇌는 자동항법장치를 만들어서 자동적으로 생각하고 느끼고 행동하게 만든다.

두뇌의 자동항법장치는 만들어지기까지 시간이 걸린다. 자주 행동하면 할수록 자연스럽게 그 행동이 나오게 되고, 어떤 행동을 하는지 알아채지 못하게 된다. 이렇게 자동으로 움직이지 않으면 매번 복잡한 여러 절차를 거친 뒤에 결정하고 행동해야 한다.

영화 「이글아이」는 IT 기술 발달로 인간의 미래 행동을 예측하는 내용을 다루었다. 이글아이라고 하는 미국의 국방부 컴퓨터 프로그램이 GPS나 CCTV, 스마트폰 등 온갖 장치에서 수집한 자료와 정보를 바탕으로 개인의 미래 행동을 예측한다. 영화 속에서 이글아이는 개인의 과거 행동과 동선 들을 수집한 후 분석을 통해 행동의 규칙을 찾아낸다. 그저 영화 내용으로 넘겨 버리기에는 너무나 과학적이다. 인간의 행동은 일관성이 있다. 일관성이 만들어진 이유는 습관이 만들어지고 자동항법장치가 만들어진 이유와 같다.

우리가 하는 행동에는 일정한 규칙이 있다. 과거에 자신이 해 온 행동을 생각해 보면 앞으로 해야 할 행동도 예측할 수 있다. 실제로 한 이동통신사가 스마트폰에 장착된 GPS를 통해 개인의 정보를 수집하여 분석한 결과, 개인의 3개월간 행적을 파악하면 그 사람의 이후 행적이 93% 정도 예측 가능하다고 한다. 대부분의 사람이 하는 행동의 80% 이상이 일치했다는 것이다. 사회학자들은 "식사를 하고, 영화를 보고, 커피를 마시고, 치킨과 맥주를 마시는 것을 자신의 자유의지로 선택하지만 사실은 지금까지 하던 행동을 습관적으로 하는 것이다."라고 설명한다.

우리는 화가 났다는 사실을 인식하기도 전에 습관적으로 행동한다. 그 습관적인 행동으로 인해서 다른 사람들과의 관계가 불편해지기도 한다. 그러므로 자신이 어떤 방식으로 화를 표현하는지를 파악하면 감정 표현을 잘못하고 있을 경우 적절한 방식으로 바꿔 표현할 수 있게 된다.

흔히 하는 착각 중의 하나가 "과거에는 바보같이 이렇게 행동했지만 앞으로는 절대 그럴 일 없어."라고 큰소리치는 것이다. 왜냐하면 사람들은 자신이 지금까지 살아온 방식대로 행동하기 때문이다. 외환 딜러로 일하는 한 남성은 자신도 모르게 손익을 따지는 습관이 있다고 한다. 딜러 일을 하다 보면 아주 적은 금액의 차이가 매우 큰 손실과 이익을 만들기 때문에 평상시에도 아주 작은 것에서 손익을 따지는 습관이 있다는 것이다. 동창 모임에서도 친구들을 평가할 때 자신에게 도움이 되는 친구와 도움이 되지 않는 친구로 구분하고, 직장에서 업무를 할 때도 자신의 커리어에 도움이 될지 도움이 되지 않을지를 판단한 후에 행동하고, 심지어는 가족과의 대화에서도 이 말을 하면 내가 조금 불편해지지 않을까 하는 등 손익을 따질 때가 있다고 한다.

사회생활을 하면 자신의 생각과 의도를 자신도 모르게 다른 사람들에게 드러내게 된다. 회사에 출근하면서 자신도 모르는 사이에 자신의 직급으로서의 행동 방식을 설정하고, 퇴근하면서 아버지로서의 행동 방식을 설정한다. 주말에 동호회를 가면 동호회원으로서의 행동 방식으로 조정한다.

다른 사람에 대한 생각과 태도도 습관이고, 자기 자신에 대한 생각도 습관이다. 그래서 다른 사람을 비난하는 사람은 어떤 사람이든 비난할 거리를 찾아낼 수 있고, 험담을 하는 사람은 아무리 좋아하는 사람이 앞에 있어도 험담을 한다. 자신이 습관적으로 하는 생각과 행동을 인식할 수 있는 사람은 그것을 조절할 수 있다. 자각하지 못하는 사람은 그저 습관적으로 행동을 한다.

건물에서 불이 났을 때 사람들은 어디로 달려갈까? 항상 승강기를 타고 출퇴근을 해 온 사람은 급박한 상황이 닥치면 승강기로 달려간다. 불이 났을 때는 승강기를 타면 위험하다고 아무리 알려주어도 위급한 상황에서는 습관적으로 행동을 하는 것이 인간이다. 불이 났을 때에는 당황하지 않고 어디로 가야 할지 생각하고 움직여야 안전한 곳으로 피할 수 있다.

자신이 습관적으로 하는 생각과 행동을 자각해야 자신이 원하는 생각과 행동을 하도록 수정해 나갈 수 있다. 욱했을 때 소리 지르는 방식으로 표현을 하는 공격형, 욱하더라도 수동적으로 그 상황을 받아들이는 감정억압형, 욱하는 감정을 상대방에게 교묘하게 복수를 하는 방식으로 표현하는 수동공격형 방식으로 대응하는 것은 분노에 대응하는 자동항법장치를 만들어 놓은 결과이다.

습관적인 생각과 감정, 행동을 수정하기 위해서는 노력이 필요하다. 첫째는 바로 자기를 스스로 관찰하는 것이다. 출근할 때 어떤 길로 걸어가는지, 버스를 타거나 지하철을 탈 때 어떻게 하는지, 건물에 도착해서 사무실을 갈 때 승강기를 타는지, 사무실에 도착해서 가장 먼저 하는 행동은 무엇인지 등 가장 먼저 자신을 관찰해 본다. 거의 모든 행동은 습관이기 때문에 자신을 관찰할 수 있는 만큼 변화시킬 수 있다.

둘째는 자신의 생각과 감정을 관찰하는 것이다. 직장인이 겪는 상황은 대부분 비슷하다. 상사와의 관계나 고객과의 관계, 부하 직원이나 동료와의 관계나 직장 내 다양한 상황에서 자동적으로 생기는 습관적인 생각과 감정들을 관찰한다. 겉으로 드러나 보이는 것들은 관찰하기가 수월하다. 하지만 보이지 않는 인간의 내면으로 관찰의 대상을 변경하면 관찰이 매우 어려워진다. 온전히 자기 자신만 할 수 있는 일이기 때문이다.

셋째는 자신의 신체적인 반응을 관찰하는 것이다. 생각과 감정만큼 자각하기 힘든 것이 바로 신체적인 변화이다. 긴장하면 손에 땀이 나고, 화가 나면 몸에 열이 난다. 자신이 상황을 어떻게 인식하는지에 따라서 신체적인 반응이 다르게 나타난다. 욱하는 상황에서는 자신이 어떤 방식으로 신체가 긴장되는지 전혀 인식하지 못한다. 모두 인간이 생존하기 위해서 만들어진 자동항법장치 때문이다.

욱하는 상황에서 감정을 잘 조절하고 현명하게 대응하고 싶다면 자동항법장치가 어떻게 운영되는지를 자각해야 한다. 그래야 자동적으로 움직이는 시스템과 항로를 변경할 수 있다.

나를 화나게 하는 핀치 포인트를 찾아라

미술 과목의 기말고사에서 주관식 문제가 나왔다. 미술의 기법 가운데 머리와 팔다리를 없애고 몸통만 그린 것을 무엇이라 하는가? 정답은 토르소이다. 시험 다음 날에 미술 선생님이 잔뜩 화가 나서 떨리는 목소리로 외쳤다.

"어제 시험에서 병신이라고 적은 놈 빨리 나와!"

학생의 입장에서 볼 때 시험 문제에 대한 정답을 모른다면 정답으로 추측할 수 있는 단어였을 것이다. 하지만 정답지를 받아 든 미술 선생님의 입장에서는 매우 화가 났다. 미술에 대해서 잘 알지 못하는 일반인은 미술 선생님이 화를 내는 이유를 추측할 수는 있지만 공감할 수는 없다.

이처럼 다른 사람들이 화가 나는 상황을 관찰해 보면 왜 화를 내는지 이해가 안 되는 경우가 많다. 화를 내는 이유가 공감되지 않아서 황당하게 느껴지는 일들이 가끔 있다. 다른 사람들에게는 아무렇지도 않은 말인데 당사자에게는 유독 화가 나는 말이나 상황을 핀치 포인트(pinch point)라고 한다.

핀치 포인트란 사람마다 자신만 갖고 있는 욱하게 되는 분노 촉발 포인트이다. 핀치(pinch)는 두 손가락으로 사람을 꼬집어서 아프게 만든다는 뜻인데, 핀치 포인트란 실제로 손으로 몸을 꼬집는 것이 아니라 분노를 꼬집어서 욱하게 만드는 것을 말한다. 즉 분노를 유발하는 사건이나 상황 혹은 말과 행동 들이 핀치 포인트이다.

동전을 넣고 원하는 버튼을 누르면 음료수가 나오는 기계처럼 사람에게도 감정을 되살리는 버튼이 있다. 저마다 어떤 기억을 갖고 있는가에 따라서 생각과 감정, 행동이 재생된다. 그런데 음료 자판기는 눈에 보이는 버튼이 있지만, 분노를 만드는 버튼은 눈에 보이지 않는다. '보이지 않는 버튼'이 눌려지는 순간 자신도 모르는 사이에 자동적으로 욱하는 감정이 재생되고, 그와 동시에 행동도 재생된다. 분노 감정을 재생시키는 버튼이 바로 발화점이자 핀치 포인트이다.

불이 활활 타오르게 만드는 발화점이 높은지 낮은지에 따라서 사소한 일에도 화를 내는 사람이 있고, 아주 큰 사건이 생길 때만 화를 내는 사람이 있다. 발화점의 수준은 다르지만 발화점에 도달하면 분노 감정이 발생하고 자동적으로 행동이 이어진다. 사람에 따라서 자동적으로 재생되는 행동이 공격적, 감정억압적, 수동공격적일 수도 있고 욱하지 않고 상황에 적절하게 대응하기도 한다.

공격형은 자신도 모르게 화가 났을 때 자신의 분노를 다른 사람에게 소리를 지르거나 막말을 하는 것으로 재생된다. 감정억압형은 화가 나더라도 그냥 수긍하고 "죄송합니다."로 재생해 버린다. 수동공격형은 상대방에게 화가 나지만 일단 죄송하다는 말을 먼저 하거나 상대방에게 맞추지만 결국 왜곡된 방식으로 복수하는 것으로 자신의 분노를 표현한다.

기쁘다면 무언가 만족한 상황이 생긴 것이고, 슬프다면 무언가를 잃었다는 뜻이다. 두렵다면 몸이든 마음이든 도망가고 싶은 무서운 일이 있다는 뜻이고, 화가 난다면 지켜야 하는 것이 있다는 뜻이다.

펀치 포인트는 누구나 갖고 있을 뿐만 아니라 사람마다 다르고 종류도 다양하다. 사람에 따라서 각기 펀치 포인트가 다른데 자신만의 기대치, 경험, 오해, 왜곡, 성향 등 다양한 이유와 관련이 있다. 그래서 슬픈 장면을 보면 함께 눈물을 흘리고, 무서운 영화를 보면 함께 공포를 느끼지만 화가 난 사람들의 이야기를 들을 때 함께 화가 나는 경우는 많지 않다.

직장인들은 회사에서 겪는 상황이 대동소이하기 때문에 욱하는 상황이 비슷하다고 생각하며, 서로의 고충을 말하지 않아도 안다. 상사·동료·거래처가 있고, 문제를 해결해 나가는 과정에서 발생하는 인간관계의 문제나 일에 대한 문제가 대부분 비슷하다. 그래서 많은 직장인이 서로 공감하고 위로를 한다.

그렇다고 직장인들이 동일한 펀치 포인트를 갖고 있다는 뜻은 아니다. 고객사의 갑질 상황에서 자신을 무시하는 말투 때문에 화가 나는 사람도 있고, 공정하지 못한 상황 때문에 화가 나는 사람도 있다. 혹은 자신이 수치심을 느끼는 상황을 다른 사람들이 보고 있다는 사실에 화가 나기도 한다. 이렇게 각자 자기만의 핀치 포인트가 있다.

처음 춤을 배우는 사람들은 완성된 동작을 보고 완벽하게 따라 하기가 힘들다. 완성된 동작을 배우기 위해서는 한 동작씩 끊어서 배운 다음에 각 동작을 연습해야 한다. 핀치 포인트를 파악하는 것은 춤을 배우기 위해서 한 동작씩 끊어서 연습하는 첫 번째 동작에 해당한다.

주일학교 선생님이 아이들에게 물었다.

"만약 내가 집과 자동차를 팔아서 그 돈을 몽땅 교회에 헌금한다면 천당에 가게 될까요?"

아이들은 대답했다.

"아뇨!"

선생님이 다시 물었다.

"만약 내가 매일같이 교회청소를 한다면 천당에 가게 될까요?"

아이들이 또 대답했다.

"아니요!"

그래서 선생님이 다시 물었다.

"그럼 어떻게 해야 천당에 갈수 있을까요?"

다섯 살 소년이 소리쳤다.

"죽어야 돼요!"

결과가 나타나기 위해서는 그 결과를 만들어 낼 수 있는 최초 행동이 있다. 물을 마시기 위해서는 물 잔에 손을 가져가는 것이 최초 행동일 수 있다. 하지만 더 자세히 관찰해 보면 물을 마시고 싶어 하는 마음이 먼저 생겨야 하고, 물을 마시게 되기까지의 환경과 신체 상태가 되어야 한다.

욱할 때 감정을 조절하고 싶으면 분노를 유발하는 방아쇠를 찾아야 한다. 그 방아쇠는 상황을 자신이 어떻게 판단하는지를 파악하는 것이다. 대부분 방아쇠는 자신의 기대치나 신념, 가치관, 개인의 경험과 습관적인 사고방식 등에서부터 시작한다. 화가 날 때 무슨 말이나 상황 혹은 행동과 태도가 분노 방아쇠를 당기는가. 그것을 찾는 것이 감정을 조절하는 첫 번째 열쇠가 된다.

욱하는 감정을 만드는 기대치

아침부터 전화가 울린다.

"휴일에 죄송합니다. 오늘 근무하시나요?"

"네 말씀하세요."

전화를 끊고 은근히 열이 오르기 시작한다. 남들은 쉰다는 대체공휴일에 출근을 해서 받는 전화이기 때문이다. 휴일인 것을 알면 전화를 하지 말든지. 왜 휴일인데 미안하다고 하며 전화를 하는지 모르겠다. 설마 오늘 야근까지 하지는 않겠지.

대체공휴일 제도가 시작되었다. 대체공휴일 제도는 설·추석·어린이날이 토요일에 겹치면 다음 날을 공휴일로 대체한다는 법이다. 즉 공휴일이 하루가 더 생기게 되는 기분 좋은 제도이다. 그런데 이 대체공휴일이 누군가에게는 연휴를 의미하지만, 누군가에게는 남들 쉬는 날 출근하는 것을 의미하기도 한다.

대체공휴일에 쉴 수 있을 것이라고 기대하고 있다가 출근을 하면 화가 나게 된다. 반대로 대체공휴일에 출근할 것이라고 생각하고 있다가 회사에서 출근하지 않아도 된다고 하면 기분이 좋아진다. 어떤 기대치를 갖는지에 따라서 화가 나기도 하고 기분이 좋아지기도 한다. 자신의 기대치를 이해하는 것은 자신의 생각의 습관을 알아내기 위해서 매우 중요하다.

자신이 정해 놓은 대부분의 규칙이나 신념은 살아오면서 자연스럽게 형성되고 만들어진 것이다. 그래서 사람들은 자신한테 그런 규칙이나 신념이 존재하는지도 모르고 살아가는 경우가 많다. 자신의 틀에서 판단한 규칙과 신념이 보편적 사고라고 생각하고 그것이 옳다고 판단하기 때문이다.

'해야 한다.', '해서는 안 된다.'라고 자신이 스스로 만들어 놓은 규칙은 분노를 만들어 낸다. 자신도 모르는 사이에 생긴 자신만의 규칙이나 신념은 다음 3가지 측면으로 볼 수 있다. '자기 자신에 대한 것', '다른 사람에 대한 것', '상황에 관한 것'이다.

자신에 대한 기대치

평소 활발하고 긍정적이라는 평가를 받던 과장이 최근에 사소한 일로 짜증이 많아졌다. 사무실에 쓰레기가 아무데나 버려져 있어도 짜증나고, 제대로 보고하지 않는 부하 직원도 짜증나고, 출근만 하면 짜증이 나서 분노 조절이 안 된다고 상담을 요청했다. 대화를 하던 중에 최근에 승진 심사에서 떨어졌다는 사실을 털어놓았다. 승진에서 떨어져서 이미 짜증과 분노가 생겼는데 자각하지 못하고 있다가 쓰레기나 부하 직원의 사소한 것들에서 분노가 터져 나오게 된 것이다. 자신의 꿈과 목표 달성을 방해받거나 목표가 좌절되면 사소한 일에 욱하게 된다.

직장, 개인의 인생, 가정, 건강 등 각기 다른 영역에서 자신이 이루고 싶은 꿈과 목표가 있다. 승진이나 인정, 혹은 전문성, 경험 등 자신만의 이유로 직장에 다니고 목표를 이루기 위해서 노력한다. 자신이 바라는 것이나 목표로 하는 것이 있는데, 목표 달성이 어렵게 되는 사건이 생기게 되면 자신도 모르는 사이에 짜증이나 분노가 생기게 된다.

모든 인간은 자신을 평균 이상이라고 착각하면서 살아가는데 이것을 평균이상 효과(better-than-average effect)라고 한다. 단체 작업에서 자기의 공헌도를 체크하는 실험에서 2인 1조로 작업을 수행하고 성과를 평가받았다. 그 결과 자신이 속한 조의 성과가 높게 나타날수록 자신이 잘해서 성과가 높다고 대답했고, 성과가 평균일 경우에는 자신이 잘해서 중간이라도 성과가 나왔다고 생각했다.

사람들은 다른 사람과 자신을 비교할 때 자신에 대해 더 긍정적이고 호의적으로 평가하는 경향이 있다. 동료들보다 자신이 더 일을 잘 처리한다고 생각하고, 동료들을 포함해서 자신이 회사에서 평균 이상의 성과를 내고 있다고 생각한다.

리처드 펄로프(Richard M. Perloff)는 평균이상 효과가 발생하는 이유를 제시했다. 첫째는 인간이 타인보다 자기 자신을 좋게 보는 인간의 본성 때문이다. 자기 자신을 긍정적으로 바라보면서 다른 사람들보다 우월하다고 생각하는 것은 인간의 본능이다. 둘째는 자신이 경험하는 상황에 대한 통제 욕구가 있기 때문이다. 우리가 경험하는 상황과 사건 중에서 실제로는 통제하지 못하는 사건이나 예측 불가능한 사건까지도 통제하려는 욕구가 있다.

우리가 살아가는 세상에는 스스로 통제하지 못하는 것이 많다. 사실은 거의 대부분 통제하지 못한다. 바로 오늘의 계획조차 지키지 못할 일이 생기는 것이 인생이다. 그럼에도 불구하고 자신의 삶을 목표한 대로 성취하기 위해서 끊임없이 노력하고 또 노력하는 것이다. 하지만 우리는 통제할 수 있는 것과 통제하지 못하는 것을 구분하지 못하고 살아간다. 그리고 항상 통제하지 못하는 것 때문에 분노한다.

인간은 누구나 본능적으로 자신이 특별한 존재라고 생각한다. 그래서 자기 자신은 특별하기 때문에 자신의 생각대로 자신이 기대한 만큼 삶이 행복하고, 즐거운 일이 생기고 상황이 잘 풀릴 것이라고 착각하면서 살아간다. 하지만 실제로 우리의 삶은 그리 호락호락하지 않다. 기대한 대로 상황이 진행되지 않으면 강한 감정인 분노, 질투, 경쟁심 등의 감정이 생기게 된다.

사람들은 '자신에 대한 기대치'를 갖고 있다. 자신이 특별한 존재이기 때문에 자신만은 가능할 것이라고 생각하는 것들이 하나씩 있는데, 이것을 자신에 대한 기대치라고 말한다. 자신만은 힘든 상황이 오더라도 극복할 수 있을 것이라고 생각한다거나, 이번만큼은 자신이 노력한 것이 있으니 잘 해결될 것이라고 생각하는 것이다.

승진 심사에서 동기보다 먼저 승진할 것이라고 생각하고 있다가 자신보다 부족하다고 생각하던 동기가 먼저 승진하면 자신도 모르는 사이에 화가 난다. 먼저 승진한 동기에게도 화가 나지만 자신보다 부족하다고 생각한 동기만도 못하다고 평가받은 자기 자신에게 화가 나는 것이다.

"나는 시간을 잘 지키는 사람이야."

"완벽하게 일처리를 해야 돼."

"다른 사람에게 친절한 사람이어야 해."

"나는 다른 사람과는 구분되는 특별한 존재여야만 해."

"나는 누구보다 지식이 많은 사람이야."

"나는 책임감이 있는 사람이야."

"나는 친구가 많은 사람이야."

자신에 대한 기대치가 높기 때문에 자신이 할 수 있을 것이라고 생각했던 것을 달성하지 못하게 되면 화가 나는 것이다. 매번 1등만 하던 중학생이 특목고에 진학해서 10등 밖으로 밀려나면 화가 나고 자책감이 들어서 학교 가기를 싫어하기도 한다. 직장에서도 비슷한 일이 벌어진다. 대학교에 다닐 때만 하더라도 매번 장학금을 타고 교수들의 관심과 사랑을 독차지한 사람이 직장에 들어가서 자주 혼나고 사소한 일도 제대로 하지 못한다는 말을 들으면 좌절하게 되고 자기 자신에게 화가 나기도 한다. 그런데 우리는 이것을 잘 인식하지 못할 때가 많다. 그렇기 때문에 자신에 대한 기대치를 찾는 것이 중요하다.

자신에 대한 비현실적인 기대치는 누구에게나 있다. 스스로에 대해서 긍정적으로 생각하고 낙관적으로 생각하는 것이 자신의 삶을 행복으로 이끌기 때문이다. 설령 완벽한 인간이 아니라고 할지라도 자기 혼자만이라도 그렇게 믿는 것이 자신의 정신건강에 좋다. 하지만 이렇게 자신에 대한 기대치가 너무 높다 보면 현실을 객관적으로 바라보지 못하게 되는 경우도 생기게 된다.

다른 사람에 대한 기대치

영화배우 이종혁이 「라디오스타」에 출연하여 자신만의 독특한 인간관계를 소개해 화제를 모았다. 연예계에서 긍정의 신으로 불리는 이종혁은 주변에 자신을 싫어하는 사람은 없다고 생각한다고 자신했다. 또한 자신이 누군가에게 화를 내면 주변 사람들은 "종혁이가 화를 냈단 말이야? 종혁이를 화나게 하다니, 진짜 나쁜 사람이네."라며 전후사정을 들어보기도 전에 모두 자신의 편에 선다고 했다.

이에 이종혁과 대학 시절부터 20년을 넘게 알고 지내는 영화배우 임형준이 "종혁이가 화내는 걸 진짜 못 봤어요."라고 거들었다. 프로그램의 MC인 김국진은 "녹화를 하면서 지켜 본 결과, 종혁씨를 싫어할 수는 없겠네요."라며 이종혁과 함께 녹화한 소감을 전했다. 그러자 이종혁은 "사실, 저를 싫어할 것 같으면 말을 아예 안 해 버려요. 그만 만나고."라며 자신을 싫어하는 사람에 대해서는 자체 차단하는 방법을 소개해 좌중을 웃음바다로 만들었다.

대인 관계에서 오는 스트레스와 피곤함은 어마어마하다. 대인 관계는 직장 내에서 업무보다 더한 고통을 주기도 한다. 모든 사람과 갈등 없이 친하게 지낼 수 있을 거라는 믿음은 어찌 보면 이상에 가깝다. 그럼에도 불구하고 이상적인 직장 상사에 대한 기대치가 있고, 이상적인 직장 동료에 대한 모습이 있다.

미국, 인도, 이스라엘, 러시아에서 실시한 쉐러(Scherer)의 분노 연구 결과, 사람들이 화를 내는 사건의 80%는 타인의 행동이라고 한다. 상황을 예상했건 하지 못했건 간에 핀치 포인트 상황은 발생하고, 핀치 포인트를 인식하지 못한 상태로 화를 내거나 소리를 치는 '욱하는 행동'으로 이어진다. 부하 직원이 업무 실수를 할 가능성이 있다는 것을 알고 있지만 실제로 실수를 하면 화를 내게 된다. 분노할 가능성을 예측한다고 해서 화가 나지 않는 것은 아니다.

밤새워 보고한 자료를 보고 상사가 "이렇게 자료 조사를 하는 사람이 어디 있나?"라고 말하면 화가 난다. 밤을 새서 일한 것 때문에 화가 나는 것이 아니라 노력에 대한 보상을 받지 못했기 때문이다. 보상은 인정받는 것뿐이다. "수고했다."는 말 한마디가 밤새워 노력한 것에 대한 보상이 될 수도 있다.

최근에 한 포털 사이트의 조사에 따르면 직장인의 93.3%가 직장 동료 때문에 스트레스를 받았다는 조사 결과가 나왔다. 10명 중 9명은 직장 동료로 인해서 스트레스를 받는다는 것이다. 스트레스를 유발하는 직장 동료의 유형으로는 말이 안 통하는 동료가 25.7%를 차지했고,

남의 험담을 하는 동료가 20.1%, 분노 조절을 못하는 동료가 15.6%, 게으름 피우는 동료가 13.8%를 차지했다.

이렇게 우리를 열 받게 만드는 동료들을 만나면 피해 버리는 사람은 26.7%이고, 그냥 참는다고 대답한 사람은 21.4%로 화가 나지만 피하거나 참는 억압형 분노 표현이 50% 가까이 되었다. 간접적으로 표현하는 사람들도 있었는데 짜증을 내거나 눈치를 준다고 대답한 사람은 18%, 다른 사람들에게 고민을 털어놓는다고 대답한 사람은 12.4%로 수동공격형에 해당하는 사람이 30% 정도 차지했다. 스트레스가 되는 당사자에게 직접 문제점을 말한다고 한 사람은 9.6%였다. 이때 짜증을 내고 화를 내면서 표현하면 공격형 표현 방식이 되고, 감정을 잘 관리해서 관계가 나빠지지 않게 표현을 하면 감정 조절을 잘하는 사람으로 인식된다.

인간은 자신이 옳다고 믿는 대로 행동한다. 대인 관계에서도 마찬가지이다. 신념은 개인이 옳다고 믿고 있는 것을 의미한다. 이러한 신념은 인간의 행동을 결정하는 중요한 심리적 요인이다. 다른 사람에 대한 신념과 기대치는 다른 사람과의 관계에 영향을 미치는 자신의 신념과 기대치를 말한다. 신념과 기대치는 과거에 사람들과의 관계에서 생긴 경험이 기억으로 저장되어 체계화된 것이다. 기억 내용은 미래의 대인 관계에 영향을 미치는 바탕이 된다. 사람은 자신의 경험과 지식을 바탕으로 행동과 판단을 한다. 경험이 직접적이든 간접적이든 간에 체험에 의해서 믿게 된 믿음을 말한다. 이런 다른 사람들에 대한 기대치는 다양한 상황에서 행동을 결정하는 중요한 요인이 된다.

다른 사람에 대한 신념과 기대치는 패턴이다. 사람은 누구나 사람들과 관계를 맺었던 경험을 기억 속에 정리하고 저장해 놓는다. 그래서 자신이 바라보는 다른 사람들에 대한 생각에 따라서 관계의 패턴이 결정된다. 자신이 바라보는 다른 사람들에 대한 기대치와 신념에 따라서 다른 사람과 각기 다른 관계를 맺는 것이 아니라 자신의 기대치가 만들어 낸 패턴대로 관계를 맺는다. 그래서 다른 사람들의 기대치와 신념은 자기 자신의 인간관계관이라고 할 수 있다. 사람은 누구나 다른 사람에 대한 기대치와 신념을 갖고 있지만, 기대치를 갖는다는 사실을 인식할 수도 있고 인식하지 못할 수도 있다.

입사 후에 회사 시스템상 계속 경쟁해서 상대방을 이겨야 하는 것을 경험한다면 이 사람이 갖게 되는 신념과 기대치는 직장 동료를 경쟁자로 인식하게 될 확률이 높다. 자신이 실수했을 때 매번 소리를 지르면서 혼을 내는 상사와 오래 일을 해 온 사람이라면 상사에 대한 부정적인 신념이 생길 확률이 높아진다. 그래서 사람과 상황이 바뀌더라도 다른 사람에 대한 신념으로 새로운 인간관계의 패턴이 생긴다.

누구나 과거에 했던 사고대로 행동하고, 그 경험은 현재의 행동에 영향을 미친다. 예를 들어, 과거에 이성 관계에서 실망과 배신을 여러 번 경험한 사람은 '이성을 믿으면 안 된다.'라는 믿음을 갖게 되고 앞으로 만나게 될 이성도 그러할 것이라고 예측한다. 그래서 이성과의 만남에서 소극적으로 행동하거나 회피한다. 이처럼 다른 사람에 대한 신념은 새로운 관계를 형성하는 데 중요한 바탕이 된다.

다른 사람에 대한 신념은 자신의 경험을 해석하고 평가하는 기반이 된다. 사람은 과거의 경험에 따라서 새로운 경험을 재해석하는데, 과거의 경험이 무엇이냐에 따라서 현재의 경험을 해석하고 평가한다. 이는 다른 사람의 행동을 평가하고 관계를 맺는 데 영향을 미친다.

상황에 대한 기대치

2014년에 잡코리아에서 직장인들을 대상으로 사표를 던지고 싶을 때가 언제인지에 대한 설문 조사를 했다. 1위는 상사가 진행 중인 업무를 갑자기 취소하거나 업무 관련 지시를 번복할 때로 25.4%였다. 2위는 나에게 폭언을 일삼거나 뒤에서 험담할 때로 23.7%, 3위는 감당할 수 없는 분량의 일을 줄 때로 17.5%, 4위는 중요한 프로젝트에서 항상 나를 빼놓을 때로 13.8%였다. 5위는 회사 중역들 앞에서 공개적으로 망신을 줄 때로 11.0%, 6위는 나만 빼고 점심을 먹으러 가거나

사표를 던지고 싶을 때

1위(25.4%) - 상사가 진행 중인 업무를 갑자기 취소하거나 업무 관련 지시를 번복할 때
2위(23.7%) - 나에게 폭언을 일삼거나 뒤에서 험담할 때
3위(17.5%) - 감당할 수 없는 분량의 일을 줄 때
4위(13.8%) - 중요한 프로젝트에서 항상 빼놓을 때
5위(11.0%) - 회사의 중역들 앞에서 공개적으로 망신을 줄 때
6위(1.8%) - 나만 빼고 점심을 먹으러 가거나 술자리를 잡을 때

술자리를 잡을 때로 1.8%였다.

진행 중인 업무가 취소되거나 번복되는 일들이 종종 생긴다. 계약을 추진하던 사항이 중간에 바뀌기도 하고 고객사의 요구에 따라서 일의 방향이 바뀌게도 된다. 일부러 상사가 일을 번복하는 것은 아니다. 감당할 수 없는 분량의 일도 마찬가지이다. 프로젝트의 마감기한이 갑자기 당겨지거나 급하게 처리해야 할 일들이 생길 때가 있게 마련이다. 이렇게 상황은 우리가 상상하는 것들을 뛰어 넘는 경우가 많다. 누가 일부러 골탕 먹이려고 하지 않더라도 돌아가는 상황이 어쩔 수 없이 우리에게 일 폭탄을 안겨 주거나 업무의 방향이 바뀌기도 한다.

바람직한 상황은 처음에 설정한 목표대로 진행이 깔끔하고, 이왕이면 업무 성과가 만족스러운 것이다. 하지만 생각한 대로 진행되는 경우는 거의 없다. 사람들은 각자의 이익과 목표를 위해서 움직이고 행동하기 때문에 각자가 원하는 상황도 다르다. 그래서 동일한 상황을 경험하더라도 상황에 대한 서로의 기대는 다르기 마련이다. 예를 들어, '세상은 공평해야 해.', '원칙은 지켜져야 해.', '결과가 좋지 않으면 안 돼.', '항상 내 방식대로 해야 돼.' 등 서로 기대하는 방향이 다른 쪽을 향하고 있을 때가 많다.

취업을 하기 전에는 빨리 입사를 해서 직장에 다니고 싶어 한다. 하지만 직장 초년생 중에는 취업을 준비할 때가 더 좋았다고 하는 사람이 많다. 직장은 상상하던 곳과 많이 다르다. 학교 다닐 때는 나름대로 상위권을 유지했거나 남들이 부러워하는 스펙도 쌓았고, 과 대표나 동아리 대표 등을 맡아 일 잘한다는 이야기를 종종 들었을지라도 입사를 하고 나면 한순간에 어리바리한 신입사원이 되기 때문이다. 상황은 언제나 변한다. 어제까지 유능한 직원이었다가도 한순간의 실수로 무능한 직원이 되기도 한다.

대부분의 직장인은 최상의 상황을 기대하지만 어쩔 수 없이 생기는 돌발 상황이 있다는 사실을 알고 있기 때문에 어느 정도는 받아들일 수 있다. 다만, 상사가 고의로 일명 '삽질'을 시킨다는 생각이 들면 순간적으로 화가 나게 되고, 다른 사람이 고의로 우리에게 피해를 입히거나 불공정한 상황을 만들면 분노를 느끼게 된다.

같은 상황이라도 상대방의 의도와 상황에 따라서 분노하는 정도가 달라지는데, 만약에 상대방이 실수를 했다면 화가 덜 나지만 고의로 한 행동 때문에 문제가 생겼다면 더 많이 화가 난다. 한 연구에 의하면 미국이나 유럽, 그리고 아시아의 학생들은 다른 사람들이 불공정하게 자신을 대하는 상황에서 분노를 강하게 느꼈다. 다른 사람이 법을 위반하는 것을 보게 된 경우에도 분노하지만, 자신이 불공정하게 대우받는 것보다는 덜 분노했다.

경제학에서는 인간이 합리적인 존재라고 주장한다. 그런 점에서 보면, 일을 하고 난 이후에는 비교적 적고 불평등한 보상이라 할지라도 보상을 받는 것이 더 합리적이다. 그런데 실제로는 불평등한 보상을 받거나 공정하지 못한 상황이라면 화를 내면서 보상을 거부한다.

심지어 침팬지 실험에서도 오이를 보상으로 받은 침팬지가 자신의 먹이를 거부하는 경향이 있었다. 원숭이 2마리를 각기 다른 칸에 넣고, 연구자가 칸막이의 한쪽 구멍으로 원숭이에게 돌을 건네준 다음에 원숭이가 다른 한쪽 구멍으로 그 돌을 다시 건네주면 보상을 해 주는 훈련을 했다. 왼쪽 칸의 원숭이에게는 보상으로 오이를 주었고, 오른쪽 칸의 원숭이에게는 포도를 주었다. 서로가 서로의 보상을 모를 때는 전혀 문제가 없었다.

그런데 두 원숭이가 서로의 보상이 무엇인지를 알게 된 후부터는 문제가 생기기 시작했다. 보상으로 오이를 받은 원숭이는 오이를 받고 나서 던져 버렸다. 계속해서 연구자가 돌을 주자 원숭이는 돌인지 아닌지 확인하기 위해 벽에 두드려 봤다. 그리고 또 다시 오이를 받자 화를 냈다. 같은 일을 하는데 다른 원숭이에게는 맛있는 포도를 주고, 자기에게는 맛없는 오이를 주는 것에 대한 항의를 한 것이다.

원숭이뿐만 아니라 개에게도 같은 실험을 했다. 결과는 역시 같았다. 훈련을 받을 때 받는 간식이 다르고 맛이 없으면 훈련받기를 거부했다.

인간은 자신이 불공정한 경험을 할 때 화를 내며, 불공정한 상황을 지켜보는 사람들도 분노한다. 공정성은 자신의 이익이 유지되는 선에서 협력을 선택하는 경향이 있다. 자신의 이익을 침해받지 않을 때는 공정하지 못한 대우를 받는 타인의 주장을 지지한다. 하지만 자신의 이익을 침해받는 순간에는 자신의 이득을 지키기 위해서 노력한다.

욱하는 모드로 만드는 상황 왜곡

-친구들과 술 마시고 밤늦게 들어와서 이불 속에 들어가는데 아내가 "당신이에요?"라고 묻더라. 몰라서 묻는 걸까? 아님 딴 놈이 있는 걸까?

-이제 곧 이사해야 하는데 집주인이란 작자가 와서는 3년 전 우리가 이사 오던 때같이 원상대로 회복시켜 놓고 가라니. 그 많은 바퀴벌레를 도대체 어디 가서 구하지?

-물고기의 아이큐는 0.7이라는데 그런 물고기를 놓치는 낚시꾼들은 아이큐가 얼마일까?

-왜 하필 물가가 제일 비싼 시기에 명절을 만들어서 우리 같은 서민들을 비참하게 만드는 걸까?

-대문 앞에다 크게 '개 조심'이라고 써 놓은 사람의 마음은 조심하라는 선한 마음일까? 물려도 책임 못 진다는 고약한 마음일까?

같은 상황, 같은 단어, 같은 말을 들어도 왜곡해서 받아들이는 경우가 있다. 인간은 사물이나 사람, 사건을 바라보는 시각과 입장에 따라서 상황을 객관적으로 보지 못한다. 아무리 객관적으로 상황을 인식하고 받아들이고 싶어도 상황을 인지하는 그 순간부터 자신이 알고 있는 지식의 한계 내에서 받아들이고, 자신이 중요하게 여기는 것만 인지할 수 있도록 설계되었기 때문이다. 그래서 왜곡이 생긴다.

왜곡이란 상대방이 하는 말과 행동을 다른 의미로 받아들이는 것을 말한다. 아무리 욱하는 자신의 감정과 생각을 인식한다 하더라도 받아들이는 사람이 상황을 왜곡해서 받아들이면 감정을 인식하는 것은 무의미하다.

왜곡을 일으키는 요인은 많다. 첫째는 상대방의 의도를 짐작하는 것 때문이다. 자기중심적으로 생각하여 자신이 관심을 갖고 중요하게 여기는 것을 상대방도 중요하게 여길 것이라고 투영한다. 그래서 상대방이 아무 의미 없이 한 말에 대해서도 의도가 있을 것이라고 생각한다. 이것을 '상대방 의도 짐작'이라고 한다. 상대방의 악의적인 의도 때문이라고 결론을 내리며 왜곡을 시작함으로써 욱하게 된다.

둘째는 자신의 목표와 동기를 상대방이 알고 있을 것이라고 생각함으로써 생기는 '투명성 과장 오류' 때문이다. 자신이 욱해서 화를 내고 강하게 표현하더라도 상황을 개선하고 싶어 하는 마음을 상대방이 알고 있을 것이라고 착각하고 있어서 상황이 더욱 악화된다. 동료들과 논쟁을 하더라도 상대방과 좋은 관계를 유지하고 싶어 한다는 사실을 상대방이 알고 있을 것이라고 생각하면서 논쟁을 한다.

셋째는 '흑백 사고' 때문이다. 이는 자신이 옳다고 생각하기 때문에 상대방이 잘못되었다고 생각하는 것을 말한다. 거울 사고라고도 말하는데, 자신이 하는 말과 행동은 옳고 상대방은 악하다고 생각하는 것이다. 미국과 소련이 대립하던 냉전기에 미국인들은 소련을 악마로 생각했고, 소련인들 역시 미국을 악마로 생각했다. 스스로 옳다고 생각하기 때문에 옳은 자신에 반대하는 상대는 악하다고 여긴 것이다.

직장인들의 안줏거리이자 공공의 적은 바로 직장 상사이다. 직장 상사의 말 한마디에 모든 것이 바뀔 수 있기 때문이다. 부하 직원의 입장에서 상사는 자신들을 힘들게 만드는 대상이다. 반대로 상사의 입장에서는 부하 직원이 고민거리이기도 하다. 일을 잘하는 직원도 많지만, 지시를 아무리 잘해도 지시한 대로 해 오지 못하는 경우가 비일비재하고, 가르쳐 줘도 열심히 하려는 의지가 없는 직원도 있다. 상사의 입장에서는 지시를 제대로 실행하지 못하는 부하 직원이 잘못되었다고 생각한다.

사람이 살다 보면 크고 작은 문제들이 생기기 마련이다. 그런데 너무 사소해서 신경 쓰지 않아도 되는 일들을 확대 해석해서 큰 문제로 키우는 것을 '과장하기'라고 한다. 바람이 불어서 옷을 갈아입었는데 '혹시 나 몰래 약속 있나?'라고 생각하는 것은 과장하기이다. 일하다가 커피를 마시러 나갈 때마다 자리에 없어서 함께 커피를 마시지 못했는데, 자신만 왕따를 당한다고 생각하는 것도 과장하기이다. 외부에서 일을 하다가 사무실에 들어왔는데 직원들이 갑자기 조용해지면 자신을 험담했다고 생각하는 것도 과장하기이다. 사실 우연히 사무실이 조용해질 수도 있었는데 말이다.

과장하기는 사소한 문제들의 부정적인 면들을 부풀려서 해석하는 것을 말한다. 과장하기를 좋아하는 사람들은 '항상, 모든, 언제나' 등의 단어를 자주 사용한다. 이는 상황을 정확하게 파악하지 못하기 때문이다. 확대 해석하고 과장해 버리기 때문에 상황이 왜곡되는 경우가 비일비재하다.

인간이기 때문에 자신의 방식대로 상황을 받아들이고 해석하면서 일어나는 일이 상당히 많다. 직장에서 갈등이 생기면 왜곡된 인식 때문에 잘 해결할 수 있었던 일조차 해결하지 못하는 경우가 많다. 그래서 자신이 상황을 왜곡해서 받아들이는지 아닌지 스스로 관찰하는 것이 중요하고, 상대방이 혹시라도 상황을 왜곡해서 받아들일 수 있다면 오해하지 않도록 하는 것도 중요하다.

자신도 모르게 깊이 새겨진 분노

"야, 일을 이것밖에 못해? 머리가 나쁘면 몸이라도 움직이든가."

오늘도 최 부장의 막말이 시작됐다. 이 막말은 보고서를 얼굴에 던지기가 세트이다. 이런 막말에 우리 부서 사람들은 모두 열 받아서 씩씩대기는 하지만 그냥 참을 수밖에 없다. 그런데 최근에 입사한 이 과장은 그 말을 듣고 그냥 발끈하는 정도가 아니라 얼굴 표정이 변하는데 눈빛에 살기가 돌아서 최 부장도 멈칫할 정도였다. 그래서 이 과장에게는 보고서를 던지려고 시늉만 하다가 슬쩍 밀어 버렸다.

사실 최 부장의 막말 퍼레이드는 아직 시작도 하지 않았다. '학교는 어디 나왔냐. 너희 부모님은 너를 낳고 미역국을 드셨냐. 사표 써서 가져와라. 대체 머리는 어디에 달고 다니냐.' 등 온갖 기분 나쁜 말을 쏟아 낸다. 부서 직원 대부분은 열은 받지만 그냥 씩씩대고 만다. 그런데 이 과장은 그 정도가 아니라 큰일이라도 낼 것처럼 위태로워 보였다. 상황이 끝나고 이 과장에게 잘 참았다고 어깨를 두드려 주는 것으로 위로를 대신했다.

나중에 안 사실이지만 몸이 아픈 이 과장은 어릴 적에 서울에서 학교에 다니다가 공기가 좋은 지방으로 이사를 갔다고 했다. 공부를 잘했는데 이사를 가고 나서는 성적이 떨어지고, 몸이 좋지 않아서 체육활동에서도 자주 빠지곤 했는데 체육 시간에 자주 들었던 말이 바로 '머리가 나쁘면 몸이라도 움직이든가.'라고 했다. 처음엔 체육 선생님 한 명만 이런 말을 하다가 나중에는 아이들까지 이런 말로 계속 건드려서 결국 다른 곳으로 전학을 갔다고 했다.

우리는 현재의 시점에서 자신의 삶을 스스로 개척해서 살아가고 있다고 생각한다. 하지만 대부분 우리가 경험하고, 느끼고 생각하고 행동하는 것들은 이미 결정되어 있다고 해도 과언이 아니다. 이미 어렸을 때 우리가 경험하고 느끼고 만들어진 생각과 행동, 태도, 가치관들이 다시 재현되고 있다. 심리학에서는 한 인간이 단 한 번도 경험하지 않고 생각해 보지 않은 것들은 인식이나 자각을 하지 못한다고 한다. 인식할 수 있는 필터가 없기 때문이다.

인디언 추장과 부족민이 바다를 바라보고 있었다. 분명 비가 오는 것도 아니고, 천둥이 치는 것도 아니고, 바람이 부는 것도 아닌 평온한 날씨였다. 그런데 파도가 높게 치는 것을 발견했다. 부족민이 추장에게 물었다.

"추장님, 진짜 이상해요. 날씨가 이렇게 좋은데 왜 파도가 칠까요?"

"글쎄, 왜 그럴까. 날씨가 이렇게 좋은데…."

이렇게 대화를 하면서 가만히 바다를 관찰했다.

추장이 드디어 그 이유를 알아냈다. 물 위에 무언가가 떠서 육지로 오고 있는 것을 발견한 것이다.

이 장면은 아메리카 대륙에 첫발을 내디뎠던 배를 발견한 추장과 부족민의 상황이다. 단 한 번도 배를 본 적이 없었기 때문에 눈앞에 배가 있어도 '발견'하지 못한 것이다. 우리는 한 번도 생각해 보지 않고 보지 못한 것들은 인식하기 어렵다. 명품 가방을 갖고 싶어 하는 사람이라면 다른 사람들의 명품 가방만 눈에 보이고, 새 휴대폰을 사고 싶어 하는 사람에게는 다른 사람들의 휴대폰 기종이나 성능이 눈에 보인다. 이것이 인식의 힘이다. 인식이란 심리학적 용어로 '인지'라고 하는데 외부의 자극을 받아들이고, 저장하고, 인출하는 정신적인 과정을 말한다. 자신이 지금 무엇을 보고, 듣고, 느끼고, 경험하는지 알아차리는 것을 인지라고 한다.

한 남성은 부부 싸움을 거의 하지 않는데, 부부 싸움을 하게 되면 대부분 같은 내용으로 싸운다고 했다. 이 남성은 어릴 때 너무나 가난한 집에서 자랐다. 아버지는 사업을 하다가 사기를 당한 이후부터 특별한 직업이 없는 상태로 지내 왔고, 실질적으로는 어머니가 생계를 책임졌다. 학교에 다닐 때 한 번도 용돈을 받아 본 적이 없고, 학비마저 아르바이트로 충당해야 했다. 부부가 결혼한 이후에는 부모의 생활비까지 10년이 넘는 기간을 감당해 왔다. 이 부부는 남성의 가족에 대한 이야기가 나올 때마다 부부 싸움을 했다. 특히 부모님의 경제적인 무능력과 관련된 이야기가 나올 때면 화가 나서 아내에게 말도 꺼내지 못하게 한다고 했다.

이렇게 화가 나거나 부부 싸움을 하거나 할 때 욱하는 이유의 대부분은 과거의 경험과 관련이 있다. 인간은 지금 현재를 살고 있다고 생각하지만 사실은 과거의 경험이 모여서 현재를 이루기 때문이다. 감정은 자기 자신의 것이다. 화가 났다면 다른 사람의 행동이나 주변 환경이 촉매제가 되었을 뿐이다. 주변 사람과 환경, 동료들의 행동이 자신의 어떤 점을 건드렸기 때문에 욱하는 것인지 그 원인을 자신에게서 찾는 것이 중요하다.

사람은 자신만의 삶의 역사를 쓰고 그 역사는 온전히 자기 자신만 알고 있다. 나를 자극하는 상황, 단어, 사람, 감정, 가치, 물건, 욕구, 환경, 행동 등 자신의 삶에서 경험한 혐오학습이 무엇인지를 찾는 것은 자기 자신만 할 수 있다. 그것을 극복하는 것 역시 자신만 할 수 있다. 물론 온전히 자기 자신이 책임지고 극복할 수 있는 것은 아니다. 극복하기 위해서는 다른 사람의 도움이 필요하기도 하고, 혼자 있는 시간이 필요하기도 하다. 기억이 강하면 강할수록 혼자 극복하는 것이 어렵기 때문에 전문가의 도움이 필요하다. 하지만 스스로 치유할 수 있는 힘은 인간이라면 누구에게나 있다는 사실을 기억해야 한다.

'나무에 앉아 있는 새는 가지가 부러지는 것을 두려워하지 않는다.'

새가 나무에 앉을 수 있는 이유는 나뭇가지의 튼튼함을 믿는 것이 아니라 날개가 있기 때문이다.

몸이 보내는 신호를 감지하라

누가 뒤통수를 치고 도망갔다면 어떻게 하겠는가? 누가 집안을 난장판으로 만들고 사라졌다면 어떻게 할 것인가? 화가 날까? 아니면 무서워서 숨거나 도망을 갈까?

아마 어떤 '상황'인가에 따라서 달라질 것이다. 뒤통수를 치고 간 사람이 덩치가 큰 사람이라면 두려울 것이고, 몸집이 작은 어린아이라면 화가 날 것이다. 집안이 난장판인데 도둑이 그랬을 것 같은 생각이 들면 두려울 것이고, 자녀가 난장판으로 만들어 놨으면 화가 나면서도 안심이 될 것이다.

이런 상황들을 겪으면 감정을 먼저 느끼는 것 같지만 실제로는 감정보다는 몸이 먼저 반응하도록 설계되어 있다. 그래서 감정으로 기억하는 것보다는 몸으로 기억을 하는 경우가 더 많다.

아이오와 주립대학교에서 카드 패를 이용해서 실험을 했다. 빨간 카드와 파란 카드 중에서 어떤 카드를 선택하면 무작위로 돈을 벌 수도 있고 잃을 수도 있다. 각 카드에는 상금과 벌금이 있는데, 빨간 카드는 수익이 높지만 돈을 크게 잃게 설계되어 있고, 파란 카드는 수익은 낮지만 돈은 잃지 않게 설계되어 있다. 그 사실을 숨긴 채 실험을 진행하면서 신체 변화를 측정하기 위해 손바닥에 탐지기를 연결하여 땀샘의 활동을 측정했다.

보통의 경우 40~50회 정도 카드를 뽑고 나면 이 시스템을 이해하고 유리한 파란 카드를 뽑는다. 하지만 신체적인 반응은 훨씬 빠르게 나타났는데 10회쯤부터 신체가 먼저 반응했다. 10회 정도 카드를 뒤집어 보면 나쁜 패가 나오는 것이 빨간 카드라는 사실을 알아차리고 긴장 상태를 보이고 손바닥에 땀이 차는 것이다. 즉 의식적으로 알아차리기 전에 무의식이 먼저 인식하고, 그 인식의 결과가 신체 변화를 만들어 내는 것이다.

신체가 먼저 반응하는 이유는 진화의 결과로 위험한 상황이 발생하면 먼저 도망을 갈 수 있어야 안전하기 때문이다.

한 사람이 정신과 상담을 받으면서 질문을 했다.

"선생님, 저는 강한 자한테 약하고, 약한 자한테 강한 게 싫어요. 너무 비겁해서 저 자신이 너무 싫어요. 강한 사람한테 강하고 약한 사람한테 약한 방법은 없을까요?"

정신과 의사가 대답했다.

"그런 사람은 한 명도 없습니다."

그 말이 정답이다. 왜냐하면 감정 시스템 자체가 강한 자로 판단되는 사람 앞에 위협을 당하면 두려움을 느껴야 도망갈 수 있고, 그래야 살아남을 수 있기 때문이다.

무서울 때의 신체 상태와 화났을 때의 신체 상태는 비슷하게 느껴진다. 왜냐하면 몸이 긴장되기 때문이다. 여차하면 도망가거나 때려서 눕혀야 내가 안전하기 때문이다. 보통 화가 나면 손이 부들부들 떨리거나 머리로 피가 몰리는 듯한 느낌이 든다.

아이들이 신난 것을 온몸으로 표현하면 어른들은 너무 방방 뛴다고 혼을 낸다. 슬퍼서 펑펑 울면 뚝 그치라고 혼을 낸다. 화내면 화낸다고 혼내고, 질투하면 질투한다고 혼낸다. 대한민국은 감정을 인정해 주지 않는 문화를 갖고 있기 때문에 다양한 감정을 인식하는 사람이 많지 않다. 감정을 느끼더라도 자신이 지금 무엇을 느끼는지 모르는 경우가 많다.

감정을 스스로 인식하기 위해서는 먼저 긍정적인 감정과 부정적인 감정을 구분해야 한다. 갓난아이가 감정을 느끼는 방식이 이처럼 2가지로 나뉜다. 갓난아이는 감정을 세밀하게 잘 느끼지 못하기 때문에 분노·슬픔·두려움을 뭉뚱그려서 불쾌함으로 인식하고, 그 밖의 편안한 상황을 긍정적인 감정으로 인식한다. 그후에 성장하면서 감정이 점점 세분화되면서 느낄 수 있는 감정이 많아진다.

성인이라 하더라도 감정을 억압하고 무시해 왔다면 갓난아이처럼 긍정적 감정과 부정적 감정의 2가지 감정으로 구분하는 것이 가장 편하고 간단하다. 그렇게 시작해서 조금씩 자신에 대한 탐험을 시작하면 감정을 조금 더 세밀하고 정교하게 인식할 수 있게 된다.

내 안의
정지 버튼 누르기

살다 보면 미스터리한 경험을 자주 하게 된다. 아무리 먹어도 살이 안 쪄서 스트레스를 받는 사람도 있지만 먹은 것도 없는데 살이 쪄서 스트레스를 받는 사람도 있다. 왜 그렇게 옷장 안에는 입을 옷이 없는지, 정말로 미스터리하다. 계절이 바뀔 때마다 열심히 옷을 사는데, 그 다음해에 옷장을 열어 보면 또 입을 옷이 없다. 해가 쨍쨍해서 비가 올 것 같지 않아서 그냥 나가면 비가 오고, 비가 온다는 예보를 듣고 우산을 챙겨 나가면 비가 오지 않는다. 춥다고 해서 옷을 껴입고 나간 날은 하필 해가 쨍쨍하고, 날이 따뜻하다고 해서 옷을 얇게 입고 나가면 추워서 고생한다. 버스를 타려고 하면 눈앞에서 버스가 출발하고, 약속 시간이 촉박할 때는 자주 오는 버스마저도 늦게 온다.

세상에서 우리를 열 받게 하는 것들은 무궁무진하다. 과연 내가 문제일까. 나를 열 받게 만드는 그 수없이 많은 미스터리한 상황들일까. 상황을 탓할 것도 없고, 다른 사람을 탓할 것도 없다. 자신을 탓할 이유 역시 없다. 그저 내가 원하는 상황이 아니기 때문이다. 그 상황을 자신이 통제하고 싶지만 통제하지 못한다고 생각하는 자기 자신만 있을 뿐이다.

우리 삶에서는 선택 가능한 것보다 선택 불가능한 상황이 더 많다.

-쉬고 있는데 울리는 카카오톡 메시지

-페이스북 알림음

-밴드 알림음

-교통체증으로 늦어 버린 미팅

-출근 시간에 버스를 놓치는 것

-집에서 쉬는데 울리는 위층의 발소리

-프로젝트의 중단

-회의 시간에 자신의 아이디어에 대한 부정적인 피드백

-깜빡거리는 형광등 불빛

-잠자기 직전의 휴대폰의 푸른 불빛

-매일 6시 반에 울리는 휴대전화 알람음

-출퇴근 시간의 지하철

-통장을 스쳐 지나가는 월급

-유난히 까칠한 직장 상사

-협조하지 않는 직장 동료

-지시한 대로 일처리를 하지 않는 부하 직원

-불가능한 일을 해 달라고 떼쓰는 고객사

-갑질하는 고객사 및 고객

-목소리부터 커지는 직장 상사

제2차 세계대전 때 아우슈비츠 수용소에서 수감되었다가 살아서 돌아온 유대인 심리학자이자 의사인 빅터 프랭클(Viktor Emil Frankl)은 인간이 갖고 있는 선택의 자유를 다음과 같이 표현했다.

"자극과 반응 사이에는 공간이 있다. 그 공간에는 자신의 반응을 선택할 수 있는 자유와 힘이 있다. 그리고 우리의 반응에 우리의 성장과 행복이 좌우된다."

스트레스가 심한 사람들과 대화를 해 보면 자신이 처한 상황을 개선하기 힘들다고 생각하는 사람이 많다. 개선하려면 어떻게 해야 하느냐고 물어보면 방법은 많이 알고 있다. 문제는 할 수 있음에도 불구하고 하지 못한다고 생각하는 것이다. 즉 선택을 포기하는 것이다. 아무리 힘들고 어려운 상황이라도 자신이 개선할 수 있는 힘이 있다고 믿고 개선하겠다는 마음을 먹는 것은 인간이 할 수 있는 '선택'이다.

『너의 내면을 검색하라』를 쓴 구글의 엔지니어 차드 멍 탄(Chade-Meng Tan)은 이 선택의 권한을 '반응 유연성(response flexibility)'이라는 말로 설명한다. 반응 유연성은 행동하기 전에 멈출 수 있는 능력을 말하는데, 강력한 감정적인 자극을 받을 때 무의식적인 반응을 하는 대신 잠깐 멈출 수 있는 능력으로 정의한다.

반응 유연성이 있으면 스트레스를 받는 상황에서 잠깐 멈춰서 상황을 객관적으로 바라볼 수 있다. '잠시 멈춤'을 할 수 있다면 그 다음 상황에서 습관적으로 나온 행동을 멈출 수 있다. 잠시 멈추고 어떻게 마음을 먹을 것인가, 어떤 행동을 할 것인가를 선택할 수 있는 능력은 누구에게나 있다. 그 능력이 있다고 생각하든 없다고 생각하든 그것은 자신의 자유이다. 하지만 선택할 수 있는 능력이 있다고 생각할수록 행복지수는 올라가게 되어 있다.

다음에 잠시 분노를 멈출 수 있는 방법을 소개한다. 습관적인 반응을 잠시 멈추는 방법은 자신이 가장 편하고 실행하기 쉬운 것으로 선택하는 것이 좋다. 욱하기 전에 잠시 범춰서 객관적인 상황을 단 한 번만 점검할 수 있다면 옳은 일이 무엇인지를 점검할 수 있고 더 나은 결과를 만들어 낼 수 있다.

정지(stop) 버튼 누르기

화가 났다는 사실을 인지하는 순간 머릿속에서 정지 버튼을 눌러야 한다. 영화를 보면 연구 기지가 폭발하기 직전에 빨간 불이 들어오면서 '삑삑' 소리가 나고 모두들 탈출하라고 하는 메시지가 긴박하게 나오는 순간에도 주인공은 굴하지 않고 숨겨진 빨간 정지 버튼을 찾아낸다. 결국 정지 버튼을 눌러서 경고음이 사라지게 만든다. 진짜 숨은 고수는 자신만의 내면에 정지 버튼을 만들어서 화가 나더라도 아무도 모르게 정지 버튼을 눌러서 일단 감정이 더 올라오는 것을 막는다. 정지 버튼을 이미지로 만들지 못한다면 '정지'라고 말한다.

찬물 마시기

사람들은 화가 나면 손이 부들부들 떨린다거나 얼굴에 열이 올라온다. 화가 나면 아드레날린이 분비되는데, 이는 분노 상황에서 상대방을 제압할 수 있는 힘의 원천이다. 하지만 아드레날린은 스트레스의 원인이 되기도 한다.

사람은 화가 나면 몸이 싸울 준비를 하거나 도망갈 준비를 스스로 한다. 신체 상태가 싸울 준비가 된 상태에서 찬물을 한 잔 마시면 몸의 온도가 낮아지면서 감정도 함께 정리된다. 그래서 화가 난 사람들은 자신도 모르게 목이 타서 찬물을 찾는다. 화가 난 순간, 얼굴이나 몸에 열이 나는 것을 느낄 때 찬물을 한 잔 마시면 화가 난 감정을 멈추는 데 도움이 된다. 감정이 정지되면 상황을 차분하고 냉정하게 볼 수 있기 때문이다.

심호흡하기

신체적인 반응을 잠재울 때 심호흡을 하는 방법도 있다. 화가 나거나 흥분되거나 두려움을 느끼거나 불안할 때는 호흡이 가빠지고 거칠어진다. 교감신경계가 활성화되기 때문에 호흡이 빨라지고 심장 박동수도 빨라지면서 뇌에 혈액 공급이 늘어난다. 이는 몸의 사이렌을 울리는 역할을 한다. 이럴 때 깊은 복식호흡을 하면 흥분된 신체가 이완된다.

복식호흡은 숨을 깊게 들이쉬었다가 내쉬는 호흡이다. 깊이 숨을 들이쉴 때 배에 집중해서 깨끗하고 시원한 공기가 폐 안으로 들어가는 상상을 하면서 복식호흡을 하면 몸의 사이렌인 교감신경계가 멈추고 부교감신경계가 활성화된다. 복식호흡을 30분 정도 하고 난 다음에 뇌파를 검사해 보면 α파가 나오는 것을 확인할 수 있다. α파는 근육이 이완되고 마음이 편안하고 집중된 상태일 때 나온다. 복식호흡을 하면 정신이 맑아지고 집중력이 높아진다. 호흡을 활용해서 분노나 스트레스 상황에서 벗어날 수 있기 때문에 반응 유연성을 높이는 데 좋다.

장소 바꾸기

자신의 감정을 주체하지 못할 때는 주변 사람들에게 아무 말이나 마구 퍼붓기도 한다. 욱하는 사람들은 그 자리에 있는 것만으로도 실수를 할 가능성이 매우 높다. 욱하는 마음에 눈이 커지고 목소리가 커져서 상대방을 위협하는 행동을 할 것 같거나, 그 자리에 계속 있으면 화가 더 날 것 같다면 장소를 바꾸는 것도 감정 전환에 매우 좋다. 같은 내용의 대화라도 같은 장소에서 지속하는 것보다 장소를 바꾸면 상황과 감정이 전환되면서 대화를 새롭게 전개할 수 있다.

시간 바꾸기

감정은 위협이나 기회에 대한 무의식적인 신체 반응이다. 감정이 생기면 주의집중이 매우 빠르게 진행된다. 그래서 즉각적으로 행동할 수 있기 때문에 감정은 매우 순간적이다. 감정이 반응하는 3~5초 정도만 자신의 행동을 멈출 수 있다면 그 이후에는 행동을 제어할 수 있게 된다. 하지만 강한 감정은 쉽게 가라앉지 않기 때문에 가라앉힐 수 있는 시간적인 여유를 확보하는 것이 중요하다. 그럴 때 시간 바꾸기 전략을 사용하면 좋다.

"나 지금 화가 났으니 5분 후에 얘기해요."라고 말을 한 후에 잠시 멈춤을 시도해 보는 것도 좋다. 화가 난 상태인데 상대방이 계속 자극하면 더 화가 나기 때문에 잠시 멈출 수 있는 시간의 여유는 매우 중요하다. 어떤 감정이든 1분만 지나면 가라앉는다.

감정 라벨링

UCLA의 매튜 리버먼(Matthew Lieverman)에 따르면 감정에 이름을 붙이면 우측 외배측 전두피질의 활동을 증가시키고 내측 전전두피질이라는 뇌의 영역에서 활동이 증가하기 때문에 편도체가 진정된다고 한다. 즉 화가 났을 때 큰소리로 감정을 표현하지 않더라도 속으로 자신의 감정에 이름을 붙이는 것만으로도 감정이 멈추게 된다.

과거를 바꿀 것인가, 미래를 바꿀 것인가

아무리 노력해도 살아온 삶의 경험과 과거는 바꾸지 못한다. 이미 일어난 일을 바꿀 수 있는 사람은 없다. 하지만 과거의 일을 다시 바라보고 그 사건에 새로운 의미를 부여하는 작업은 누구나 할 수 있다.

한 여성이 어린 시절에 아버지가 혼낼 때 무릎에 자신을 엎어놓고 손으로 엉덩이를 때렸는데 그때 많이 아팠던 기억이 있고, 아버지가 가장 무서웠던 모습도 그때였다고 했다. 그런데 성인이 돼서 그 장면을 녹화해 둔 영상을 보게 되었는데, 아버지가 아주 살살 때려서 귀엽기도 하고 웃기더라고 했다.

이처럼 우리의 경험은 매우 주관적이다. 누구나 같은 상황에서 같은 감정을 느끼는 것도 아니고 경험하는 연령이나 시기에 따라서 다르게 받아들일 수 있다.

매일경제신문(www.mk.co.kr)의 '김과장 이대리'라는 코너에 소개된 재미있는 직장인의 소소한 이야기 중 한 가지를 소개하고자 한다.

대기업에 다니는 커리어 우먼인 서 대리는 언제부터인가 회사 수련회는 절대 가지 않는다. 그 이유는 수련회에서 있었던 일 때문이다. 서 대리가 신입사원 시절에 동기 2명과 함께 수련회에서 장기자랑을 하게 되었다. 장기라고는 내세울 만한 게 한 가지도 없었고, 동기들 모두 음치에 박치까지 있어서 장기자랑에서 자신들의 무능을 커버하기 위해서 망가지는 것을 선택했다.

그 당시에 인기를 끌던 '고음불가'를 부르기로 결정하고 빨간 고무장갑을 머리에 쓰고 패러디를 했다. 3명의 여성이 머리에 고무장갑을 쓰면서 노래를 부르자 곳곳에서 박장대소를 하고 나이 지긋한 임원들까지도 배를 잡고 웃을 정도로 반응이 좋았다. 이 영상은 사내 게시판까지 올라갔고 한동안 게시판 조회수 1위를 차지할 정도로 반응이 좋았다. 그런데 그 때문인지 모르지만 동기 2명은 이미 퇴사를 했고 이제 서 대리만 회사에 남았다. 그리고 이후로는 절대 회사 수련회에 가지 않는다는 것이다.

그런데 서 대리로서는 수치스럽게 느끼는 '고음불가' 패러디 사건은 다른 사람들이 볼 때는 아주 유쾌하고 재미있는 한 가지 사건일 뿐이다. 어차피 과거로 돌아간다고 해도 신입사원이었기 때문에 장기자랑을 하지 않을 수 있는 방법은 없었을 것이다. 그리고 촬영된 영상을 사내 게시판에 올리지 못하게 할 수 있는 힘도 없었을 것이다.

생각해 보면 이 사건으로 인해서 수치심을 가진 것은 3명의 신입사원밖에 없었고, 다른 사람들은 그 영상을 오래 기억하지 않았다. 그리고 그 사건 때문에 회사를 그만두거나 계속 수치스럽게 생각하면서 직장 생활을 하는 것은 자신에게 전혀 이득이 되지 않는다.

중국의 전국시대에 한나라의 한비라는 사람이 자신의 철학을 정리한 『한비자』 「세난편(世難篇)」에 다음과 같은 구절이 있다.

"상상 속의 짐승인 용은 잘 길들이면 올라탈 수 있지만 용의 목 아래에 거꾸로 나 있는 비늘인 역린(逆鱗)을 건드리면 반드시 건드린 사람을 죽인다."

이 말은 임금을 용으로 비유한 것으로 임금의 역린을 건드리지만 않으면 신하도 자신의 목표를 달성할 수 있다는 말이다.

아무리 임금이라고 할지라도 숨기고 싶은 경험이 있고, 나약한 모습도 있고 약점인 부분이 있다. 다른 사람에게는 중요하지 않지만 자신에게만큼은 매우 중요해서 다른 사람이 건드리면 머리끝까지 화가 나거나 수치심이 드는 것이 있다. 사람에게는 누구나 약점이 있고 열등감이 있다. 성향에서 나오는 것도 있지만 경험이나 과거 사건에서 시작되는 것도 있다. 이런 자신의 약점이나 열등감같이 무의식적으로 각인된 것들을 다른 사람이 건드리면 자신도 모르게 화가 난다. 남들은 아무렇지 않은데 자신만 민감하게 반응하는 것이 한두 가지는 있게 마련인데 이것을 역린이라고 부른다.

과거를 바꾸지는 못하지만 과거에 일어난 일을 다시 바라보고 그 사건에 새로운 의미를 부여함으로써 자신만의 인식과 감정과 느낌을 바꿀 수 있다. 나만의 역린을 찾는 것은 가장 고통스러운 과거를 다시 꺼내서 괴로움을 느끼는 것이 아니라 과거를 새로운 시각에서 보고 새로운 관점으로 평가함으로써 현재와 미래를 바꾸는 작업이다.

CHAPTER 3

관점을 바꾸어 상대방의 눈으로 나를 바라보라

분노가 세상을 바꾼다

한 장의 사진이 난민 정책을 바꾸었다. 3살짜리 시리아 난민 아이가 파도에 떠밀려서 해변에서 발견된 사건은 한 장의 사진으로 전 세계의 사람들이 시리아 난민 정책에 대하여 반성하게 하였고 전 세계 난민 정책을 바꾸게 하는 결정적인 계기가 되었다. 터키 민영뉴스의 기자가 촬영한 이 사진은 SNS로 공유되고 전 세계 언론에 보도되면서 시리아 난민 인권 문제에 경종을 울리게 되었다.

이 사진으로 인하여 독일의 메르켈 총리가 난민 수용 정책을 전격적으로 바꾸어 난민 수용 의지를 밝히고, 유럽뿐만 아니라 전 세계적으로 난민 수용 정책을 적극적으로 받아들이는 방향으로 정책을 바꾸게 하였다. 이렇게 시리아 난민 수용 정책을 바꾸게 만든 감정은 바로 '슬픔'이다.

시리아를 탈출하려는 수많은 난민의 소식은 계속 들려왔다. 오스트리아 국경 지대에서 70구가 넘는 시리아 난민의 시신이 발견되었다는 소식이나 지중해를 건너던 난민선이 침몰하여 수백 명이 목숨을 잃은 사건도 있었다. 유엔 난민기구의 집계에 따르면 2015년에 지중해를 건너서 유럽으로 들어간 난민이 35만 명을 넘어선 것으로 나타났다. 그리고 터키를 거쳐 그리스로 간 사람들 중 목숨을 잃은 사람이 1만 5천 명에 이른다고 한다.

그런데 터키 해변에 밀려온 3살짜리 시리아 아이의 시신 한 장은 1만 5천 명의 사람들의 기사보다 더 깊은 울림을 세상에 전했다. 반바지에 빨간 티셔츠를 입고 얼굴을 해변에 묻은 채 발견된 사진은 사람들을 슬픔에 빠지게 했다. 그리고 4년째 계속된 내전으로 인하여 전쟁과 배고픔을 피해서 가족들과 새로운 삶을 찾기 위해서 목숨을 걸고 유럽으로 탈출하는 시리아 난민의 절박함에 관심을 갖게 하였다. 그리고 '슬픔'은 난민 정책을 바꾸는 결과를 만들어 냈다. '슬픔'은 지키고 싶은 것을 지키지 못하고 잃어버렸을 때 생기는 감정이다. 인간의 생명과 존엄을 지키지 못했다는 것이 우리를 슬프게 만들었다.

2015년 11월 13일 밤에 프랑스에서 IS(Islamic State, 이슬람 수니파 극단주의단체)에 의한 연쇄 테러가 발생했다. 밤 9시 20분경 프랑스 축구장에서 한 남성이 몸에 두르고 있던 폭탄을 터트려서 축구장을 지나가던 시민 1명이 사망한 것을 시작으로 연쇄적으로 테러가 발생했다. 5분 후에 다른 테러범들이 파리 시내의 식당에 들어가서 총기난사를 하여 15명이 사망하였다. 축구경기장에서의 자폭 테러, 피자 가게와 식당 그리고 공연장 등에서 각기 다른 테러범들에 의하여 총기난사 사건이 발생하여 130명의 무고한 시민이 테러의 희생자가 되었다.

이 테러는 시리아 난민 정책뿐만 아니라 유럽연합의 근간이 되는 솅겐 조약까지 흔들어 놓았다. 솅겐 조약은 유럽국가(EU)에 입국하면 최초 입국 국가에서만 입국 심사를 받고 유럽 내의 회원국으로 이동할 때 제한 없이 다닐 수 있게 한, 유럽연합을 만드는 데 근간이 된 조약이다.

이 테러로 프랑스는 국가 비상사태를 선포하고 국경을 봉쇄했다. 테러 용의자 중 2명이 시리아 난민으로 신분을 위장해서 유럽으로 들어왔기 때문이다. 유럽의 시리아 난민에 대한 정책을 바꾸게 만든 감정은 '두려움'이다. 언제 어디서 테러의 위협에 노출될지 모른다는 '두려움'이 국가의 정책을 바꾸었다. '두려움'은 지키고 싶은 것을 지키지 못할까 봐 생기는 감정으로 안전한 환경을 만들 수 있게 한다.

파리 테러가 발생한 이후에 IS에 대한 '분노'가 시리아와 IS에 대한 입장을 바꾸기 시작했다. 그리고 시리아 내전에 대해 세계인들의 관심을 불러일으켰고, IS를 격퇴하자는 움직임을 만들어 내면서 IS 격퇴를 위한 동맹을 형성하기 시작했다. IS를 격퇴하기 위해서 실제로 러시아, 미국 등에서 공습을 시작하였다. 분노는 적극적으로 상황을 해결하기 위하여 행동을 하게 한다.

인간의 감정 중에서 가장 적극적으로 상황을 개선해 나갈 수 있게 하는 감정이 바로 분노이다. 분노는 자신이 지키고 싶었던 것을 지키지 못했을 때 지킬 수 있도록 만드는 감정이다. '지키고 싶었던 것'을 개인적 차원으로 보면 자신이 중요하게 여기는 것이나 자신이 지켜야 하는 '지위'·'존중'·'물건' 등으로 해석할 수 있다. 분노는 이것들이 침

해당하거나 무너졌을 때 지키지 못하게 만든 것이 무엇인지를 찾아서 싸워서 지킬 수 있게 만든다.

사회적 차원으로 해석해 보면 윤리적인 문제가 분노를 발생시킨다. 한 사회를 유지할 수 있게 만드는 규칙이 바로 윤리이다. 그래서 분노는 개인의 차원으로만 다뤄지는 게 아니라 사회적인 차원에서 생길 수 있는 사건이나 문제에서 발생하는 것이 많다. 윤리적인 문제들을 모두 개선할 수는 없지만 보다 나은 사회로 한 걸음 나아가게 만든다. 완벽한 세상은 없고 완벽한 직장도 없고 완벽한 인간관계도 없다. 분노는 완벽한 세상과 직장, 관계를 만들어 나가기 위해서 필요하다. 어떻게 분노를 활용하는지에 따라서 세상을 바꾸기도 하고 처한 상황을 개선해 나가기도 한다.

욱하는 것을 참는 것이 분노를 조절하는 것이라면 분노 조절은 인내심이 있으면 누구나 가능하다. 하지만 사회적인 차원에서 분노를 느낀다면 단순히 사회 구조와 상황만 탓해서는 우리가 처한 상황을 개선할 수 없다. 사회적으로 분노한다면 과연 우리가 개선해야만 하는 것이 무엇인지, 그리고 우리가 행동해야 하는 것이 무엇인지를 찾아내야 한다.

생각과 감정을 강요하는 사회

오늘 본사에서 인사부장이 내가 근무하고 있는 공장에 연락을 해 왔다. 곧 공장 직원들을 정리해고할 계획이라고 했다. 그래서 정리해고 대상자 명단을 이메일로 발송할 예정이니 잘 처리해 달라고 했다. 대상자 명단을 받아서 훑어보는데 입사 동기이자 어릴 적부터 같이 자란 친한 친구의 이름이 있었다.

대상자 명단에 있는 친구가 며칠 후에 찾아왔다. 정리해고에 대한 소문을 알고 있다고 말했다. 아이도 셋이나 되고 얼마 전에 집도 이사를 해서 이자를 갚아야 하는데 정리해고를 당하면 큰일이 난다면서 미리 이직을 준비해야 하니, 혹시라도 정리해고 대상자에 자신의 이름이 있으면 알려 달라고 부탁했다.

이럴 때 어떻게 하겠는가?

대부분의 사람이 직장 내에서 벌어지는 사소한 말과 행동, 감정 패턴, 그 결과로 나온 의사 결정이 자신만 겪는 일이라고 생각한다. 독립적인 인격체로서 자신만 느끼고 경험하는 고유한 것이라고 생각하지만 한 개인이 느끼고 생각하고 말하고 행동하는 것은 정해진 틀 안에서 자유로운 것뿐이다. 소떼가 울타리가 있는 목장 안에서 자유롭게 풀을 뜯어 먹는 것과 같다.

자신의 삶에서 모든 것이 기회가 되고 그 기회들 중에서 자신이 원하는 것을 스스로 선택하는 것 같지만 사회에서 정해 놓은 문화적인 울타리 안에서 자유롭게 선택하는 것이다. 자신만의 가치관과 사고방식 등에 의하여 다른 사람들과 상관없이 독립적으로 선택하는 것이라고 생각하지만 문화적인 울타리 내에서 선택한 것에 불과하다.

정리해고 대상자가 내 친구라면 어떤 선택을 하겠는가?

대한민국 사람이라면 정리해고 대상자임을 알려주겠다는 답변이 대다수이다. 이 결론을 내기까지 수없이 많은 고민을 할 것이다. 몇 날 며칠 동안 고민에 고민을 거듭할 것이다. 하지만 결론은 이미 나와 있는 거나 마찬가지이다. 만약 친구가 정리해고 대상자라는 사실을 알고 있었는데도 정리해고될 때까지 알려주지 않았다는 사실이 알려지게 되면 둘이 함께 속해 있는 사회인 동창회나 회사와 같은 곳에서 거의 매장당하는 수준이 되기 때문이다. 같은 동네, 동창회, 친구들 사이에서 이 이야기가 두고두고 안줏거리가 될 수도 있다. 그래서 밤잠을 설쳐 가면서 고민을 해도 결국 대부분 비슷한 선택을 하게 된다.

친구에게 알려주는 것이 정답일까. 정답은 친구라고 할지라도 정리해고 대상자라는 사실을 알려주면 안 된다. 자신이 선택했다고 해서

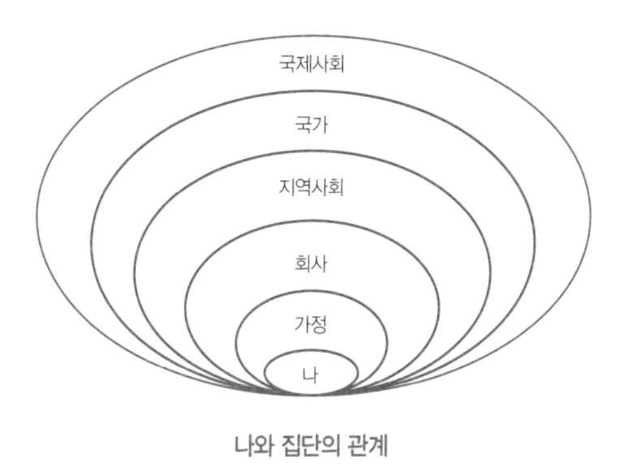

나와 집단의 관계

모두 정답은 아니다. 친구에게 정리해고 대상자라고 알려주지 말아야 하는 이유는 직장이 둘만 있는 사적인 공간이 아니기 때문이다. 친한 친구의 정리해고 소식을 알려주면 직장 내에 있는 다른 사람들에게도 알려지게 될 것이고, 직원들이 동요하게 되어 다른 직원들이 사표를 던질 수도 있다. 아니면 정리해고될까 봐 일을 열심히 하지 않게 되어 생산성이 떨어질 수도 있다. 그러면 더 많은 매출을 내고 더 잘될 수 있는 일도 실패할 수 있고, 이로 인해 회사는 더 많은 사람을 정리해고 해야 할 수도 있게 된다.

한 사람이 소속된 곳은 집단의 크기에 따라서 의사 결정의 수준과 범위가 달라진다. 자신이 소속된 집단의 크기에 따라서 자신이 한 의사 결정이 옳은 결정이 되기도 하고 그른 결정이 되기도 한다. 집단의 크기가 크고 수준이 높을수록, 집단의 크기가 큰 집단에 옳은 의사 결정을 할수록 도덕성이 높아진다.

'나'라고 하는 개인적 차원의 인간관계와 역할이 있고, 가정적 차원의 역할이 있다. 개인적 차원과 가정적 차원에서 충돌이 일어나면 더 큰 차원인 가정적 역할에 충실해야 한다. 한 사람이 가정을 갖게 되면 개인의 이익과 편리함보다는 가정을 위해서 희생을 한다. 가정에 소속된 인원보다 회사라는 집단에 더 많은 사람과 더 많은 가정이 속해 있기 때문에 회사가 위험해지면 수많은 가족의 생계가 위태로워질 수 있다. 지역사회에는 수많은 회사가 속해 있고, 국가에는 수많은 지역사회가 속해 있다. 국제사회에는 수많은 국가가 속해 있다.

만약 한 사람이 자신의 꿈을 위해서 직장을 그만둬야 하는가에 대해서 고민하고 있다면 꿈을 위해서 노력하는 것이 맞다. 하지만 가정을 이룬 가장이라면 가장으로서의 역할과 개인의 꿈 사이에서 고민을 해야만 한다. '자신의 판단 결과가 장기적인 관점에서 가족에게 도움이 되는가?'의 답변에 따라서 옳고 그름이 달라진다. 의사 결정을 할 때에는 항상 기준이 필요하다. 보다 높은 집단에 기준을 두고 판단하는 것이 옳은 결정일 가능성이 높다.

한 개인이 하는 판단과 의사 결정은 자신의 인생과 삶에만 영향을 미치는 일이므로 무엇을 선택하든 그 결과는 옳다. 하지만 자신이 한 의사 결정으로 인하여 팀과 조직에 속한 많은 사람의 삶과 인생에 영향을 미칠 수 있다면 옳은 의사 결정에 대한 판단 기준이 달라져야 한다. 그럼에도 불구하고 대다수의 한국인이 친구에게 정리해고 사실을 알리겠다고 대답을 하는 것은 한국인의 집단주의적이고 상호의존적인 문화 때문이다. 그래서 같은 질문이라고 해도 문화권에 따라서 다른 대답이 나오게 된다.

나쁜 소식을 먼저 안 경우에 친구에게 알려줄 것인가 아닌가에 대한 각국의 의견

	알려주지 않는다.	알려준다.
캐나다	96%	4%
미국	95%	5%
스위스	94%	6%
스웨덴	93%	7%
오스트레일리아	93%	7%
서독	91%	9%
영국	90%	10%
프랑스	68%	32%
포르투갈	68%	32%
스페인	65%	35%
일본	67%	33%
싱가포르	67%	33%
홍콩	56%	44%
말레이시아	55%	45%
중국	48%	52%
인도네시아	47%	53%
한국	26%	74%

대한민국과 같이 상호의존적 문화를 갖고 있는 동양 문화권은 친구에게 정리해고 대상자임을 알려준다는 대답이 더 많다. 미국과 같은 독립적 문화를 갖고 있는 서양 문화권은 친구라고 할지라도 정리해고 대상자임을 알려주지 않는다고 대답하는 사람이 더 많다. 문화권에 따라서 답변이 달라진다.

상호 의존적인 집단 문화와 독립적인 개인 문화는 개인이 꿈과 목표를 달성해 나가는 방식이 다르고, 욕구를 실현하는 방식이나 인간관계의 방식도 다르다. 서유럽이나 북미와 같은 서양의 독립적인 개인 문화권에서는 자아실현이나 자기실현이 개인 삶의 목표가 된다. 그리고 자신의 꿈을 달성하기 위하여 다른 사람에게 의지하지 않고 스스로 자신의 목표를 독립적으로 성취해 나가는 것을 중요하게 여긴다. 자신의 욕구, 생각, 감정과 같이 자신의 내면에 중심을 두고 생각과 감정을 솔직하게 표현하는 것을 문화권에서 권장하고 개인적으로도 추구한다.

한국, 중국, 미국과 같은 유교 문화권은 상호 의존적인 문화이다. 유교 문화권에서의 자아실현은 자신이 목표한 바를 이루어 나가는 과정에서 주변 사람들과 원만한 관계를 유지하면서 자신의 역할에 충실해야 한다. 그래서 목표를 성취하는 과정에서 의사 결정을 하는 순간에 가족과 주변 사람들이 있다. 자아실현을 하고 나면 자신의 가족과 주변 사람들을 챙겨야 하고, 자신의 개인적인 욕구가 있다고 하더라도 통제하고 수련해 나가면서 자신이 속한 집단 내에서 모범적인 삶을 사는 것을 중요하게 여기고 권장한다. 개인주의 문화권과 집단주의 문화권에서는 한 인간이 추구해야 하는 삶의 목표가 다르고 주변 사람과의 관계도 다르다. 감정을 느끼는 방식이나 느낀 감정을 표현하는 방식도 문화권에 따라 다르다.

자기 자신과 자녀 중에서 유명 대학에 합격한다면 누가 합격했을 때 더 기쁠까. 개인주의 문화권인 서양의 경우는 똑같이 자랑스러울 것이라고 했으나 집단주의 문화권인 동양에서는 자신보다 자녀가 합격하는 것이 더 자랑스러울 것 같다고 했다. 부정행위에 대해서도 문화에 따라서 다른데, 서양에서는 가족보다는 자신이 부정행위를 했을 때 수치심을 느낀다고 했으나 동양에서는 형제나 가족이 적발될 때 더 수치심을 느낄 것이라고 했다. 그렇기 때문에 집단주의 문화인 대한민국에서 다른 사람에게 더 많은 요구를 하게 되고 더 모범이 될 수 있도록 역할에 맞는 행동 기준을 정해 놓고, 그 행동에서 벗어나면 모범된 행동을 요구하는 강도가 더 강하다.

대한민국은 다른 사람에 대한 생각과 행동에 대한 기대 수준과 요구 수준이 높기 때문에 행동 기준에 맞지 않는 행동을 할 경우 조직에서 더 많은 스트레스와 분노를 느끼게 된다. 대한민국에서 살고 있다면 가정에서는 가족 구성원으로서의 역할이, 직장에서는 계급에 따른 역할이 서로간의 관계에 아주 큰 영향을 미친다. 주변 사람들과의 관계 속에서 자신을 규정하기 때문에 자신의 생각과 감정, 행동을 강요받는 경우가 너무나 많다. 그래서 대한민국에 살고 있는 사람은 분노할 일이 더 많다.

조직에서 발생하는 갈등과 감정 관리

함께 일하고 싶지 않은 최악의 직장 동료

일에 대한 책임을 피하거나 떠넘기는 책임 회피형 - 25.5%

편을 가르고 파벌을 넘기는 분란 조장형 - 19.9%

자신의 실속만 챙기려고 하는 이기주의형 - 16.8%

앞에서는 친절하지만 뒤에서는 험담을 하는 아수라백작형 - 11.3%

상사에게 지나치게 아부하는 아첨꾼형 - 9.7%

융통성 없고 꽉 막힌 변비형 - 8.9%

매사에 까칠하고 차가운 까도남 까도녀형 - 5.5%

성격은 유순한데 일을 못하는 착한 바보형 - 2.4%

잡서치에서 남녀 직장인 752명을 대상으로 실시한, 함께 일하고 싶지 않은 최악의 직장 동료에 대한 설문 조사 결과이다. 어느 직장에나 꼭 있는 얄미운 직장 동료 유형들이다. 이런 사람들이 얄밉다고 생각은 하지만 왜 사람들의 분노를 일으키는지에 대해서는 생각해 볼 기회가 없었다. 대체 왜 이들이 얄미운 것일까.

얄밉다는 말은 그 사람으로 인하여 분노 감정이 생긴다는 말이다. 인간이 감정을 느끼는 것은 그 감정이 생기게 된 이유가 있기 때문이다. 분노 감정이 생겼다면 다 이유가 있고 의미가 있다. 직장에서 얄미운 동료가 있다는 뜻은 개인 간의 갈등이 아닌데도 불구하고 조직에 맞지 않는 눈에 거슬리는 행동을 한다는 의미이다.

사회적인 관점에서 사람이 화가 나는 이유를 한 가지로 정리하면 '규칙을 지키지 않아서'이다. 인간은 크든 작든 조직 안에서 살아가는 동물이다. 어린 시절에는 가정이라는 조직에 소속되었고, 학교·직장·대한민국·국제사회 등 다양한 조직에 속해 있다. 그래서 조직 안에서 살아남기 위해서는 조직의 규범을 지키고 살아가지 않으면 위험해진다는 사실을 본능적으로 알고 있다. 그래서 규범을 지키지 않는 사람을 보면 화가 난다.

규범은 국가의 법과 같은 공식적인 규칙을 말하지만, 비공식적인 규칙도 규범이다. 국가의 법, 공공질서, 인간이 속해 있는 집단의 공식적·비공식적 규칙, 인간관계의 규칙 그리고 개인이 삶에서 형성해 놓은 신념이나 개인의 고정관념도 규칙에 속한다. 그래서 자신이 화가 났다면 이 중에서 어느 규칙의 문제인지에 따라서 분노를 조절한 이후에 행동과 처신을 다르게 해야만 한다.

분노가 발생한 상황에서 분노의 원인이 공식적인 규칙 때문인지 비공식적인 규칙 때문인지를 구분해야 어떤 처신을 해야 할지 판단할 수 있다. 만약 욱하게 된 이유가 비공식적 규칙인 개인의 신념이나 자신의 욕구 좌절이라면 혼자 감정을 다스리는 것이 맞다. 하지만 공식적 규칙의 문제라면 규칙을 지키게 해야 한다. 타인에게 규칙을 지키도록 요구해야 하는 경우도 있지만, 요구하지 못할 때는 어떤 처신을 해야 하는지 자신의 사회적인 위치에 따라서 달라진다. 자신의 직급과 직장 내 역할에 따라서 분노를 어떻게 다뤄야 하는지가 결정된다.

직장에서 분노가 생긴다는 의미는 개인만의 문제가 아니고 직장 동료와 단 둘만 해결한다고 해결할 수 있는 문제가 아니다. 보다 복잡하고 미묘하다. 어떤 것은 혼자 분노를 조절한다고 해서 해결되지 않는다. 자신만 욱하는 것을 참고 감정을 조절하면 되는 것으로 생각하지만 분노는 사회적인 것이기도 하기 때문이다.

조직을 이루는 가장 작은 단위는 개인이다. 개인과 개인이 만나게 되면 조직이라는 작은 단위가 생기고 작은 조직이 모여서 큰 조직이 생긴다. 어떤 직장이든 단체든 인간이 모여서 이루어진다. 인간이 속한 조직은 목표를 갖고 설립된 단체이기 때문에 조직의 작은 단위인 개인은 조직의 설립과 유지의 목표를 달성하기 위해서 조직 내에서 존재한다. 그래서 조직을 이루는 한 개인은 사회적인 존재이자 개인적인 존재이다.

조직심리학에서는 2인 이상일 때 팀(조직)이라고 본다. 그래서 2인 이상이 되면 팀이 자연스럽게 발달하게 되는데, 팀 발달 단계에 따라서 단계별 과업 목표를 달성해야 그 팀이 성과를 낼 수 있는 최종 단계로 발달할 수 있게 된다. 발달에서 첫 단계는 형성기, 2단계는 갈등기,

3단계는 규범기, 4단계는 성취기이다.

팀이라고 하면 사회의 조직이나 직장을 떠올리게 되는데, 연인이나 부부도 2인으로 조직된 팀이라고 볼 수 있다. 회사든 가정이든 2명의 인간관계가 시작되면 팀이나 조직으로 볼 수 있다. 그래서 조직을 운영하는 원리와 가정을 운영하는 원리는 매우 유사하다.

1단계인 형성기는 새로운 팀이 만들어지거나 기존에 있던 팀에 새로운 팀원이 들어오게 되었을 때를 말한다. 형성기에는 팀원들이 서로 친해지는 과정을 겪게 되는데, 팀원 전원이 자기 소개를 하고 서로가 친밀해질 수 있는 기초 정보를 제공하는 노력이 반드시 필요하다.

학교에서도 학기 초나 전학생이 왔을 때가 형성기이다. 이 형성기에 친해지는 목표를 달성해야 하는데, 학생들이 친해지지 못하게 되면 친해지지 못한 학생이 아웃사이더가 된다. 무리에 끼지 못하고 왕따가 되는 것이다. 직장에서도 마찬가지이다. 형성기에는 반드시 친해지는 과정을 겪어야 하는데, 이 과정에서 새로운 팀원만 친해지기 위해서 노력하는 것이 아니라 전원이 서로 친해지기 위해서 노력해야 한다. 팀원들이 서로 어느 정도의 친밀감이 생겨야 업무를 할 때 다른 팀원에게 도움을 주고받을 수 있는 기초 관계가 만들어진다.

부부가 결혼을 하면 새로 가족으로 맞이한 배우자의 가족과 친해지기 위해서 배우자의 부모를 자주 찾아가고 함께 식사도 하며 서로를 알아가는 과정이 반드시 필요하다. 이렇게 형성기에 서로 기초 정보를 주고받으면 2단계로 빠르게 넘어가게 된다.

2단계인 갈등기에는 팀원들 간에 서로 불만과 갈등이 생기게 되는

데 자신이 속한 조직에 대한 기대치와 현실의 차이 때문이다. 팀원 간에 의사소통도 원활하게 되지 않고 문제가 생기더라도 해결할 수 있는 능력이 부족하기 때문에 서로에 대한 신뢰가 떨어지게 된다. 갈등을 빠르게 해결하지 않으면 갈등으로 인하여 조직의 성과도 낮아지게 된다. 갈등기에 필요한 것은 바로 감정 조절력과 관계관리 능력이다.

자신이 팀 내에서 어떤 직급이나 위치에 있는지에 따라서 어떤 방식으로 갈등을 관리하고 대처해야 하는지가 결정된다. 팀원의 위치에 있다면 갈등 당사자와 갈등의 '사건(일)'을 해결해야지 감정적으로 문제를 대응하면 안 된다. 직장에서 생기는 대부분의 갈등은 일을 대하는 입장과 시각에 따라서 시작되는데, 시간이 지나며 이 갈등의 문제를 감정적으로 대응하기 시작하면서 팀이 분열된다. 그래서 일과 감정을 분리하려는 노력을 해야 한다.

일과 관련된 사람들에게 감정이 상해 있는 상태에서 무언가 대응하려고 하면 할수록 문제가 꼬이기 시작한다. 그래서 감정이 정리될 때까지 기다리는 것이 일을 더 잘 풀어내는 방법일 수 있다. 그런 이유로 직장에서 감정을 관리하는 방법 중에 가장 많이 사용되는 방식이 바로 욱하는 것을 참거나 억압하는 것이다. 문제는 이렇게 억압하고 참기만 했을 때 갈등의 문제가 시간이 지날수록 더 커진다는 것이다. 갈등의 문제가 일에 대한 입장 차이인지 성향의 차이인지 혹은 감정적인 대립인지를 구분하고, 어떻게 대처할 것인가를 고민하면 갈등을 대하는 자세가 달라진다.

팀에 갈등이 생기면 반드시 갈등을 해결하기 위하여 팀장이 역할을 해야 한다. 어떤 집단이든 간에 운영 원리는 똑같다. 가정에서도 자녀들이 싸울 때 부모가 화해를 하도록 권유한다. 화해를 권유하는 이유는 여러 가지가 있겠지만 애들이 싸웠을 때 부모가 나서지 않으면 계속 싸운 상태로 유지되는 경우가 종종 있다. 애들이 싸우면 함께 무언가를 하기도 어렵고 계속 불편하다.

직장에서도 마찬가지이다. 리더의 입장에서 부하 직원 2명이 서로 갈등한다면 일의 효율성이 떨어진다. 직원들 간의 갈등을 해결해야 성과를 낼 수 있다. 부하 직원들 간의 갈등을 어떻게 다루고 해결하는지에 따라서 유능한 리더가 되기도 하고 무능한 리더가 되기도 한다.

자녀들이 싸웠을 때 가장 최악의 갈등 해소 방식은 싸운 아이 둘을 불러서 화해하라고 강요하는 것이다. 그렇게 하면 바로 눈앞에서는 화해를 하는 것처럼 보인다. 하지만 어린 시절에 형제와 싸웠을 때 부모님이 이런 방식으로 화해를 시킨 것을 생각해 보면 제대로 화해를 한 적이 없었을 것이다. 겉으로는 화해를 하지만 속으로는 화가 난 것이 해결되지 않는 경우가 많다. 아이들이 싸우면 한 명씩 따로 데리고 가서 왜 싸우게 되었는지 자녀의 이야기를 듣고 감정적인 불만과 분노를 해소해야만 형제가 싸우게 된 원인을 파악할 수 있다. 그래야 싸움의 근본 원인을 해결할 수 있게 된다.

팀원 간에 갈등이 생겼을 때도 마찬가지이다. 최악의 리더는 팀원들이 갈등이 생겼을 때 방임하거나 방관하는 리더이다. 성인이기 때문에 갈등을 스스로 해결할 수 있을 것이라고 생각하고 직원들끼리의 갈등은 자신들이 알아서 처리하길 기대하는 것이다.

팀원 간에 갈등이 생겼을 때 개인적인 문제라면 팀원들 스스로 해결을 하는 것이 정상이다. 하지만 리더가 반드시 개입해야 풀리는 문제들도 있게 마련이다. 업무 권한의 문제라든지, 업무의 양이나 마감 시간을 조정해 줘야 하는 경우도 있을 수 있다. 이런 문제에서 시작된 갈등이 심화되어 감정적으로 대응하게 되면 반드시 팀장이 개입하여 갈등을 풀고 새로운 규칙을 만들어야 한다.

팀원 간에 갈등이 심화되어 감정적인 문제가 발생하면 리더는 반드시 해결해 줘야 한다. 팀원을 한 명씩 만나서 갈등 과정에서 생긴 문제를 충분히 들어주고 문제의 원인이나 갈등 사건을 해결할 수 있도록 조정을 해야 한다. 그렇게 한 다음에 팀원들이 각자의 역할을 제대로 수행할 수 있도록 역할에 따른 권한과 책임을 주어야 한다.

팀이 발달하는 단계에 따라서 다양한 갈등 사건을 경험하게 된다. 일에서 문제가 시작되었지만 부정적인 감정이 섞이면서 관계의 갈등으로 번진다. 결국 일을 하는 것은 사람이기 때문에 사람 사이에 감정이 상하지 않도록 일을 관리하는 것은 업무에서 중요한 갈등관리 능력이 된다.

갈등을 관리하는 것에서 가장 중요한 것은 자신과 상대방의 감정을 잘 관리하고 함께 성과를 내야 하는 업무에 긍정적인 영향을 미치게 만드는 것이다. 갈등을 관리해서 새로운 규범 체계를 만들어 낼 수 있어야 갈등이 정리된다. 이 규범 체계를 바로 3단계인 규범기에 만들어 낸다.

직장에서의 갈등은 팀이 성숙해지고 발달하는 과정에서 생길 수밖에 없다. 갈등을 해결해 나가는 과정이 매우 중요한데, 이 과정에서 서로간의 차이를 존중하는 법을 배우게 되고 팀 중심적인 사고를 할 수 있게 된다. 팀에서 생긴 문제를 해결하는 과정에서 규범을 만들어 내고 규범을 수용하는 과정에서 분노가 낮아진다.

갈등기에서 3단계인 규범기로 넘어가서 서로 존중하고 새로운 규칙을 따르는 과정에서 신뢰감이 생기고 자신의 역할, 기준, 목표에 대해 명확하게 이해하기 시작한다. 하지만 새로 생긴 역할, 기준, 신뢰, 결속감은 쉽게 깨질 수 있기 때문에 갈등을 피하려고 한다. 이런 경향은 팀의 성과를 저해하기도 한다. 그래서 성인이건 어린아이건 간에 사회규범을 공유하고 지키도록 하는 것은 매우 중요하다.

사회 규범과 규칙이 공유되지 않을수록, 규범과 규칙을 사람들이 지키지 않을수록 개인의 분노가 높아진다. 규범기에 정해지는 규칙은 다른 말로 윤리라는 이름으로 불리기도 한다. 따라서 윤리적인 문제와 분노의 문제는 매우 밀접하게 관련이 있다.

갈등기와 규범기를 잘 지나가면 4단계인 성취기가 된다. 성취기는 규범기에 정해진 팀의 목표와 역할 등이 더욱 명확하게 정의되고, 팀의 목표를 달성하기 위하여 서로 노력하여 실제로 성과가 나타나는 시기이다.

팀은 4단계를 거쳐서 성과를 달성하게 되는데, 각 단계가 명확하게 구분되어 나타나는 것은 아니다. 각 단계에서 생기는 일들이 모든 단계에서 나타나기도 하고 생략이 되기도 한다. 직장에서 경험하는 분노의 문제는 대부분 갈등기에 발생한다. 갈등기에 생기는 문제들을 어떻게 해결해야 하는지 팀과 조직의 관점으로 볼 수 있어야 갈등을 해결할 때 자신이 어떻게 처신해야 할지를 판단할 수 있다.

직장 내 관계와 회사의 업무 보상이 성과에 어떤 영향을 미치는가에 대한 연구에 따르면, 직장 내 관계가 만족스러운 사람들은 업무 보상이 높을수록 성과가 높았지만, 직장 내 관계가 만족스럽지 못한 사람은 급여나 복리후생과 같은 보상이 아무리 좋아도 성과가 높지 않았다. 즉 직장 내의 좋은 관계가 성과를 높게 만든다는 말이다.

직장에 다니다 보면 크고 작은 갈등이 생기게 마련이다. 우리가 마주하는 분노는 직장 내 갈등 사건에 따라서 생겼다가 사라지기도 한다. 감정은 아주 짧고 일시적이지만 우리에게 메시지를 준다. 감정이 생기는 짧은 찰나에도 인간에게는 욕구가 좌절되었거나 목표를 달성하고자 하는 동기가 작용하기 때문이다.

분노 감정이 생겼을 때 가장 먼저 감정을 조절하기 위해서 노력해야 하는 이유는 개인의 평안만을 위해서가 아니라 직장 내에서 자신의 감정을 어떻게 활용하는지에 따라서 유능한 사람이 될 수도 있고 무능한 사람이 될 수도 있기 때문이다.

비윤리적 행동은 본능적 분노를 자극한다

눈앞에서 사고가 나서 사람이 죽어가고 있다면 어떻게 하겠는가. 미국에서 한 남성이 눈앞에서 사고가 난 차량을 가장 먼저 발견했는데도 불구하고 구조를 하지 않고 차량이 불에 타는 상황을 동영상으로 촬영해서 SNS에 올린 사건이 있었다.

집과 충돌한 차량이 반파된 채 불타고 있는 차량 안에는 17살의 청소년 2명이 크게 다쳐서 쓰러져 있었다. 사고를 목격한 다른 주민과 소방대원들이 차량에 난 불을 끄고 다친 학생들을 병원으로 옮기는 것을 동영상으로 촬영하고 페이스북에 올렸다. 병원으로 실려 간 2명 가운데 1명은 결국 숨지고 말았다.

굶어 죽어가는 개를 전시한 전시장에 갔다면 어떻게 하겠는가. 2007년 'Codice Galley'에서 코스타리카 예술가인 기예르모 베르가스(Guillermo Vargas)가 병든 유기견을 데려다가 전시회장 한구석에 묶어 놨다. 그리고 닿을 수 있는 곳에 사료로 메시지를 적어 놓은 채 죽을 때까지 물과 먹이를 주지 않았다. 결국 전시회장의 유기견은 다음 날 죽었고, 베르가스는 이 유기견을 '굶어 죽은 개'로 명명했다. 베르가스는 2008년 중앙아메리카 비엔날레에서 또 전시를 할 계획이라고 밝혔다. 많은 사람이 이 전시를 반대하는 서명 운동을 했지만, 베르가스는 '굶어 죽은 개'는 자신이 표현하고자 한 예술의 준비 단계일 뿐이라고 선언했다.

베르가스의 블로그에 사이버테러가 가해지고 자택에도 반대하는 시위대가 찾아오는 등 사회적인 문제가 되자 "다음 전시회부터는 보건소에서 도살당할 개를 사용하겠다. 돕고 싶은 사람은 자유롭게 데려가도 좋다."고 말했다.

예고한 대로 미술관에는 '굶어 죽은 개'가 전시되었고 많은 인파가 몰렸다. '굶어 죽은 개' 앞에 세워진 팻말에는 "돕고 싶은 사람은 자유롭게 데려가세요."라고 적혀 있었다.

팻말을 본 관람객들은 너도나도 개를 데려갔고 도살당할 개 10마리를 모두 나누어주고 전시회를 마쳤다. 이후에 같은 전시회를 개최했으나 관람객들이 모두 데려가는 바람에 '굶어 죽은 개'는 완성되지 않았다. 전시회가 유명해지자 베르가스는 "이제부터 일어날 사건을 기대하라."는 말을 남기고 전시회를 그만뒀다. 그 사건은 곧 잊혀졌다. 그로부터 몇 개월 후 각지의 공원에 야위고 쇠약해진 개들이 나타났고 개들 앞에는 팻말이 세워졌다. "돕고 싶은 사람은 자유롭게 데려가세요."

베르가스의 '굶어 죽은 개' 전시회 당시 유행을 따르거나 분위기를 타서 착한 척했던 사람들이 개를 기르는 데에 싫증이 나자 베르가스의 방법을 그대로 따서 공원에 내놓은 것이다. 결국 전시회에 완성되지 않았던 '굶어 죽은 개'는 수개월 후에 개를 데려간 관람객들로 인해서 완성되었다.

보고 듣고 느끼는 것들을 인식하는 순간 그것에 대해서 좋다거나 나쁘다는 감정을 갖게 된다. 사람은 선택을 해야 하는 문제에 직면하면 자신이 그 문제를 느끼기에 유쾌한지 불쾌한지에 따라서 판단한다. 제이존크는 인간이 자각하는 것은 반드시 감정을 동반하게 되어 있다고 주장한다.

특히 분노 연구를 살펴보면 윤리적인 문제는 분노를 유발한다. 윤리는 단순히 도덕적인 문제나 규칙을 따르는 것으로만 해석할 수 있는 것은 아니다. 인간 사회에 윤리적인 기준이나 윤리가 생기게 된 배경을 살펴보면 이것 역시 인간의 생존과 관련이 있다. 이유 없는 살인이 일어나면 언제 우리의 목숨을 위협받게 될지 모르기 때문에 살인을 하면 안 된다는 사회적인 규칙을 만들고 이것을 지키는 것을 윤리로 본다. 즉 사회적인 규칙이 바로 윤리인 것이다.

세계윤리연구소에서 인종과 성별과 문화권에 관계없이 사람들에게 설문을 실시했다. 가장 중요하게 여기는 가치 10개를 선택하게 했는데, 의미 있는 결과가 나왔다. 10개의 가치 중 5개는 문화권, 인종, 성별, 관심사와 취미 등에 따라서 각기 다른 가치를 선택했다. 하지만 5개의 가치는 인종이나 문화권 등에 상관없이 전 세계 사람이 공통적으로 선택했다. 선택된 가치는 바로 정직, 책임감, 존중, 공정성, 동정심이다. 이 5가지의 가치는 인간의 본능을 자극한다. 정직하지 못한 사람을 보면 화가 나는 것처럼 책임감이나 존중, 동정심이나 공정성이 없는 상황이나 사람을 보면 인간은 본능적으로 화가 난다.

분노는 지켜야 하는 것을 지키고자 할 때 생기는 감정이기 때문이다. 마땅히 지켜야 하는 것을 지키지 못하면 지킬 수 있게 만들려고 노력하고, 만약 지키지 못하게 만드는 사람이 있다면 상대방을 몰아내려는 동기와 욕구가 생기게 된다. 그래서 욱하는 감정은 싸우고 싶고 때리고 싶고 공격하고 싶은 행동과 연결된다.

지키고자 하는 것은 공격하거나 싸워서라도 지켜야 하기 때문이다. 5개 대륙에서 수천 명의 대학생에게 분노를 느꼈던 상황에 대해서 글을 쓰게 한 다음 분석했다. 분노를 느꼈던 때를 묘사하고, 그 상황에서 느낀 분노 감정의 강도와 신체 반응, 자신의 행동 반응을 적도록 했다. 대부분 다른 사람이 고의적으로 불쾌하게 만들거나 고의적으로 불공정하게 상황을 만들었을 때 분노했다.

우리가 경험하는 상황이 비윤리적이라고 자각하는 순간 기분이 나빠지거나 불쾌해지는 것은 인간이 갖고 있는 생물학적인 본능이다. 직장에서 일어나는 일들을 살펴보면 이 5가지 가치와 관련 있는 경우가 많다. 특히 직장인이 공통적으로 화가 나는 상황을 살펴보면 윤리 문제와 관련된 경우가 많다.

컴퓨터를 잘 다루지 못하는 팀장이 윗선에 보고서를 작성해야 할 때마다 자신이 생각한 기본적인 구상을 직속 부하 직원에게 알려준다.

부하 직원은 엑셀과 워드프로세서, 파워포인트를 활용하여 팀장이 설명한 보고서를 만들어 낸다. 보고서를 작성하는 내내 팀장은 옆에 앉아서 말로만 보고서를 작성하고, 완성된 보고서를 자신이 혼자 완성한 보고서인 것처럼 상사에게 제출한다. 이것은 5가지 가치 중에서 어디에 해당할까. 공정성이나 책임감, 존중에 해당하는 상황이다. 한 가지 상황이 여러 개의 가치를 위배하는 경우가 많다.

직장에서 생긴 윤리적 문제 상황에서 화를 내야 할까. 바로 이 부분에서 어떻게 해야 하는가 고민하게 된다. 화를 낸다는 의미를 그저 목소리를 키워서 싸운다는 의미로 받아들이기 때문이다. 화를 내고 분노한다는 의미는 싸운다는 의미가 아니다. 불공정하거나 비윤리적인 상황이 있다면 상황을 개선하기 위해서 의견을 표현한다는 말이다. 꼭 목소리를 높여서 싸워야만 상황을 개선할 수 있는 것은 아니기 때문이다.

윤리적 문제 상황에서 분노하는 것을 '도덕적 분노(moral anger)'라고 한다. 영국 리버풀 대학교의 연구에 의하면, 윤리와 도덕적인 목적과 동기를 갖고 있다면 직장에서 적절한 분노 표현은 업무 효율을 높이기 때문에 조직에 유익하다고 한다. 연구 결과, 약자를 보호하거나 공정한 상황을 만들기 위해 분노하는 것은 업무 환경을 개선시키고 업무 성과와 효율을 높인다고 했다. 개인의 이익이 아니라 집단의 이익을 위한, 혹은 약한 사람을 보호하거나 어떤 중요한 일을 달성하기 위한 이타적인 차원의 분노는 조직에 이롭다. 그런 분노는 원만한 근무환경을 만들어 내기도 하고, 평등하거나 공정한 조직 문화를 만들어

내는 것과 같이 사회적인 순기능이 있다.

자신이 불공정한 일을 경험했을 때는 많이 분노하지만, 다른 사람이 사회의 법을 위반하거나 불공정한 일을 겪는 것을 보면 자신이 겪는 것보다는 분노 감정의 강도가 낮다. 중요한 것은 윤리적 문제는 인간의 분노를 자극한다는 사실이다. 분노를 느꼈을 때 상황을 개선하기 위해서 노력하는 것은 개인의 분노만을 해소하는 것이 아니라 결국 회사의 조직 문화를 개선하게 만들기도 한다.

분노를 무조건 억압하고 억제하는 것은 좋지 않다. 분노의 원인이 개인의 왜곡된 편견 때문에 생기기도 하지만 분노를 통해서 사회 구조가 개선되고 조직 문화가 개선되기 때문이다. 분노가 결국 민주주의를 만들어 낸 것처럼 조직 문화를 바꾸는 데 아주 작은 역할을 할 수도 있다. 여기에서 중요한 것은 자신이 분노하는 이유가 개인의 왜곡된 편견 때문인지, 개선해야 하는 윤리적 문제인지를 구분하는 것이다. 그리고 사회적으로 용인되는 수준에서 용인되는 방식으로 문제를 해결해 나가는 것이 아주 중요하다.

누구나 갑질하는 사람이 될 수 있다

질문

다음 중 갑질이 아닌 것을 고르시오.

1. 모 항공사의 부사장이 땅콩 때문에 비행기를 회항시키는 것
2. 백화점에서 고객이 직원에게 무릎 꿇고 사과하라고 하는 것
3. 파워 블로거가 식당 음식을 홍보해 주겠다고 무료로 시식을 요구하는 것
4. 개인적인 통화를 하는 중에 보고하러 온 부하 직원을 통화가 끝날 때까지 기다리게 하는 것
5. 해외여행 시 항공사에서 제공받는 서비스보다 더 많은 서비스를 요청하는 것
6. 큰 누나가 동생들에게 간식을 가져오라고 심부름시키는 것

1번부터 5번까지 모두 갑질에 해당한다. 갑질은 권력을 갖고 있는

강자와 상대적으로 권력이 약한 약자 사이에서 생긴다. 갑의 위치에 있는 사람이 자신이 위치에서 사용할 수 있는 힘을 이용해 자신에게 유리하게 상황을 만드는 것이나 개인적인 이익을 취하는 것을 말한다. 그래서인지 갑질은 사회의 특정 계층이 하위 계층에게 하는 권력 남용이라고 생각하는 경향이 있다.

갑질이라는 단어는 계약서에 나오는 갑을(甲乙) 관계의 갑(甲)에서 나왔다. 보통의 계약서에는 계약서를 작성하는 주체인 갑에게 유리한 계약이 많다. 돈을 지불하는 쪽이 갑이고 용역을 실행하는 쪽이 을인 경우가 많기 때문이다. 돈을 지불하는 갑은 권력이 있고 을은 상대적인 약자가 될 확률이 높다. 계약관계에서 갑질이라는 말을 많이 하기 때문에 특정한 사람들만 갑질을 하는 것 같지만 일상생활에서도 갑질이 아주 다양한 형태로 나타난다.

한국 사회에서 갑질이 얼마나 빈번하게 발생될까. 우리는 모두 알게 모르게 갑질을 하며 살고 있다. 다만, 자신이 갑질을 하고 있다는 사실을 깨닫지 못하는 경우가 있을 뿐이다. 고객의 갑질만 있는 것이 아니라 기업의 갑질도 있고, 회사와 상사의 갑질, 심지어 가정에서도 갑질이 존재한다.

백화점에서 종업원을 무릎 꿇게 하고 결국 사과를 받아낸 고객이 있었다. 땅콩 하나 때문에 비행기를 회항시킨 오너 일가인 부사장도 있었다. 유제품 회사에서 대리점주에게 무조건 할당한 양만큼 우유를 판매하라며 폭언을 한 녹음 파일도 공개되었다. 바로 신문이나 TV 뉴스에서 듣던 고객의 갑질이다.

회사에서는 상사가 부하 직원의 실적을 본인의 실적으로 둔갑시키기도 하고, 부하 직원이 상사 자녀의 과외 공부를 가르쳐 주기도 한다. 식사 시간에 메뉴 선택권이 없는 것은 거의 기본이다.

가정에서는 갑질이 없을까. 과연 얼마나 많은 부모가 훈육과 폭력의 경계를 구분할 수 있을까. 대부분 훈육을 하기 위해서는 어느 정도 '사랑의 매'가 필요하다고 생각한다. 그 형태는 부모에 따라서 다르지만 어린 자녀가 부모의 말을 듣지 않으면 욱해서 손이 먼저 올라가는 경우가 비일비재하다.

자녀의 진로에 대해서 상의하는 것과 강요하는 것의 경계를 알고 있는 부모가 있을까. 자녀가 선택한 직업이 마음에 들지 않는다는 이유로 인연을 끊는다거나 집에서 내쫓는 모습을 TV 드라마에서 종종 볼 수 있다.

장성한 자녀들한테는 어떤가. 결혼한 자녀 집의 비밀번호를 알고 있는 경우 사전에 연락도 하지 않고 집을 방문하기도 한다. 새 식구인 며느리나 사위가 집 안에서 무엇을 하고 있을지에 대해서는 고려하지 않는 것이다. 내 자식 집에 허락받고 가야 하느냐고 오히려 되묻는 부모도 있다. 아무리 내 자식이라고 할지라도 독립적인 장소에서 가정을 꾸리고 살면 프라이버시를 보호해 줘야 한다.

과연 갑질이 일정 부류에게서만 일어나는 일일까. 사실 우리는 자기도 모르는 사이에 갑질을 하는 경우가 많다. 어디에서든 상대적으로 높은 권력이 있고, 권력을 행사할 수 있는 위치라면 누구나 갑질을 할 수 있다.

갑질을 하는 방법은 여러 가지가 있다. 자신의 권력을 이용하여 자신에게 유리한 상황을 만들거나, 교묘하게 상대방을 괴롭히거나 자기 지인들만 이득이 되도록 일을 지시하기도 한다. 상대방에게 직접 화를 내서 상대방이 자신의 개인적인 이득을 위해서 행동을 하게 만드는 것은 모두 갑질이라고 볼 수 있다. 이렇게 자신도 다른 사람에게 언제든지 갑질을 할 수 있다는 사실을 알아야 한다.

감정은 본능이자 삶에서 활용하는 도구이다. 삶을 살면서 감정을 활용하여 자신이 원하는 것을 달성해 나간다. 하기 싫은 일을 억지로 하는 것보다 기분 좋게 하기 위해서 긍정적인 감정을 만들기도 하고, 전략적으로 분노를 표현해서 협상을 유리하게 끌고 가기도 한다. 누군가가 갑질을 하거나 자신의 지위를 이용해서 나의 행동과 삶과 미래를 좌지우지하려고 한다면 분노가 갑질에 대해서 자각할 수 있게 한다. 반대로 갑질하는 사람으로서는 타인이 자신의 말을 따르지 않으면 안 된다고 생각할 때 분노가 생기기도 한다. 즉 갑질을 하려고 할 때나 갑질을 당할 때 둘 다 분노가 생겨 그것을 일깨워 준다.

인간은 자신의 물건을 빼앗기거나 지키지 못했을 때나 욕구가 좌절되었을 때 화가 나게 되어 있다. 그래서 화가 났을 때 욱하거나 상대방에게 분노하는 것을 본능이라고 하는 것이다. 분노를 도구로써 활용하기도 한다. 배우자가 자신을 무시하는 듯한 말을 했을 때 바로 "무시하는 것으로 들리니까 그렇게 말하지 마!"라고 말을 하면 사과를 하고 다시는 그런 행동을 하지 않으려고 조심하게 될 것이다. 이런 건설적인 분노는 반드시 삶에서 필요하다. 자신의 사회적 위치를 만들어 나가고 존재를 알리고 타인에게서 존중을 얻어 내기 때문이다.

갑질을 할 수 있는 이유는 상대방이 자신의 말을 들어야 한다고 믿기 때문이다. 그런데 상대방이 자신의 말대로 하지 않으면 분노가 치밀어 오른다. 갑질하는 사람들은 객관적으로 자신이 정당하게 상대방에게 요구하는 것인지, 억지를 부려서 권력을 사용한 것인지 구분하지 못한다. 한국에서는 문화적으로 계급이 높거나 나이가 많거나 고객이거나 하는 식으로 뭔가의 지위를 갖고 있을 때 그 지위에 맞는 대우를 받는 것을 당연하게 여긴다. 권력과 권한이 있는 사람들은 무의식중에 상대방을 자신보다 낮은 계급이나 낮은 서열이라고 생각하고, 이후에는 상대방에게 반말을 한다거나 존대를 하더라도 깍듯하게 하지는 않는다.

을의 입장에서 생각해 보자. 부모님께 효도를 하고 존경심을 보이는 것은 자식된 도리이자 당연한 것이다. 그렇다고 자녀의 직업과 진로와 미래에 대한 의사 결정을 부모가 자식 대신 하는 것은 이상한 일이다. 한 인간이 자신의 삶과 미래에 대해서 진지하게 고민하고 시행착오를 겪는 과정에서 올바른 판단 기준도 만들어지고 좌절을 견디는 능력도 키울 수 있기 때문이다.

기업이 마케팅 관점에서 고객에게 좋은 서비스를 하여 고객이 자사 제품을 선택할 수 있도록 하는 것은 경영에서 중요한 경쟁력의 원천이다. 하지만 정해진 서비스에서 벗어나서 고객이 과도하게 무릎 꿇고 사과하도록 요구하거나 자사의 직원을 폭행하는데도 점장이 고객에게 머리를 숙이는 것은 서비스의 본질을 벗어난 것이다.

직장에서 상사가 업무를 추진하기 위해서 명령을 하고 지시를 내리는 것은 상사의 고유한 업무 권한이자 책임이다. 부하 직원이 상사의 지시를 이행하고 업무와 관련된 명령을 수행하는 것은 직장인의 역할이다. 하지만 개인적인 일을 부하에게 시키거나 상사 자녀의 개인 과외를 시키는 일은 상사의 권한을 남용하는 것이다.

한 직장인이 상사에게 20만 원을 빌려줬는데 빌려준 돈을 돌려 달라고 할 때마다 업무 지시를 해서 일 폭탄을 맞는다고 농담 반 진담 반으로 말했다. 부하 직원은 상사의 사적인 부탁을 거절하게 되면 업무적으로 보복당할 수 있기 때문에 울며 겨자 먹기로 지시에 따르는 경우가 많다.

상사들도 할 말이 많기는 마찬가지이다. 예전에는 업무 지시를 하면 부하 직원들은 지시를 따르는 것을 당연시했는데, 요즘은 부하 직원의 눈치를 보게 될 때가 있다는 것이다. 갑질을 하고 갑질을 당하는 것이 점점 많아지게 되면 직장 내 인간관계가 왜곡되어 정당하게 지시하는 것도 갑질로 받아들여지고, 업무가 아니라서 거절하고 싶어도 못하게 된다.

상대방이 갑질을 하고 있다면 화를 내고 싸우는 것이 아니라 건설적인 분노 표현으로 상대방에게 자신을 존중해 달라는 표현을 해야 존중받을 수 있다. 인간의 감정은 사회생활에서 의사소통을 할 때 가장 훌륭한 도구이다. 자신의 본능적인 감정을 느끼는 것도 중요하고 상황에 맞는 감정을 표현하여 상대방이 자신을 존중할 수 있게 해야 한다.

갑과 을에게 모두 해당되는 이야기이다. 이런 당연한 것들에는 너무나 복잡한 것이 숨어 있다. 문화, 상황, 각자의 입장과 개개인의 성향과 상황을 해석하는 것까지 사회적인 맥락에서부터 개인적인 것 모두 왜곡이 일어날 수 있다. 갑질의 문화를 해결할 수 있는 것은 우리 모두가 갑질을 할 수 있는 사람이라는 것과, 갑질을 하는 사회적인 요인과 개인적인 요인을 이해하는 것이다.

갑질을 하는 사회적인 요인으로는 집단주의 문화와 수직적인 문화, 유교 문화가 합쳐진 분위기를 들 수 있으며, 개인적인 요인으로는 존중하는 것과 존중받는 것 사이에서 수없이 많은 요소의 영향을 받는다. 결국 '타인 존중'과 '자아 존중' 사이의 줄다리기이다.

오랫동안 철새 떼의 움직임을 관찰한 컴퓨터 애니메이션 전문가 레이놀즈(Crag Reynolds)가 단순한 3가지의 법칙을 발견했다. 철새 2마리의 사이가 일정 거리보다 가까워지면 흩어졌다가 일정 거리보다 멀어지면 가까워졌다. 일정 거리 앞에 방해가 되는 것이 나타나면 왼쪽이나 오른쪽으로 선회했다. 그는 이것을 프로그래밍한 결과 정확한 철새들의 움직임을 재현했다.

자연의 질서와 인간의 질서는 다르지 않다. 『논어』에서 제자 안현이 물은 "인(仁)이란 무엇인가?"에 공자가 대답했다. "자신을 다스려서 인간관계를 회복하는 것이 가장 바람직한 것이다."라고 하면서 극기복례(克己復禮)를 말했다. 성경에서 말하는 황금률인 "무엇이든지 남에게 대접받고자 하는 대로 남을 대접하라"(마태복음 7:12)처럼 자신이 존중받고 싶으면 존중하면 된다.

갑질은 열등감을 드러내는 것이다

외국계 항공사에서 일어난 한 승객의 갑질을 본 다른 승객이 온라인에 그 상황을 올려놨다. 한 한국인 아줌마가 아이가 열이 나고 아파서 항공사 승무원에게 항의를 했다.

아줌마 : 이것 보세요. 지금 우리 애가 거의 탈진했잖아요. 어떻게 하실 거예요?

승무원 : 왜요?

아줌마 : 애가 아프다고요.

승무원 : 그래서요?

아줌마 : 당신들이 우리가 기다리는데 담요도 안 줬잖아요. 그러니 애가 열이 나요, 안 나요?

승무원 : 달라고 하시죠.

아줌마 : 그런 건 그쪽에서 챙겨야 하는 것 아니에요?

승무원 : 추운 줄 몰랐는데요?

아줌마 : 애 어쩔 거예요?

승무원 : 뭘요?

아줌마 : 그러니까 당신들 때문에 애가 이 지경이 됐으니까 애를 좀 케어해 달라고요.

승무원 : 어떻게요?

아줌마 : 애가 아프다니까요.

승무원 : 그런데요?

이 대화를 30분 넘게 했다. 옆에서 그 상황을 보던 한국인들은 아줌마가 이렇게 하는 이유는 비즈니스석으로 옮겨 달라는 의미라고 전해 주고 싶었다고 한다. 결국 사무장까지 와서 무슨 일인지를 알아봤는데, 똑같은 대화를 계속했다. 아줌마는 아이가 아프니 어떻게든 해 달라고 하고, 사무장과 승무원은 대체 어떻게 하라는 거냐고 물어봤다. 급기야 기장이 등장했다.

기장 : 왜 그러세요? 무슨 일이죠?

승무원 : 애가 아프대요.

기장 : 아기가 많이 아파요?

아줌마 : 네

기장 : 그럼 내리세요.

아줌마 : 네?

기장 : 우린 아픈 사람 못 태워요. 아이가 아프게 되면 치료해 줄 의사가 없어요.

아줌마 : 무슨 소리예요?

기장 : 빨리 내리세요. 출발해야 합니다.

아줌마 : 아니… 지금 보니 좀 나아진 것 같아요.

기장 : 그래도 걱정돼요. 내리세요.

아줌마 : 그냥 갈게요. 일 보세요.

기장 : 그럼 각서 쓰세요. 애한테 문제가 생기면 항공사와 분쟁이 생기지 않도록.

아줌마 : 네

한국에서 같은 상황이었다면 어땠을까? 비즈니스석으로 옮겨 주지 않았을까. 좌석을 좋은 곳으로 옮겨 주면서도 죄송하다고 사과하고 할인권까지 줄 수도 있었을 것 같다. 우리는 이와 비슷한 상황을 참 많이 본다. 대한민국에서만 통하는 억지상황이 아닐까. 이런 것을 갑질이라고 말한다.

갑질이 서양의 문화를 만나면 맥을 못 추는 것은 왜일까. 대한민국은 수직적인 문화를 갖고 있다. 그래서 나이가 깡패요 계급이 깡패라고 할 정도이다. 나이 많은 사람이나 계급이 높은 사람과 대화할 때 그들이 기분 나쁘면 말대꾸가 되고 기분 좋으면 대화가 된다. 농담으로 하는 말도 "아니꼬우면 먼저 태어나든가."이다.

서로 아는 사이든 모르는 사이든 만나면 가장 먼저 나이를 물어본다. 그러고는 상대에게 반말해도 되는지 물어보지도 않고 반말을 하기 시작한다. 존경받을 만한 일을 했는지 어떻게 살아왔는지는 중요하지 않다. 그냥 형이란 이유로 음식이 나오면 먼저 앞에 가져가고 술을 마셔도 자신이 어른인 양 분위기를 주도한다. 그리고 나이가 어리다는 이유로 두 손으로 술을 따르고 형님, 누님으로 부른다. 나이로 권위가 만들어지고 서열이 만들어지는 사회이다.

대한민국은 사회적인 위계를 강조하고 지위나 계급 혹은 나이에 따라서 행동 기준과 감정 기준이 있는 문화를 갖고 있다. 수직적인 문화여서 이름을 부르는 것보다 형이나 누나, 동생, 혹은 직함으로 부르며 위계 규칙을 만들고 지켜야만 한다. 그래서 한 번 형님은 끝까지 형님이 된다. 그리고 형님에게는 존경심을 느껴야 하고 형님 앞에만 서면 작아지고 조용해지는 것이 당연하게 여겨진다. 즉 수직적인 동양 문화에서는 감정도 나이와 계급에 따라서 사회적으로 강요받는다. 동시에 한 개인의 자아존중감에도 강력하게 영향을 미친다.

문화적인 요소와 감정과 자아존중감이 어떤 상관이 있는가에 대한 실험을 했다. 한 반을 대상으로 창의적인 문제를 풀도록 했다. 50%의 사람은 매우 쉬운 문제를 풀었고, 50%의 사람은 매우 어려운 문제를 풀었다. 그래서 시험이 끝나고 나서 확실히 잘한 팀과 낙제를 예상할 수 있게 했다.

시험이 끝나고 창의성, 유머 감각, 매력, 운동 기술 등 시험과 관계없는 것에 대해 자가 점수를 측정하게 했다. 서양 학생들은 시험의 결과와 관계없이 자신의 매력이나 유머 감각, 창의성과 운동 기술에서 평균 이상이라고 높게 평가했다. 즉 시험의 결과가 자아존중감에 영향을 미치지 않았다.

동양 학생들은 창의성 시험 결과로 자아존중감 수치가 매우 좌우되는 경향을 보였다. 창의성 검사에서 쉬운 문제를 풀어서 높은 점수를 받은 사람들은 창의성, 유머 감각, 매력, 운동 기술 등에 대한 자기 평가를 평균이라고 대답했다. 아무리 뛰어난 능력을 갖고 있더라도 평균보다 높게 평가하지 않았다. 창의성 검사에서 낙제를 받은 사람들은 모든 척도에서 평균보다 매우 낮게 평가했고 수치심을 느꼈다. 즉 시험 결과에 따라서 자아존중감이 낮아졌다.

자아존중감은 자기 자신에 대한 평가를 말한다. 자신을 얼마나 사랑하고 존경하는지에 대한 평가인데, 서양 사람의 경우에는 자신에 대한 평가가 일관되게 나타난다. 하지만 동양 사람의 경우에는 주변 사람의 평가나 시험 점수 등과 같은 작은 사건에도 자아존중감이 낮아진다. 그래서인지 대부분의 동양 사람은 자아존중감이 낮은 경향이 있다.

대한민국에서는 아주 사소한 사건이 갑질로 이어진다. 스스로 갑이라고 생각하는 사람이 갑에 걸맞은 대우를 받지 못하면 상대방이 갑의 대우를 할 수밖에 없도록 상황을 바꾸어 버리는 것이다. 그래서 기어이 갑의 대우를 받고야 만다. 자아존중감이 낮기 때문이다. 자기 자신을 존중하면 다른 사람에게 존중받기 위해서 노력할 필요가 없다. 갑질을 하는 이유는 갑질을 해야만 억지로라도 존경을 받기 때문이다.

직장에서 생기는 갑질은 다양한 얼굴로 나타난다. 취업포털 잡코리아가 한겨레신문과 함께 직장인 391명을 대상으로 직장에서 경험한 갑질에 대해 설문 조사를 실시했다.

1위(47.6%) - 정해진 일 이외에 다른 일까지 요구받았다.
2위(25.4%) - 반말
3위(25.1%) - 무시
4위(19%) - 욕설
5위(18%) - 비용을 예정보다 늦게 결제한다.
6위(17.4%) - 주말 근무나 야근 일정을 짠다.
7위(14.1%) - 선물이나 향응 요구

그 밖에도 직장 내 갑질이 다양한 형태로 나타났다. 상사가 묻지도 따지지도 말고 시키는 대로 하라며 윽박지른 일, 상사의 아들 과학 숙제로 병아리의 탄생을 찍어 오라고 해서 양계장 가서 동영상을 찍어 온 일, 퇴근했는데 불러서 술값을 계산하게 한 일, 상사 대신 벌초 다녀온 일 등이다. 직장인들 중 72.7%가 갑이 주는 스트레스 때문에 직장을 그만두고 싶다고 응답했다.

자아존중감이 낮으면 다른 사람의 평가와 대우가 곧 자신에 대한 평가이기 때문에 자아존중감이 낮은 사람은 다른 사람의 평가와 대우에 민감하다. 그래서 다른 사람이 자신에 대해서 어떻게 평가하는가, 그 평가의 결과로 상대방이 나에게 어떤 대우를 하는지가 자기 자신을 평가하는 중요한 기준이 된다. 그래서 제대로 된 대우를 하지 않는다고 느끼거나 상대방이 자신을 무시한다고 느끼게 되면 자신에게 걸맞은 대우를 해 달라고 강력하게 요청을 하는 것이다.

자아존중감이 낮으면 열등감이 높다. 타인에게 존중받는 방법을 배운 적이 없기 때문에 자신이 갖고 있는 무기인 권력이나 서열 혹은 권한이나 계급으로 상대방을 굴복시킨다. 소리를 지르기도 하고 떼를 쓰기도 하고 억지를 부리기도 하고 교묘하게 상황을 유리하게 만들기도 한다. 즉 갑질하는 사람들의 열등감이 갑질을 더욱 만들어 낸다.

자아존중감이 높은 사람은 다른 사람의 평가가 중요하지 않다. 그래서 무언가 문제가 생기더라도 개인적인 평가로 받아들이지 않고, 문제가 생긴 상황을 해결하기 위해서 노력한다. 자아존중감은 자신이 느끼는 감정에도 영향을 미치는데, 수직적인 사회인 대한민국에서는 서열에 따라서 느끼고 표현할 수 있는 감정의 규칙이 정해져 있다.

스포츠 팀의 감독이 선수에게 화를 내는 것은 괜찮지만 선수가 감독에게 화를 내는 것은 무례하게 생각한다. 선수가 감독에게 분노를 표현하는 것은 위계에 대한 직접적인 위협이 되기 때문이다. 반대로 감독은 선수에게 슬픔이나 공포, 두려움을 표현하지 못한다. 그야말로 표현하지 못하는 문화적인 규칙인 셈이다.

갑질도 이런 문화적인 맥락에서 시작된다. 권력이 있고 없고에 따라서 허용되는 감정이 정해져 있다. 그래서 갑이 을에게 화를 내는 것은 허용되지만 을이 갑에게 화를 내는 것은 허용되지 않는 것이다.

동양 사람들은 수치심이라는 감정에 저항감을 느끼지 않았다. 동양에서는 지위가 높은 사람 앞에서 수치심이나 당황, 감사, 수줍음, 존경과 같은 감정을 느끼고 표현함으로써 존경을 표시하기 때문에 이런 감정들을 문화적으로 장려한다. 그래서 갑질을 하는 사람이 더 많이 분노하고 소리를 지르고 상대방을 무시한다. 분노를 전략적으로 활용하여 갑질을 통해서 자신의 서열을 확인받는다. 하지만 결국 갑질은 자신의 열등감을 드러낸 것밖에 되지 않는다.

왜 자신에게만 관대한가

한 식당에서 있었던 일이다. 아이 하나와 부부가 식당에 와서 식사를 했다. 어느 정도 시간이 흐르자 아이가 식당 안을 뛰어다녔다. 식당에 있던 다른 사람들은 아이가 뛰어다니는 것이 불편해서 아이를 짜증이 섞인 얼굴로 쳐다보기 시작했다. 아이가 뛰어다니지 않도록 부모가 말려 주길 바라면서 쳐다보며 수군거렸다. 얼마 지나지 않아 아이의 부모가 아이를 쳐다보는 다른 사람들의 시선을 알아챘다. 그러자 아이의 엄마가 이렇게 말했다.

"어머 여보, 우리 애가 얼마나 예쁘면 사람들이 다 쳐다보는 것 봐!"

이와 비슷한 경우가 참 많다. 큰 목소리로 전화통화를 해서 다른 사람들이 힐끔거리며 쳐다보면 자신이 대단한 사람이라서 보는 것으로 착각한다. 그야말로 '내가 하면 로맨스, 남이 하면 불륜'인 상황이다.

갑질도 마찬가지이다. 자신이 요구하면 자신의 권리를 정당하게 요구하는 것이고 남이 하면 갑질이다. 사회적으로 갑질에 대해서 비판이 연일 쏟아지고 있다. 아이러니하게도 갑질에 대하여 강하게 비난하는 사람일수록 자신에게는 더욱 관대할 확률이 높다. 갑질하는 사람을 비난하는 것으로 자신은 도덕성을 획득한다. 실제로 상대방에게 공정하게 '대우'하고 '행동'하는 것과 별개로 말로만 비난함으로써 스스로 자기가 도덕성이 높은 사람이라고 착각하는 과정을 통해 '도덕성을 획득'한다. 다른 사람에게 세상의 불공정함이나 타인의 부도덕함에 대한 '생각'을 말함으로써 자신의 도덕성을 어필하고 상대방도 자신의 말에 동조해 주는 것으로 '말로만 하는 자신의 도덕성'이 진짜 자기의 도덕적이라고 착각하는 것이다.

역설적이지만 스스로 다른 사람들에 비해서 모범이 될 만하다고 생각하는 사람이 모범적이지 않은 행동을 한다. 기업체에서 윤리를 강의하는 강사가 있다. 그 강사는 길에 불법 주정차 차량 30대가 줄지어 늘어서 있는 것을 보고 사회 정의 구현을 위하여 못으로 차량을 긁었다는 이야기를 자랑스럽게 했다. 또 법원에서 각하 결정이 난 사건임에도 불구하고 정의 구현을 위하여 상대방을 퇴출해야 한다며 상대방의 고객사에 일일이 음해성 전화를 하면서도 자신은 사회 정의를 구현하는 사람이라고 하며 도덕성을 자랑한다.

범죄자를 단죄하는 살인자 이야기인 「덱스터」라는 미국 드라마가 있다. 범죄자를 경찰 대신 덱스터라는 사람이 살인을 하는 내용이다. 아무리 범죄자라고 하더라도 법의 테두리에서 벗어난 처단은 도덕적인 행동이 아니라 범죄이다. 왜 이런 일들이 일어나는 것일까. 스스로 도덕적이라고 착각하는 사람들이 왜 다른 사람에게 비윤리적인 행동을 하고, 갑질을 비난하는 사람이 왜 타인에게 갑질을 하는 것일까.

한 연구에서 실험에 참가한 사람에게 자신의 도덕성이 우월하다는 생각을 하도록 유도했다. 그러자 타인의 법규 위반과 같은 위반 행동에 강하게 비난하거나 앙심을 품었다. 스스로 도덕적으로 높다고 생각하는 '도덕성을 획득'한 사람일수록 타인의 행동에 더 강력한 도덕적 잣대를 들이대고 강도 높게 비난하고 앙심을 품었다. 앙심을 품게 되면서 간혹 타인에게 실제로 위해를 가하거나 협박을 하거나 뒤에서 욕하거나 반사회적인 행동까지 실행했다. 왜냐하면 자신은 도덕적인 사람이라고 착각하기 때문에 그런 행동을 해도 사회 정의 실현을 위해서 하는 행동이라고 합리화하며 비도덕적인 행동을 정당하다고 생각하기 때문이다.

노스웨스턴 대학교에서 도덕적인 사람이 얼마나 도덕적인 행동을 하는가에 대한 실험을 했다. 실험 참가자에게 자신의 과거에 대한 수필을 쓰게 했다. 그리고 A그룹, B그룹, C그룹에게 각기 다른 단어를 포함하여 자신의 과거에 대한 글을 쓰게 지시했다. A그룹의 지시 단어는 '공정·관대·친절'이었고, B그룹은 '탐욕·나쁜·불신'이었고, C그룹은 '열쇠·책·집'이었다. A그룹 단어는 도덕적인 단어, B그룹은 도덕적이지 않은 단어, C그룹은 중립적인 단어였다.

자신의 과거에 대한 수필을 모두 작성한 이후에 자선 단체에 기부를 하도록 했다. 아이러니하게도 도덕적인 단어를 넣어서 글을 쓴 A그룹이 가장 적게 기부를 했다. 자신을 도덕적으로 부정적인 묘사를 한 그룹인 B그룹의 기부 금액이 A그룹에 비해 5배나 많았다. 과거에 자신의 삶이 도덕적이라고 생각하면서 글을 쓴 A그룹은 자신이 과거에 선행을 많이 했기 때문에 현재 적극적으로 타인을 돕지 않아도 된다고 착각을 한 것이다. 즉 자신이 도덕적인 사람이라고 생각한 사람일수록 기부하지 않았다.

같은 행동도 자신이 소속되어 있는가 아닌가에 따라서 판단이 달라진다. 자신이 속한 단체의 행동에 대해서는 관대하지만 자신과 관계없는 단체라면 더 강하게 비판한다. 특히 권력이 있거나 사회적으로 힘이 있을 때 자신에 대해 관대하고 타인에 대해 혹독한 비판을 하는 경향이 두드러진다. 이것을 본능적 도덕성이라고 한다.

본능적 도덕성이란 자기 자신에 대해서 특별하게 생각하고, 자신과 가까운 사람을 특별하게 대우하는 것을 말한다. 또한 자신이 속한 사회나 집단을 더욱 특별하게 여긴다. 이성적 도덕성은 모든 사람에게 공정하게 대우하는 것을 말한다. 본능적 도덕성이 강할수록 콜버그 도덕성 이론의 1단계에 해당하고, 이성적 도덕성이 강할수록 콜버그 도덕성 이론의 6단계에 가까워진다. 그래서 인류의 평화와 비폭력 시위를 주도한 마하트마 간디와 같이 인류와 약자의 인권보호를 위하여 자신을 희생할 수 있는 것이다.

인간의 기억은 언제나 조작이 가능하다. 과거에 실제로 어떤 행동을 하고 살았는가에 대해 객관적인 기억을 하는 사람은 없다. 자신이 학창시절에 일진이었어도 스스로 나쁜 짓을 하고 다녔다고 말하고 참회하는 사람은 드물다. 기억을 왜곡하는 것이다. 기억의 왜곡은 현재의

콜버그의 도덕성 단계

도덕성 단계	개인의 도덕적 기준
1단계	처벌을 피하기 위해 명령에 복종함 직장 상사의 지시에 따르는 이유는 인사상의 불이익 때문임
2단계	자신에게 이익이 있을 때 규칙을 따름(평등한 교환, 거래, 협약) 직장 상사의 지시를 따르는 이유는 회사에서 급여를 받기 때문임
3단계	(가족 · 회사 · 지역사회 · 국가의) 역할 기대에 맞는 행동 기준 직장 상사의 지시를 따르는 이유는 직장 상사의 기대에 맞게 직장 상사와 좋은 관계를 유지하기 위해서 존중하는 것임
4단계	법과 집단의 의무를 위해서 행동함 직장 상사의 지시를 따르는 이유는 회사의 사칙과 인사제규를 따라야 하기 때문임
5단계	사회 질서를 유지해야 하지만 더 나은 사회를 위해서 생명과 자유 같은 중요한 가치를 지키기 위해서 변화해야 한다면 행동할 수 있음(도덕적 융통성) 직장 상사의 지시를 따르는 이유는 사회 질서 유지를 위해서이지만, 업무 중 생명이 위독한 사람을 발견한다면 돕기 위해서 상사의 지시를 따르지 않을 수 있음
6단계	자발적으로 스스로 보편적인 윤리적 원칙(인권, 정의, 평등, 인간의 존엄성, 생명 보호)을 따르기 위해서 행동함 직장 상사의 지시를 따라야 하지만 인권침해가 있거나 인간의 존엄성이 침해당했을 때, 존엄성을 회복하기 위하여 상사에게 존엄성 존중을 요구하는 행동을 할 수 있음

나를 정당화하기 위해서 과거를 재구성하는 것을 말한다. 자신을 정당화하기 위하여 기억을 왜곡하여 합리화시키거나 과거의 경험으로 인한 고통을 잊기 위하여 기억을 왜곡시킨다.

인간의 뇌는 사실을 기억하는 저장도구가 아니다. 자신이 기억하고 싶은 것을 기억하는 특성이 있다. 과거의 기억에 감정이 개입되는 경우에는 더욱 강하게 기억하고, 감정이 없는 기억은 삭제, 편집된다. 감정이 개입된 과거 경험은 오래도록 기억되는 장기기억으로 남기 쉬울 뿐만 아니라 기억을 떠올릴 때마다 다르게 기억이 편집, 재생된다.

실험에서는 자신의 과거에 대한 에세이를 쓸 때 도덕적인가 비도덕적인가에 대한 단어를 넣어서 썼을 뿐인데 자신이 도덕적인 사람이라고 왜곡된 기억을 스스로 만들어 냈다. 다른 실험에서는 유기농 식품을 구매한 사람이 스스로 도덕적이라고 생각한다는 결과가 나왔다. 그들을 대상으로 시험을 진행하고 시험 결과에 대하여 자가 채점을 하게 했다. 유기농 상품을 구매한 이후 도덕성을 획득한 사람들일수록 채점표를 조작하여 사례금을 부풀리는 경우가 더 많았다. 고해성사를 하러 가는 사람들일수록 더 많은 기부를 하고, 고해성사를 하고 나온 사람일수록 적은 금액을 기부한다.

스스로 도덕적이지 않다고 생각하는 사람들은 기부나 정직한 행동을 통해서 자신의 도덕성을 더 획득하기 위해서 노력하는 것이다. 갑질에 대해서 누구보다 침을 튀기면서 비난하고 욕하고 사회에 대하여 거부감을 보인 사람이 더 신랄하게 악플을 달 가능성이 높다. 다른 사람의 갑질을 비난함으로써 자신의 도덕성을 획득했다고 생각하기 때문에 타인의 행동에 악플을 다는 비도덕적인 행동을 하면서도 자신의 행동이 정당하다고 합리화한다. 자신의 도덕성을 과대평가하는 사람일수록 악플을 달거나 다른 사람을 뒷담화하고 비난하고 조언하는 나쁜 방식으로 자신과 다른 사람을 차별화한다. 다른 사람을 비난하고 비판하는 것과 같이 분노하고 화를 내면서 자신의 도덕성을 획득하는 것이다.

인간의 모든 감정은 동기와 관련이 있다. 분노는 다른 사람에게서 자신을 지키기 위해 위험을 몰아내려는 욕구와 관련이 있으므로 위험한 상황을 만드는 사람에게 공격을 하는 공격성을 갖고 있다. 많은 연구를 보면, 공격적인 행동을 통해서 자신의 분노를 표출하기도 하는데 악플이나 비난 혹은 갑질과 조언질 같은 행동은 분노를 분출하는 도구적인 공격이다. 자신이 하는 조언이나 갑질, 악플과 같은 행동을 정당화하고 합리화하기 위하여 오히려 공격적인 행동을 하는 것이다.

인간은 자신이 추구하는 '이상적인 자기'는 도덕적이고 타인에게 공정하며 괜찮은 사람이라는 이미지를 보여 주고 싶어 한다. 그리고 도덕성을 획득하기 위하여 이율배반적으로 다른 사람에게 악플을 달고 갑질을 하고 조언질을 한다. 그래서 다른 사람의 잘못된 행동이나 타인의 갑질에 대해 비난함으로써 자신의 도덕성을 획득한 사람일수록 다른 사람에게 더 공격적이고 더 갑질을 할 수 있는 것이다.

다른 사람의 잘못된 행동을 강하게 비판하는가. 자신이 도덕적이라고 말하고 다니는가. 사회적인 도덕과 윤리에 대한 사명감을 갖고 있는가. 그로 인해 분노를 느껴서 사회를 바꾸기 위해서 실행에 옮기고 있다면 그 실행 방식을 관찰해 보아야 한다. 갑질하는 사람들이 부당하다고 생각하면 자신은 갑질을 하지 않기 위해 부단히 자기 수련을 해야 한다.

불법 주정차가 잘못되었다고 생각하면 자신이 불법 주정차를 하지 않아야 한다. 도덕이나 윤리도 결국 사람이 사는 사회에 적응하기 위한 것이기 때문에 사회적으로 용인되는 수준에서 행동하고 자신이 먼저 스스로를 돌아보는 것이 가장 중요하다. '내가 하면 로맨스, 남이 하면 불륜'도 결국 상황을 자신에게 유리하게 해석하는 인지적인 왜곡이기 때문이다.

왜 자신이 남들보다 우월하다고 착각하는가

1961년에 예루살렘에서 전범인 아돌프 아이히만의 재판이 있었다. 아이히만은 독일 친위대 고위 장교로 천만 명의 무고한 유대인을 죽음으로 이르게 한 기계를 고안해 내고 유지했다. 달리는 기차 안에서 유대인을 손쉽게 죽일 수 있도록 가스실이 설치된 죽음의 기차를 만들고, 수용소에서 유대인들을 효율적으로 죽일 수 있는 장치들을 고안해 냈다. 제2차 세계대전이 끝난 뒤 유대인 대학살의 전범으로 지목되었고 아르헨티나로 도피를 해서 15년간 이름을 바꾸고 살았다. 결국 유대인 학살죄로 이스라엘에서 심판을 받고 교수형에 처해졌다.

재판을 받는 동안 아이히만은 살인죄를 저지른 적이 없다고 하면서 자신은 유대인을 죽인 적이 없을 뿐만 아니라 죽이라고 시킨 적도 없었고, 자신의 손에 피 한 방울 묻힌 적이 없었다며 자신의 죄를 부정했다. 그저 국가의 명령을 충실히 이행한 관료였을 뿐이라고 주장했다. 판사가 물었다.

"임무와 양심 사이에서 갈등한 적이 있었는가?"

아이히만은 대답했다.

"월급을 받으면서도 지시에 따르지 않았다면 양심의 가책을 느꼈을 것입니다. 명령에 따르지 않으면 국가가 분열되고 서로 제각기 흩어지기 때문입니다. 공직자의 용기란 조직된 위계질서입니다."

모레스비는 말했다.

"괴물들은 분명 존재한다. 그러나 실질적인 위협이 되기에는 괴물의 수가 너무 적다. 가장 위험한 것은 바로 보통 사람들이다."

사회에 위협을 주는 절대적으로 나쁜 놈이라고 말할 수 있는 사람은 분명 존재한다. 하지만 자신이 선하다고 생각하는 다수의 보통 사람이 사회를 만들어 나가기 때문에 다수의 보통 사람이 자신의 행동에 대하여 옳고 그름의 판단을 제대로 하지 못하고 그른 행동을 하는 것이 나쁜 놈이나 괴물로 불리는 사람들보다 더 위험하다. 역사학자이자 철학자인 한나 아렌트는 이를 '악의 평범성'이라고 하였다. 그녀는 말했다.

"다른 사람의 처지를 생각할 줄 모르는 생각의 무능은 말하기의 무능을 낳고, 행동의 무능을 낳는다."

한나 아렌트의 말과 같이 평범한 사람들도 다른 사람의 처지를 생각하지 못하면 또 다른 악을 낳는다. 악이 평범해지는 것이다. 자신이 하는 말과 행동의 결과에 대해서 생각하지 못하면 누구나 악을 행할 수 있다.

우리는 특별한 사람이 죄를 저지를 것이라는 편견을 갖고 있다. 범죄자들은 얼굴에 흉터 하나쯤은 있을 것 같고 눈빛도 무서울 것이라고 착각하면서 살아간다. 하지만 연쇄살인범들은 하나같이 평범한 이웃이었다. 그들에 대한 평가는 평범하고 조용한 이웃집 사람이었다.

한 사람이 조직이나 단체와 같이 집단 속에 들어가면 '자의식'이 약해지고 평소에 강하게 갖고 있던 개인적 신념에 맞지 않는 행동을 하기 쉽다. 그 이유는 개인의 정체성이 약화되고 집단에 속한 사람이 많을수록 익명이 되기 때문이다. 그래서 집단에 속한 사람이 많을수록 평소에 중요하게 생각했던 신념에 반하는 행동을 할 가능성이 높아지고 폭력 성향까지 띨 수도 있게 된다.

히로시마에 원자 폭탄을 투하한 비행기의 조종사 폴 티베츠(Poul Tibbets)도 아주 평범한 사람이었다. 1968년 3월 베트남에서 일반인과 노인, 어린이와 여자로 구성된 마을 주민 500명을 학살하도록 주도한 윌리엄 켈리(William Calley)도 역시 평범한 사람이었다. 프랑스의 사형 집행인인 아나톨 데블레(Anatole Deibler)는 사형 집행을 400회 이상 실행했는데, 매일 애견을 산책시키고 장을 보러 가는 근면한 공무원이자 성실하고 다정다감한 가장이라는 평가를 받았다.

하버드 대학교에서 24개 문화권의 전쟁을 분석했다. 그러자 변장을 하거나 몸에 색칠을 하는 방식으로 자신의 정체성을 가리고 전쟁을 한 집단일수록 포로에 대한 학살이나 가혹행위가 심했다. 변장을 하고 폭력을 저지른 사람일수록 더 심각하게 폭력적이었고 더 많은 사람을 다치게 했을 뿐만 아니라 피해자들을 더 괴롭혔다. 집단 속에 있을수록, 자신이 속한 집단에 소속된 사람이 많을수록, 한 개인으로서 드러나지 않을수록 '자의식'이 약해졌다.

정신적인 문제가 있거나 폭력적인 사람, 비윤리적인 사람, 증오심이 넘치는 사람만 다른 사람을 괴롭힐 수 있다는 편견을 갖고 있는데, '악의 평범성'은 누구나 악한 사람이 될 수 있다는 사실을 알려준다. 자의식이 약한 사람일수록 이렇게 자신이 하는 일에 정당성을 부여하고 스스로 합리화하면서 아무렇지 않게 행동할 수 있게 된다. 자의식이 약해진다는 의미는 자신이 갖고 있는 생각과 감정, 행동을 인식하지 못한다는 것을 말한다. 반내로 자의식이 강해진다는 것은 자신의 생각과 감정, 행동을 인식하고 자신의 생각과 신념에 맞는 마음을 갖고 행동을 하기 위해서 노력한다는 뜻이다. 그래서 자의식은 인간의 삶 전체에 영향을 미친다.

사람들은 자신이 옳다고 생각하는 신념과 도덕적인 기준을 갖고 있으면 스스로 도덕적이라고 착각하면서 살아간다. 스스로 이상적으로 생각하는 '이상적 자기'를 자신이라고 생각하면서 살아가는 것이 편하기 때문이다. '이상적 자기'로 정체감을 갖고 살아가기 위해서는 끊임없이 이상적인 자기가 되기 위해서 행동해야 하는데, 행동하는 매 순간 스스로 괜찮은 인간이 되기 위해서 자각하고 노력하지 않으면 결국 스스로 괜찮은 인간이라고 '착각'만 한다. '내가 왕년에'를 외치는 사람일수록 지금 별 볼 일이 없는 것처럼 '조언질'을 하는 사람일수록 도덕적이고 괜찮은 사람이 아니라 도덕적이고 괜찮은 사람이 되고 싶은 별 볼 일 없는 인간인 것이다.

액상프로방스 대학에서 여성들을 대상으로 실험을 한 뒤에, 실험 결과 여성들이 다른 사람들에게 잘 휘둘리는 면이 있다고 전달했다. 그 여성들을 대상으로 다른 실험을 진행하자 이들은 스스로 감수성이 뛰어난 사람이라고 평가했다. 인간은 자신이 남들에 비해서 부족한 면이 있으면 스스로 재정비하고 새로운 기준을 설정하여 남보다 더 나은 인간이라고 착각할 수 있게 만든다.

인간이 자신보다 떨어지는 사람에 관심을 보이는 이유는 그 행동으로 희열을 느끼기 때문이다. 한 연구에서 실험 참가자에게 가상의 인물에 대한 성공담이나 실패담을 담은 시나리오를 읽게 했다. 실험 참가자들은 시나리오에서 가상의 인물이 불행해지는 대목을 읽을 때 뇌에서 쾌감을 느끼는 선조체가 활성화되었다. 즉 남이 불행할 때 자신은 행복감을 느끼는 것이다. 우리는 무의식적으로 남들보다 뛰어난 점을 찾아낸다. 같은 맥락에서 우리는 업적을 남기거나 일에서 성공을 경험하면 타인에게 무언가 도움을 주어서 상대방의 시기나 질투심을 달래는 것이 바람직하다고 생각한다.

자신이 부족한 면이 있으면 기준을 다시 세워서 스스로 괜찮은 인간이라고 만들어 내고, 자신보다 떨어지는 사람을 보면서 행복감을 느끼며 스스로 평균 이상일 것이라고 과대평가를 한다. 자신을 과대평가할수록 하던 일이 실패하면 남 탓을 하거나 환경 탓을 한다. 학교 교사들을 대상으로 학생들의 성적에 대하여 어떻게 해석하는지에 대한 조사를 했다. 그러자 교사들은 제자들의 성적이 나빠지면 학생들의 가정환경에서 그 이유를 찾았다. 제자들의 성적이 좋아지면 교사의 뛰어난 능력 때문이라고 대답했다. 미국의 상인을 대상으로 조사한 결과에 따르면, 자신은 다른 상인에 비해서 양심적으로 장사한다고 생각했다. 수많은 연구에서 사람들은 자신이 남들보다 더 나은 인간이라고 생각했다.

자신을 평균 이상이라고 착각할 수 있는 이유는 자신에 대하여 정확하게 볼 수 없기 때문이다. '이상적 자기'를 만들어 내고 끊임없이 자신의 약점이자 열등감을 인식하고 새로운 기준을 만들어서 열등감을 극복해 나간다. 모든 인간은 자신의 약점이나 열등감을 더 크게 인식하고 강하게 받아들인다. 그래서 자신이 상대방보다 우월하다고 느끼고 싶어 하는데, 상대방에게서 자신의 약점이나 열등감인 부분을 발견하면 더 크게 비난하고 상대방에게 굴욕감을 주려고 한다. 프로이트가 주장한 심리적 방어기제 중에서 투사(projection)가 바로 그것이다.

자신의 열등감을 타인에게서 발견했을 때 타인을 비난하거나 화를 내게 된다. 그래서 자아존중감이 낮은 사람일수록 자신의 약점에 대한 열등감이 많다. 자신의 약점이나 열등감을 다른 사람에게서 발견하는 순간 그 사람을 제물의 희생양처럼 헐뜯고 괴롭히는 방식으로 자신의 약점을 우월감으로 바꾼다. 자의식이 약한 사람들일수록 자신의 약점과 열등감을 자각하지 못한다.

자신이라는 인간 자체를 자각하는 것을 자의식이라고 말한다. 자신의 생각과 감정·행동을 얼마나 정확하게 자각하고 있는가, 인식하고 있는가가 자의식의 가장 중요한 핵심이다. 필기시험 응시자들의 자의식을 자극하면 부정행위를 저지를 확률이 낮아진다고 한다. 아이들에게 자의식을 일깨워 주면 사소한 물건을 슬쩍하는 행위가 줄어든다.

자의식을 느끼게 되면 자신의 생각과 감정을 행동과 일치시켜서 일관성을 유지하려고 노력한다는 의미이다. 그래서 자의식이 높은 사람이 도덕적이다.

자의식이 강한 사람일수록 자아존중감이 높은 편이다. 낮은 자아존중감을 회복하는 방법으로 자신의 지위를 보장받으려고 한다. 그래서 자신보다 서열이 낮다고 판단되는 사람에게 강한 행동을 하여 상대방의 복종을 강요하거나, 자신은 대우를 받아도 된다고 합리화한다. 자신이 스스로를 바라보는 기준이 높은 데 반해서 상대방이 그만한 대우를 해 주지 않는다고 생각하게 되면 화가 나면서 그에 맞는 대우를 요구한다. 자신도 모르는 사이에 갑질을 하게 되는 것이다.

자아존중감을 높이려면 타인에게서 억지로 얻기보다는 스스로 만들어 나가는 방법이 효과적이다. 자의식을 높이고 자신의 생각과 감정, 행동을 수용하는 것이다. 자신의 생각과 감정을 자각할 수 있어야 감정이 원하는 행동을 할 수 있게 된다. 생각과 감정·행동을 일치시키기 위하여 인식하는 과정에서 자의식이 높아지고, 그것을 존중함으로써 자아존중감이 높아진다. 그래서 많은 연구 결과, 자아존중감이 높은 사람일수록 도덕성이 높고 공감 능력이 높다.

공감 능력은 다른 사람의 입장을 생각할 수 있는 능력이다. 이는 타인의 아픔과 입장을 충분히 이해하고 헤아릴 수 있는 능력으로, 자신이 화를 내고 존중받기 위해서 하는 행동들이 눈앞에 있는 타인에게 어떻게 아픔이 되는지를 이해하는 능력이다. 그래서 공감 능력의 핵심은 바로 자의식이다.

다른 사람에게 자신이 어떤 일을 하고, 어떤 직급의 사람이고, 얼마나 대단한 사람인지 자신의 입으로 알려야만 상대방의 대접을 받을 수 있다면 얼마나 슬픈 일인가. 존재 자체만으로 다른 사람이 존경심을 갖고 존중하는 성숙하고 괜찮은 인격을 갖춘 사람은 상대방에게 요구하지 않아도 사람들에게 존중받을 수 있다.

CHAPTER 4

나의 감정을 인정하고 분노의 고리를 끊어라

왜 직장을 그만두는 것이 꿈이 되었을까

대학생의 꿈은 직장인이지만, 직장인의 꿈은 직장을 그만두는 것이다. 우리의 꿈은 무엇이었을까. 진정으로 직장인이 되기를 원했을까. 사회가 정해 놓은 사회적인 기준을 따라가느라 힘들지는 않는가. 어쩌면 처음부터 단추가 잘못 끼워진 것은 아닐까.

"사실, 내가 하고 싶은 일은 이게 아니었어!"

우리는 언제부터 어디서부터 잘못되었는지도 모른 채 살아가고 있다. 그러면서 직장을 그만둘 수 있다면 좋겠다고 생각한다. 상사가 문제고 직장이 문제라고 말하면서 이직을 생각하고 퇴사를 생각한다. 과연 직장이 문제일까, 내가 문제일까.

왜 직장을 그만두는 것이 꿈이 되어버린 것일까. 이유는 간단하다. 자신이 원하는 것, 좋아하는 것을 모르기 때문이다. 자신이 원하는 것과 좋아하는 것을 모르면 행동으로 옮길 수 없다. 인간은 자신의 생각과 감정을 자각하면 행동을 컨트롤할 수 있다.

자신의 생각과 감정을 온전히 자각하는 것은 매우 중요하다. 자신의 생각을 자각하면 자신이 원하는 꿈이 무엇인지 알게 되고, 자신의 감정을 자각하면 자신이 그 꿈을 진정으로 원하는지 알게 되기 때문이다. 자신이 원하는 것을 자각하고 그것을 생각할 때 가슴이 뛰면 그것을 얻기 위해 행동하기 때문이다.

대학생들은 자신의 미래에 대해 치열하게 고민한다. 그런데 자기가 원하는 삶의 기준을 모르면 첫 단추를 잘못 끼우는 오류를 범하게 된다. 미래를 고민할 때 가장 중요한 것이 무엇일까. 그건 바로 자신이 하고 싶은 일이 무엇인가, 잘하는 것이 무엇인가, 좋아하는 것이 무엇인가를 찾는 것이다. 좋아하는 일은 자주 하게 되고 자주 하면 잘하게 된다.

미래를 선택할 때 많은 사람이 자기가 원하는 것이 무엇인지, 좋아하는 것이 무엇인지를 고려한다. 하지만 그것보다 더 중요하게 생각하는 것이 바로 연봉이나 복리후생, 혹은 직장의 안정성과 주변 사람들의 의견, 사회적 지위 등이다. 이렇게 되면 가장 중요한 자기 자신은 빠지고 직업의 조건만으로 비교, 선택하게 된다.

대학에 들어갈 때 성적에 맞춰서 들어가듯이 직장에 들어갈 때도 자신의 스펙에 맞는 직장을 선택한다. 배우자를 선택할 때도 자신과 비슷한 조건을 가진 사람을 만나려고 한다. 사회 분위기가 좋은 대학 나와야 한다고 하고, 좋은 직장에 들어가야 한다고 하기 때문이다. 수없이 많은 조건을 따져서 고르고 골랐는데, 행복해야 하는 자신의 삶이 불만에 가득 차게 되는 것은 왜일까?

인간이 먹고 마시고 잠을 자고 움직이는 데에는 이유가 있다. 이것을 동기(motive)라고 한다. 모든 인간에게는 자신만의 동기가 있고, 그 동기로 인하여 삶을 살아가고 꾸려 가는 동력을 얻는다. 그래서 꿈과 목표는 각기 사람에 따라서 다르게 설정될 수밖에 없다. 자신의 삶의 목표가 다른 사람과 다른 것은 지극히 정상이다.

어느 순간부터 모든 사람의 꿈이 하나로 통일되고 있다. 돈을 버는 것, 돈을 벌어서 부자가 되는 것, 성공해서 돈을 많이 버는 것 등으로 '돈'과 관련된 꿈만 꾼다. 자신의 꿈과 목표를 스스로 물어보고 확인해 볼 시간도 없이 사회가 정해 놓은 성공의 기준을 따라간다. 내 인생인데 타인의 기준에 맞춰 살아가려면 얼마나 힘들까. 세상의 잣대에 따라서 세상이 정해 놓은 삶을 사는 것이 옳다고 믿고 그 삶을 살지 않으면 안 된다고 혼자 믿어 버린 결과이다.

몇 년 동안 '한국인이 가장 좋아하는 프로그램' 1위에 오른 「무한도전」에서 의미 있는 상황극이 펼쳐졌다. 「무한도전」 구성원이 자신의 인생 그래프를 그린 것이다. 그쯤이면 성공한 연예인으로 불릴 만하지만 각 구성원의 인생 그래프를 살펴보면 상승 곡선만 있었던 것은 아니었다. 인생에서 큰 위기도 있었고 작은 위기도 있었다. 각 구성원의 인생 그래프에서 그냥 승승장구하기만 하고 꾸준한 상승 곡선을 가진 구성원은 단 한 명도 없었다. 한 번의 상승 곡선이 있으면 바닥을 치는 하강 곡선이 있고, 조금 더 높은 상승을 했다면 더 낮은 하강을 했다.

살다 보면 자신이 좋아하는 일을 선택하더라도 그 일을 포기하고 싶을 만큼 힘든 일을 겪게 된다. 그저 스펙이나 조건으로 선택을 하면 약간의 좌절이나 실패만으로도 불만을 갖게 되고 환경을 극복하려고 하기보다 불평을 하게 된다. 점식식사 메뉴 선택권이 없는 것에 대해서 불평불만을 토로하면서도 먼저 점심식사 메뉴를 제시하지 않는 그냥 평범한 사람이 되는 것이다.

진짜 메뉴 선택권이 없는 것일까, 메뉴 선택권이 없다고 믿는 것일까. 진짜 하고 싶은 일이 없어서일까, 스펙에 맞춰서 직장을 선택해야 하는 것일까. 환경의 문제일까, 자신의 문제일까. 자신의 삶을 스스로 선택하는 것은 권리이자 책임이다.

세상의 그 어떤 것도 자신이 선택하지 않은 것이 없다. 자신의 생각과 감정, 행동을 돌아볼 수 있는 시간을 갖는 것도 자신이 선택할 수 있는 일이다. 사회 시스템과 기준 안에서 선택한 것도 자신이 선택한 것이고, 부모가 선택한 삶을 따르는 것도 선택한 것이다. 아무런 선택을 하지 않고 그냥 있는 것 또한 '선택하지 않은 선택'을 한 것이다. 그런데 본인이 선택해 놓고 어쩔 수 없었다고 말하는 사람들로 넘쳐난다. 자신의 생각과 감정, 행동을 자각하지 못하는데 과연 자신의 감정을 관리할 수 있을까. 자신의 삶을 관리할 수 있을까.

모든 사건의 중심에는 내가 있다

오늘은 무엇이 당신을 열 받게 했나요?

상황 1

오늘도 오지랖 넓은 부장 때문에 짜증이 났다. 내가 과장으로 승진한 지가 언젠데 아직까지 내가 하는 일을 놓고 감 놔라 배 놔라 하는지…, 아직도 대리인 줄 아는 것 같다. 그래서 그만 신경 쓰시라는 의미에서 "도와주시는 것은 감사한데, 제가 한 번 해 보겠습니다."라고 말했다. 그러자 그 말은 들은 체하지 않고 자신이 도와주면 더 잘할 수 있지 않겠느냐고 말했다. 그래서 조용히 일을 처리하려고 하면 어느새가 뒤에 와서 내 컴퓨터 화면을 뚫어져라 쳐다보는 것이 아닌가.

일을 못한다는 말을 들어본 적도 없고 오히려 승진이 빠른 편에 속하는데, 이 부서로 발령받고 나서 이런 대우는 처음 겪어서인지 몰라도 부장 얼굴만 봐도 짜증만 난다. 오랜만에 입사 동기와 통화하면서 부장의 간섭 때문에 힘들다고 푸념 아닌 푸념을 늘어놨다. 나보다 승진이 느린 동기이기 때문에 불만을 터트리면 좋은 소리 못 들을 것 같고, 아무리 입사 동기라고 하더라도 동기가 해 줄 수 있는 것은 없기 때문에 간섭하는 부장이 자신과 맞지 않는다고 푸념을 늘어놓은 것뿐이었다. 그런데 그날 오후에 부장이 호출을 했다.

"그렇게 불만이 있으면 나한테 와서 얘기를 해야지. 내 앞에서는 감사하다고 말해 놓고 뒤에서 그렇게 말하고 다니면 곤란하지 않겠나?"

갑자기 등줄기가 서늘해지더니 식은땀이 나기 시작했다. 내 인사권을 쥐고 있는 부장인데 눈 밖에 나면 앞으로 어떻게 될지 상상만 해도 끔찍하다.

상황 2

남자친구와 결혼을 앞두고 심각한 상황을 알게 되었다. 결혼을 결정하고 양가 부모님께 말씀드린 날 남자친구의 부모님이 이제부터 생활비를 보내라고 한 것이다. 남자친구의 집안에 대해서 들어본 적이 없어서 예상하지 못한 말에 당황했다. 그래서 남자친구가 결혼자금을 얼마나 준비해 놨는지, 결혼을 하면 어디에서 살아야 하는지, 생활비를 드려야만 하는 상황인지를 점검하기 시작했다. 그런데 알아볼수록 문제가 심각했다. 부모님은 노후준비가 전혀 되어 있지 않고, 돈을 벌 수 있는 능력이 없어서 아들이 부양해야 하는 상황이었다. 그런데 그것은 시작일 뿐이었다. 부모 부양이나 저축 등 돈과 관련된 대화를 하면 남자친구는 화만 낼 뿐 대화가 도무지 진전이 되지 않았다.

상황 1은 성향이 각기 다른 사람들 사이에 흔히 발생할 수 있는 갈등 상황이다. 과장은 일 중심적이고 독립적인 성향이고, 반대로 부장은 과장의 업무 적응을 위해서 도와주고 싶어 하는 관계 중심적인 성향이다. 그래서 과장의 입장에서는 성향이 다른 부장의 관심과 배려가 오히려 불편하고 짜증나고, 부장의 입장에서는 신경써 주고 배려해 줬는데 배은망덕하게 느껴지는 것이다.

이와 같이 단순히 성향이 다르기 때문에 함께 있는 것만으로 갈등이 생기는 경우가 있다. 성향에 따라 다른 사람들은 중요하게 생각하지 않지만 자기 자신만은 중요하게 여기는 부분이 있는 것이다. 일 중심적인 사람에게는 일에 대한 도움과 지적을 하면 상당히 불쾌해한다. 관계 중심적인 사람의 경우에는 관심과 도움을 중요한 관계 구축 능력이라고 생각하기 때문에 거절하면 불쾌하게 생각한다.

상황 2는 서로 자라 온 환경과 경제 수준이 달라서 돈이나 경제 활동, 가족과의 관계나 가족 간의 친밀감이 다른 경우이다. 금전적으로 기대는 가정과 금전적으로 독립적인 가정 환경의 차이로 인해서 대화가 되지 않는 것이다. 그래서 돈과 관련된 대화를 하면 할수록 서로 갈등만 커지는 것이다. 경제적으로나 정서적으로 서로 독립된 가정 환경에서 자란 사람의 입장에서는 가족 간의 금전 관계가 명확하지 않거나 당연하게 생활비를 요구하는 것을 이해하기 어렵다. 반대로 서로 돕고 살아야 한다고 생각하는 가정 환경에서 자란 사람이라면 상대방이 가족 간의 금전 관계에 대해서 난색을 표한다면 갈등이 생길 수밖에 없다.

우리가 경험하는 분노는 자신이 본래 갖고 있는 성향과 관계 사이에서 생기는 경우도 있고, 과거 사건으로 인한 트라우마나 반복된 나쁜 경험이 부정적으로 학습되어 생기는 경우도 있다. 이 2가지에 대해서 이해할 수 있어야 분노를 깊이 다룰 수 있게 되고 자유롭게 분노를 조절할 수 있다.

대부분의 사람은 화가 나는 이유가 다른 사람들 때문이라고 말한다. 자기가 화를 내는 원인과 책임을 모두 외부에서 찾는다. 자신이 경험하는 것들을 어떻게 해석하느냐에 따라서 화가 나기도 하는데, 자신이 잘못해서 화가 났다고 말하는 사람은 거의 없다. 어떤 상황이라도 합리화를 하거나 남 탓을 한다. 전 세계 사람을 대상으로 분노에 대한 인식을 확인한 결과 화가 난 사건들 중 80%는 다른 사람의 행동 때문에 일어난 것이라고 생각했다. 특히 화가 난 사건들 중 70%는 가족이나 배우자 혹은 회사 동료, 자녀와 같이 아주 가까운 사람들로 인해서 생긴다고 인식했다.

모든 사건의 중심에는 언제나 내가 있다. 사람은 상황을 어떻게 받아들이는가에 따라서 행동이 크게 달라진다. 또한 상황을 받아들이는 방법에 따라서도 감정이 큰 영향을 받는다. 그러므로 자신이 무엇을 좋아하는지 싫어하는지를 파악하고, 삶을 살아가는 동기가 자신으로부터 시작한다는 사실을 인지하고 자신의 마음과 경험을 돌아보는 과정이 반드시 필요하다.

힘든 삶에서 벗어나기 위해 산과 바다를 찾고, 요가나 등산을 하고, 쉬기도 하면서 노력한다. 그런데 본질을 보는 것이 아니라 순간적인 쾌락을 추구하거나 상황을 회피하는 방식으로 분노를 대하는 경우가 많다. 상황이나 환경, 혹은 다른 사람들에게서 답을 찾으려고 하면 정답에서 더욱 멀어지게 된다. 정답은 자기 자신에게 있다.

성향을 이해하면 분노의 원인을 알 수 있다

성격이나 성향 혹은 가치관에서 생기는 분노의 문제는 생각보다 발견하기 쉽다. 하지만 발견하는 것이 중요한 것이 아니라 자신의 성향을 인정하고 수용하는 과정이 필요하다. 그리고 욱하는 이유가 자신의 생각과 감정, 행동 중에서 무엇이 원인인지를 관찰할 수 있는 과정이 있어야 한다.

자신의 역린을 발견하기 위한 진단을 먼저 실시해 보도록 하자. 첫째 문항에 A, B, C 3가지의 글이 있다. 내용을 읽고 자신의 모습이라고 생각하는 글을 하나 고른다.

첫째 문항

A

나는 비교적 독립적이고 자기주장을 잘 한다.

나는 상황에 정면으로 맞설 때 삶이 잘 풀린다고 느낀다. 나는 목표를 설정하고 목표대로 일을 추진해 나가고, 또 그 일이 성공하길 원한다. 나는 가만히 앉아 있는 것을 좋아하지 않는다. 나는 큰일을 성취하고 영향력을 행사하기를 원한다. 나는 정면대결을 원하지는 않지만 사람들이 나를 통제하는 것도 좋아하지 않는다. 대개의 경우 나는 내가 원하는 것을 잘 알고 있다. 나는 일도 열심히 하지만, 노는 것도 열심히 한다.

B

나는 조용하며 혼자 있는 것을 좋아한다.

나는 사회적인 활동에 주의를 쏟지 않으며 대개 강하게 내 주장을 하지 않는다. 나는 앞에 나서거나 다른 사람과 경쟁하는 것을 그리 좋아하지 않는다. 사람들은 나를 몽상가라고 말한다. 내 상상의 세계 안에서는 흥미로운 일이 많이 벌어진다. 나는 적극적이고 활동적이기보다는 조용한 성격이다.

C

나는 아주 책임감이 강하고 헌신적이다.

나는 내 의무를 다하지 못할 때 기분이 아주 나쁘다. 나는 사람들이 도움이 필요할 때 그들을 위해 내가 그 자리에 있다는 것을 알아주면 좋겠다. 나는 그들을 위해 최선을 다할 것이다. 이따금씩 나는 사람들을 위하여 그들이 알아주든지 그렇지 않든지간에 큰 희생을 한다. 나는 내 자신을 제대로 돌보지 않는다. 나는 해야 할 일을 한 다음에 시간이 난다면 휴식을 취하거나 내가 원하는 일을 한다.

첫째 문항에서 한 가지를 선택했다면 다음 둘째 문항 X, Y, Z 중에서 자신의 모습이라고 생각하는 글을 하나 고른다.

둘째 문항

X

나는 대개 긍정적으로 보고 모든 일이 나에게 유리한 쪽으로 풀린다고 느낀다. 나는 나의 열정을 쏟을 수 있는 여러 방법을 찾는다. 나는 사람들과 함께 하고 사람들이 행복해지도록 돕는 것을 좋아한다. 나는 나와 마찬가지로 다른 사람들도 잘 지내기를 바란다. 항상 기분이 좋은 것은 아니지만 적어도 다른 사람들이 볼 때 기분 좋아 보이면 좋겠다. 나는 항상 다른 사람들이 볼 때 긍정적으로 보기를 원하기 때문에 나의 스트레스나 부정적인 문제를 드러내기 싫어한다.

Y

나는 어떤 것에 대해 감정을 강하게 느낀다. 사람들은 내가 모든 것에 대해 불만을 갖고 있다고 생각한다. 나는 사람들 앞에서 내 감정을 억제하므로 실제로는 남들이 보는 것보다 더 민감하다. 나는 사람들과 함께 있을 때 그들이 어떤 사람인지, 무엇을 기대할 수 있는지를 알고 싶다. 어떤 일에 대해 내가 화가 났을 때 사람들이 그것에 대해 반응하고 나만큼 그 일을 해결하려고 노력해 주기를 원한다. 나는 규칙을 알고 있다. 하지만 사람들이 내게 무엇을 하라고 지시하는 것을 좋아하지 않는다. 나는 스스로 결정하기를 원한다.

Z

나는 스스로 잘 통제하고 논리적이다. 나는 감정과 느낌을 다루는 것을 편안해하지 않는다. 나는 효율적이고 완벽하게 일을 처리하며 혼자 일하는 것을 좋아한다. 문제나 개인적인 갈등이 있을 때 나는 그 상황에 감정을 넣지 않으려고 한다. 어떤 사람들은 내가 너무 차갑고 초연하다고 하지만 나는 감정적인 반응 때문에 중요한 일을 그르치고 싶지 않다. 사람들이 나를 화나게 할 때 대부분의 경우 나는 반응을 보이지 않는다.

첫째 문항인 A, B, C에서 선택한 것과 둘째 문항인 X, Y, Z에서 선택한 것을 조합한다. 예를 들어, A와 X를 선택했다면 AX 유형이 된다.

AX 유형

호기심이 많고 즐거운 것을 추구한다. 새로운 아이디어나 새로운 사람 혹은 새로운 경험이 주는 즐거움을 추구하면서 계획을 많이 세운다. 분위기메이커라는 말을 많이 듣고 아는 사람이 많고 금방 친해지기 때문에 인맥의 끝을 알 수가 없다. 하지만 정작 친하고 마음을 나누는 친구는 한두 명 정도에 불과하여 풍요 속의 빈곤으로 항상 외로움을 느낀다. 웃으면서 할 말을 다 하기 때문에 상대방을 자극하는 경우가 가끔 있지만 유쾌한 분위기 덕분에 큰 문제없이 지나간다.

새로움이 재미있는 자극을 주기 때문에 언제나 다른 대안을 선택할 수 있는 자유를 원한다. 기본적으로 관심을 갖는 주제는 바로 '무엇이 흥미로운가?', '내가 지금 압박감을 느끼는가?', '이 스트레스 상황을 피할 수 있을까?'이다.

가장 싫어하는 것은 즐겁지 않고 무거운 분위기와 진지한 상황이고, 자신이 선택할 수 있는 선택지가 없어서 어쩔 수 없이 받아들여야 하는 상황이다. 그래서 이런 상황이 오면 잠수를 타거나 전화기를 꺼 놓는 방법으로 피하고 싶은 생각이 간절하다. 자신이 가장 싫어하는 순간이 역린으로 작용하는 것이다. 이 상황에서 도망치지 않고 역할의 책임을 다하면 건강하게 극복하는 것이지만, 회피를 하면 건강하지 못하다고 판단할 수 있다.

삶에서 선택은 무한하다

삶에서 선택할 수 있는 것이 무한하다고 생각하기 때문에 자신이 모든 선택을 할 수 있기를 바란다. 그래서 자신이 선택할 수 있는 것이 많이 없다는 생각이 들면 갑갑함을 느끼고 불안해한다. 재미있는 일을 하려고 선택했는데 만약 그것을 못하게 되면 대체할 수 있는 다른 대안을 갖기를 원한다.

어려운 상황에서도 언제나 긍정적이다

낙천적이고 활력이 넘치며 열정적이다. 어려움이 닥쳐도 오늘 일이 해결되지 않으면 내일은 해결될 것이라고 생각하며 항상 긍정적으로 행동한다. 부정적인 상황이 되더라도 흥미 있는 일과 사람들, 부정적인 경험을 재구성하는 능력을 사용해서 상황을 낙천적으로 해석한다. 자신이 참석하지 않은 회의의 내용을 한 번 훑어보기만 하고도 자신이 모든 것을 잘 알고 있다고 이야기할 정도로 긍정적이고 낙천적이다.

현재의 고통에서 피하기 위한 긍정

자신에게 어려운 일이나 힘든 부분을 피하기 위해서 좀 더 재미있고 긍정적인 경험을 추구한다. 이것이 다른 관점에서 사건을 바라보면서 재미있는 상황으로 바꿔놓지만, 이 때문에 진지함과 현 상황의 중요성을 감소시키거나 심각성을 인식하지 못할 수도 있다. 다른 사람이 어려움에 처해 있을 때 깊이 공감하고 도움을 주며, 거의 대부분은 잘될 것이라는 생각을 하면서 위로를 한다.

관심이 끊임없이 바뀐다

자신이 처음 했던 생각에서 다른 생각으로 빨리 바뀌고, 계획이나 아이디어 역시 빠르게 옮겨 간다. 생각이 재빠르게 움직이기 때문에 전혀 연관성이 없어 보이는 생각으로 연결 짓는 것에 능하다. 빠른 생각으로 새로운 아이디어를 굉장히 많이 내는 반면, 집중하지 못하고 한 가지 일을 끝까지 마치지 못한다. 다른 사건이나 사고, 사람에게 관심을 빠르게 옮겨 가면서 일이 지연될 수 있다.

AY 유형

도전정신이 강하면서 리더십이 있다는 말을 많이 듣는다. 특히 자신이 속해 있는 모임이나 팀이나 조직의 팀원들을 보호하는 것을 중요하게 생각한다. 또한 상황을 통제하고 큰일을 추진하고 싶어 한다. 자신의 연약한 모습을 감추고 싶어서 행동은 강한 모습을 많이 보여 주므로 주변 사람들은 매우 강하다고 생각한다.

기본적으로 '팀이나 모임이 효과적이고 잘 통제되는가?'에 관심이 많다. 가장 싫은 상황은 자유롭고 자율적으로 성과를 내기로 했는데 결과가 나오지 않는 것이다. 특히 연약하고 보호받아야 한다고 생각하는 사람이 보호받지 못하는 상황이 싫고, 자신의 연약하고 약한 모습을 들키는 것이 싫다. 그래서 자신의 약한 부분을 드러내는 것과 자신이 연약하다는 것을 다른 사람들이 인정하는 그 순간이 역린이다. 자신의 연약한 부분이 드러나는 순간 무력감을 느끼거나 불같이 화가 나서 다른 사람에게 큰소리를 치고 상대방을 몰아세우는 방식으로 표현한다.

상황을 통제하려고 한다

상황이든 사건이든 자신이 이끌고 가야 한다고 은연중에 생각하고,

모든 상황이나 사건을 자신의 통제 하에 놓기를 원한다. 자신에게 직접적으로 영향을 미치는 주변 사람들이나 사건에 영향력을 행사하는 것을 좋아한다.

자신이 있는 조직에서 다른 사람이 힘을 행사하거나 통제하려고 하면 민감하게 반응한다. 힘과 영향력을 효과적으로 사용하는 사람들을 존경하고, 권위를 남용하거나 통제권을 효과적으로 사용하지 않는 사람들에 대해서는 본능적으로 부정적인 반응을 보인다. 상황이나 사건이 혼돈스럽거나 방향을 잃었을 때 빨리 알아차릴 수 있으며 옳은 방향으로 진행할 수 있도록 한다.

정의감이 있어서 약한 사람을 보호하려고 한다

정직한 것을 중요하게 생각하고, 다른 사람들이 스스로의 행동에 책임지기를 기대한다. 특히 권위를 가졌거나 힘을 가진 사람은 공정하고 정당한 통제력을 가져야 한다고 생각한다. 불의를 참지 못하고 약한 사람이라고 생각되는 사람을 보호하려고 한다.

보이지 않는 순수한 면이 있다

세상에는 강한 사람과 약한 사람 두 부류의 사람이 있다고 생각하며 자신은 그중 강한 사람이라고 생각한다. 겉모습은 강하지만 내면에는 약하고 순수한 면이 있다. 다른 사람에게는 자신의 약하고 순수한 면을 보이고 싶어 하지 않으나 신뢰하고 존경하는 사람들에게는 순수하고 섬세한 면을 그대로 보여 주기도 한다.

받은 대로 돌려주는 복수심이 있다

스스로 주장이 강하고 대담한 사람이라고 여긴다. 자신은 정의감이라고 생각하며 약한 사람을 보호하고 정의를 되찾고 잘못된 것을 바로잡고 받은 대로 돌려주려고 하지만, 다른 사람이 볼 때는 복수를 하려는 것으로 보인다. 자신의 대담함이나 힘, 상황을 통제하려는 태도가 다른 사람에게는 위협으로 느껴진다는 것을 이해하지 못한다.

AZ 유형

항상 지금의 자신보다 더 나은 모습을 추구하기 때문에 목표를 설정하고 그것을 이루기 위해 일과 자신의 시간을 관리한다. 다른 사람의 존경과 인정을 중요하게 생각하며, 성취하고 성공하기 위해서 주도적으로 삶을 관리한다. 어제의 나보다 조금 더 나은 오늘의 나를 만드는 것, 오늘보다 더 나은 내일을 만드는 것, 그래서 주변 사람들이 점점 성장하는 자신을 존경하는 것을 중요하게 생각한다.

기본적으로 '다른 사람의 인정과 존경을 얻을 수 있을까?'에 대해서 관심이 많기 때문에 자신이 노력한 결과를 인정받지 못하고 성과를 인정받지 못하는 상황을 가장 싫어한다. 그래서 실패를 두려워하고 다른 사람들이 자신이 노력한 것을 무시하고 아무것도 아닌 것이라고 취급할 때 분노한다. 자신의 성과와 업적을 무시당하는 상황이 역린으로 작용한다. 역린의 상황에서 자신이 한 노력의 결과가 크든 작든 받아들이고, 있는 그대로의 자기 자신을 드러내는 선택을 하면 건강하게 극복할 수 있다. 하지만 반대로 자신의 성과와 업적을 더욱 크게 포장하여 자신의 실제 역량과 성과를 숨기는 것은 건강하지 못하게 된다.

이미지를 관리한다

다른 사람에게 긍정적인 이미지, 자신감 있는 이미지, 성공 이미지를 주려고 노력한다. 그래서 자신이 속한 모임이나 회사에 맞는 이미지를 갖기 위해서 노력한다. 속한 모임이 독서 모임이라면 안경을 쓴다든가, 운동선수 모임이라면 운동복을 입고 나가는 것처럼 이미지를 상황에 맞춰서 동질감을 나타내고, 그 모임에 참석한 사람 중에서 가장 잘하고 가장 뛰어난 모습을 보이고 싶어 한다.

목표를 업그레이드한다

객관적으로 다른 사람들보다 더 많이 성취하기를 원하기 때문에 계속해서 목표를 달성해 나가고, 달성하고 나면 바로 다음 목표를 세워서 또 실행을 한다. 만약 그 사이에 실패를 하거나 장애가 나타나면 다른 목표를 세워서 문제를 해결하고, 그것을 거름 삼아서 다시 목표를 성공시키는 데 활용한다.

목표 중심적이기 때문에 생산적인 일을 많이 만들기도 하지만, 많은 것을 성취하기 위해서 자신의 감정이나 다른 사람의 감정을 느낄 겨를도 없이 일을 진행한다. 특히 업무나 일을 성공시키기 위해서 개인적인 감정이나 상황은 중요하게 생각하지 않는다.

일의 성공은 자존감이다

자신의 일을 성공적으로 하는 것이 자신의 자존심을 높이는 일이라고 생각하기 때문에 일을 하는 것과 일을 성공적으로 끝내는 것을 좋아한다. 그렇기 때문에 자기 자신보다는 자신이 무엇을 성취했는지에 따라 자신의 가치가 매겨진다고 믿고, 항상 거기에 초점을 맞춘다.

실패를 교훈 삼는다

성공을 추구하기 때문에 실패를 인정하시 않는다. 자신이 성공할 수 있을 만한 가능성이 있는 일을 중심으로 선택하기 때문에 실패하는 경우가 거의 없다. 가끔 실패할 경우에는 자신이 진짜 실패했다고 생각하지 않고, 실패에서 교훈을 얻었기 때문에 실패라기보다는 많이 배울 수 있었던 사건이라고 생각한다.

BX 유형

성격이 좋다는 말을 많이 들을 정도로 주변 사람들과 좋은 관계를 유지한다. 다른 사람들과의 갈등을 싫어하기 때문에 주변에서 싸우는 모습을 보거나 갈등이 있는 사람들이 주변에 있는 것을 싫어한다. 서로 조화롭게 긍정적인 관계가 되기를 바라고 악의가 있는 사람을 싫어한다. 하지만 싫어하는 것에 대해서 표현하지 않기 때문에 다른 사람은 자신이 싫어하는 것을 잘 모른다.

평화, 조화로움 등 주변 사람과의 긍정적인 상호 존중을 추구하기 때문에 사람 사이의 갈등이나 긴장, 악의에 대해서 거부감을 갖고 있다. 그래서 주변에서 싸우는 사람을 보거나 갈등이 있는 사람이 있으면 화해시켜 주고, 문제가 생기면 해결사로서의 역할을 할 때도 종종 있다.

가장 기본적인 관심은 '나의 의견을 포함해서 모든 사람의 의견이 조화롭게 반영되고 있는가?'이다. 그래서 가장 싫어하는 상황은 모든 사람의 의견을 조화롭게 반영하는 것이 아니라 한 사람의 의견으로 상황을 이끌어 나가는 것이다.

갈등이 생기는 순간을 싫어하기 때문에 건강하게 상황을 개선하기 위해서는 자신의 의견을 표현해서 자신이 원하는 것을 의사 결정에 반영하도록 하는 것이다. 하지만 갈등을 피하기 위해서 자신의 의견과 달리 받아들이거나, 싫어하는 상황이나 부탁을 거절하지 않으면서 계속 의사 결정을 미루고 일을 지연시키는 것은 건강하지 않다.

조직 내 화합을 중요시한다

항상 느긋하고 편안하게 이완되어 있고, 거의 대부분의 상황에 대해 판단하지 않는다. 다른 사람과 어울리기를 좋아하며, 주변 사람과의 관계에서나 그룹 안에서 친밀감이 있을 때 가장 만족감을 느낀다. 자연 환경을 좋아해서 야외에 나가는 것을 즐긴다.

갈등 회피

가장 중요한 것이 화합이라고 생각하여 가능하다면 갈등을 피하려고 한다. 특히 자기주장을 하지 않는다. 또한 거절을 하게 되면 다른 사람과의 관계에서 갈등이 생길 것을 우려해서 거절도 하지 못한다. 다른 사람에게 도전하거나 결정을 내리는 것과 같이 논쟁의 소지가 될 수 있는 것은 최대한 피하고 최소화하려는 경향이 있다. 자신을 중심으로 갈등이 일어나지 않기를 바라고, 갈등의 당사자가 아닐 때에는 각 입장의 사람들 사이에서 의견 차이를 중재하는 역할을 한다.

자기주장을 하지 않는다

자기의 생각이나 욕구를 그다지 중요하게 생각하지 않고 다른 사람의 욕구를 우선으로 생각하기 때문에 인간관계에서 상대방이 원하는 것을 많이 하게 해 준다. 어떤 음식을 먹을 것인지, 어떤 영화를 볼 것인지, 어떤 물건을 살 것인지 등에 대해 자신의 의견을 주장하는 것을 어려워한다.

다른 사람이 하자고 하는 것을 거절하지 못하기 때문에 되도록 다른 사람이 원하는 대로 하려고 하지만 자신은 전혀 할 의사가 없다. 그래서 단순히 따라가기만 할 뿐 행동을 전혀 하지 않기 때문에 실제로 행동을 해야 할 시기에는 아무것도 안 해서 제안을 한 사람에게 '수동적인 공격'을 하게 된다.

일상적인 일에 몰두하고 중요한 일은 미룬다

자신이 결정내리기 어려운 문제가 있을 때에는 문제에 집중하는 것이 아니라 문제에서 벗어나서 다른 문서 작업을 하거나 TV를 보거나 전혀 중요하지 않은 일상적인 문제로 시간을 보낸다. 결국 매일 밤 같은 고민 때문에 일상적인 일만 되풀이하고 자신이 해야 하는 일은 하지 못한 채 며칠을 보내게 된다.

BY 유형

자기 자신을 가장 중요하게 생각하기 때문에 다른 사람에 대한 관심보다는 자신에 대한 관심이 많다. 그래서 다른 사람들도 자신을 존중하고 있는 그대로 받아들여 주기를 바라면서 다른 사람이 자신의 인생에 들어오는 것을 좋아하지 않는다. 많은 사람과 친하게 지내는 것보다는 진실로 통하는 사람과 깊이 연결된 느낌을 좋아하고 갈망한다. 그래서 자신의 감정을 진실되게 표현할 때 가장 살아 있음을 느낀다.

가장 기본적인 관심 사항은 '다른 사람이 나를 거부할까?', '혹시라도 내가 부족한가?', '내가 나를 잘 표현할 수 있을까?'이다. 그래서 다른 사람이 자신을 거부하거나, 자신이 특별한 사람이라는 느낌을 갖지 못하는 사람과 상황을 싫어한다. 다른 사람이 갖지 않은 특별한 것을 갖고 있다는 사실이 중요하지만, 반대로 다른 사람이 독특하고 특별한 물건이나 재능을 갖고 있다면 그것을 갈망하면서 질투한다. 그래서 이 부분이 역린으로 작용하게 되면 질투심 때문에 다른 사람의 특별함과 재능을 깎아 내리거나 인정해 주지 않고 폭풍 질투를 하면서 헐뜯는다. 다른 사람의 특별한 점을 인정하고 자신의 질투심과 시기심을 인정하는 것이 건강해지는 것이다.

감정적인 깊이가 있어서 감정이 풍부하고 자신의 감정을 표현할 수 있을 때 가장 살아 있다고 느낀다. 또한 자기 내면의 감정이 다른 사람들과 깊이 연결되는 것을 갈망한다.

감정의 기복이 크다

아침의 감정과 오후의 감정, 저녁의 감정이 차이가 많이 날 수 있을 정도로 감정의 기복이 크며, 감정 사이를 왔다 갔다 하면서 산다. 우울한 감정이 오더라도 자신의 삶에서 중요한 감정이라고 생각하고 떨쳐 버리려 하기보다 그것을 느끼기 위해서 오래 유지하기도 한다. 자신의 극단적인 감정이 많은 사람과 차원이 다른 일상의 행동 너머에 있는 존재에 자신을 열어 줄 것 같은 생각이 들기도 한다.

자신이 갖지 않은 것을 갈망한다

자신이 가진 것보다는 가지지 못하는 것에 더 집착하고 끌리는 경향이 있다. 자신이 원하지만 가질 수 없는 것이나 헤어진 옛 친구, 사라진 것에 대한 그리움 등 슬픈 감정이 살아 있는 느낌을 주기 때문에 자신의 깊은 감정을 느끼려고 한다.

진실을 추구하고 진실을 통해서 삶의 의미를 추구한다

주된 관심은 예술 분야나 상호간의 의사소통을 통해서 자신을 진실하게 표현하는 것으로 진실되고 참된 것, 진정한 것을 추구한다. 예술 등을 통해서 다른 사람들과 진실하게 연결되어 있다고 느낀다. 감정 표현으로 삶의 의미를 추구하기 때문에 개인적인 이야기를 자주 하면서 자기 자신을 표현하고자 한다. 또한 자신이 느끼는 세계가 가장 진실한 세계라고 믿는다.

자신과 남을 비교한다

자신도 모르는 사이에 다른 사람과 자신을 끊임없이 비교한다. 자신이 갖고 싶은 것을 다른 사람이 갖고 있다면 질투하면서도 무시하고, 다른 사람이 뭔가를 갖고 있다면 자신은 왜 그것을 갖고 있지 않는지에 대해서 안타까워한다. 계속 비교하면서 스스로 자신이 뭔가 부족하다고 결론을 내리기도 하고, 혹은 자신이 더 우월하다고 결론을 내리기도 하고, 혹은 둘 다라고 생각을 한다.

BZ 유형

혼자 자신만의 시간을 갖고 취미 생활이나 자신이 관심 갖는 것에 몰두할 때 가장 행복감을 느낀다. 많은 지식이나 정보 혹은 자신이 관심을 두고 있는 것에 항상 부족함을 느낀다. 다른 사람과의 감정적인 관계를 최소한으로 유지하기 위해서 감정을 표현하지 않고, 느끼려고도 하지 않는다. 다른 사람들과 함께 있는 자리나 장소에서도 함께 부대끼면서 대화하고 즐기는 것보다는 사람들의 관계나 전체적인 흐름을 관찰한다. 모임이나 직장에서 사람들과 대화하고 함께 일을 하거나 팀 프로젝트를 하면 에너지 소모가 많다는 것을 느낀다. 소모된 에너지를 충전하기 위해서 혼자만의 시간을 갖는 것이 필요하다.

가장 기본적인 관심사는 '나의 시간이나 에너지, 자원을 누가 필요로 할까?'이다. 그래서 가장 싫은 것이 아무런 이유도 목적도 없이 만나서 술을 마시거나 시간을 보내는 것이다. 이것이 역린으로 작용한다. 다른 사람들과 만나거나 교류하는 것을 거절하고 혼자 있는 히키코모리를 자처해서 자신만의 동굴을 만드는 것은 건강하지 않다. 건강하게 역린을 대처하는 방식은 다른 사람들과 어울리면서 자신이 갖고 있는 지식이나 관심사를 공유하고 적극적으로 사람들 사이에 들어가서 관계를 형성하는 것이다.

관심 분야에 대해서는 전문가이다

객관적이고 분석적이기 때문에 객관적인 사실을 중심으로 판단하고, 자신이 관심 있는 지식을 추구하고 그 지식을 지키기 위해서 노력한다. 특히 자신이 관심 있는 영역에 대해서 정보를 다루는 것을 좋아하기 때문에 자신만의 큰 책장을 갖고 있다. 이 책장에는 책이나 CD, DVD, 피규어, 잡지, 영화, 우표, 동전, 신발 등 자신이 관심 있는 것들로 채워져 있다. 자신의 방은 자신만의 정보 공간이고 자신만의 안식

처가 되며, 다른 사람과의 관계에서 떨어져서 혼자 있을 수 있는 공간이다.

프라이버시를 중요시한다

혼자 있을 때 가장 활발하고 에너지가 넘친다. 다른 사람들과 교류할 때 에너지가 빠져나가기 때문에 혼자 있는 시간을 통해서 에너지를 재충전하며 다른 사람과 교류할 수 있도록 자신을 준비한다. 혼자 있는 시간을 즐기는 것이 극단적인 경우에는 은둔자처럼 혼자만의 삶을 살기 원한다.

사회 활동을 전혀 하지 않는 것은 아니고 최소한의 역할을 하면서 사람들과 교류한다. 사회 활동에서는 자신의 일이나 업무가 예측 가능하고 개인적인 표현을 최소한으로 해도 되는 역할을 선호한다. 또한 자신이 신뢰하는 소수의 사람들과는 개인적인 정보를 나누지만 자신이 나눈 정보의 사소한 부분까지도 비밀이 유지되기를 원한다.

자신의 감정을 격리시킨다

감정을 적극적으로 느끼는 것이 아니라 자신의 감정을 객관적으로 관찰하기 때문에 감정이 생기면 그것을 자신과 다른 것으로 여기고 거리를 둔다. 그러고 나서 혼자 있을 때 자신의 감정을 마치 사진첩을 열어 보듯이 재경험한다. 주변에 아무도 없을 때 자신의 감정을 가까이 느낄 수 있기 때문에 자신이 경험하고 느낀 것을 정리할 수 있는 혼자만의 시간이 필요하다고 생각한다.

사회 활동의 각 부분 및 지식을 카테고리화한다

직장, 취미 생활, 봉사 활동 등 사회 각 분야에 친구들이 있지만 각 부분의 친구들을 서로 소개해 주거나 모임을 만들지 않는다. 눈에 보이는 책이나 파일, 물건뿐만 아니라 자신의 머릿속에 있는 지식도 카테고리화해서 정리한다.

CX 유형

다른 사람들에게 관심이 많기 때문에 다른 사람이 기분이 좋은지 나쁜지에 대해서 누구보다 잘 알고 있다. 특히 사람들의 나쁜 점보다는 좋은 점을 먼저 봐서 항상 주변 사람들을 칭찬한다. 그래서 주변 사람들에게 좋은 사람이라는 인식이 강하다. 고민을 상담하는 사람도 많고 도움을 요청하는 사람도 많다. 주변 사람들을 많이 도와주다 보니 시간도 많이 없고 바쁜 일상을 보낸다.

좋고 싫음이 분명해서 좋아하는 사람에게는 간과 쓸개도 내놓을 듯이 잘하지만 싫어하는 사람이 하는 부탁이라면 들어주기 싫어한다. 거절을 하지 못하기 때문에 돈도 많이 빌려주고, 자신이 해야 할 일이 쌓여 있는데도 다른 사람들의 부탁을 들어주느라 제대로 못하는 경우가 종종 생긴다.

가장 기본적인 관심사는 '다른 사람들이 나를 필요로 하는가?', '나를 좋아할까?'이다. 그래서 다른 사람이 나를 좋아하지 않는다거나 나를 필요로 하지 않는 상황이 가장 싫다. 이것이 역린으로 작용하기 때문에 가장 화가 나는 상황은 도와 달라고 해서 도와줬는데 감사하게 생각하지 않고 당연하게 생각하는 경우이다. 그런데 거절을 하지 못해서 매번 같은 상황이 반복된다.

사람들과 갈등이 생겨서 상대방이 나를 거부할 때 가장 화가 난다. 그래서 거절하지도 못하면서 자신이 원하는 것을 표현하지도 못하는 경우가 가장 건강하지 못하다. 역린의 상황에서 건강하게 행동하기 위해서는 자신이 원하는 것이 무엇인지, 자신이 하고 싶은 것이 무엇인지, 자신이 가장 중요하게 생각하는 것이 무엇인지를 스스로 생각하고 인식할 수 있는 개인적인 시간이 필요하다. 자신이 원하는 것을 인식하고 나면 그것을 다른 사람에게 정확하게 표현하는 것이 중요하다. 자신도 모르게 모든 관심이 가족 혹은 직장 동료에게 쏠려 있다면 그 관심을 자신에게 돌려서 자신이 원하는 것에 집중해야 한다.

관계 중심주의

개인적인 관계 형성이 자신에게서 가장 중요한 부분이라고 생각하기 때문에 주변에 사람이 많다. 특히 다른 사람들을 아껴 주고 챙겨 주며, 주변 사람들에게 조언과 지원 등 많은 것을 제공한다. 다른 사람들이 자신에게 의존한다고 느끼지만, 실은 다른 사람들과의 친밀한 관계나 다른 사람들이 도움을 요청하는 관계에서 자존감을 얻고 자기 가치를 확인하는 것이다.

다른 사람에게 집중한다

다른 사람이 무엇을 원하는지 직감적으로 알고 있으며, 가능하면 상대가 필요로 하는 것을 기꺼이 제공하려고 한다. 다른 사람에게 도움을 주려는 태도는 주변 모든 사람을 상대로 나타난다. 특히 사회적인 지위가 중요하다고 여겨지는 특정인에게 도움을 주려고 하는데, 이 경우에는 자신의 행동이나 이미지를 바꿔서 상대방에게 맞추기도 한다. 대개의 경우 상대방이 자신을 좋아하도록 만들기 위해서 어떠한 모습을 보여야 하는지 잘 알고 있다.

자신이 무엇을 원하는지 잘 모른다

다른 사람이 무엇을 필요로 하는지에 대해서만 집중하기 때문에 자기 자신이 무엇을 원하는지에 관심을 두지 않는다. 무엇을 갖고 싶은지, 무엇을 하고 싶은지에 대해서 말하라고 하면 필요한 것이 없다고 대답하거나 자신은 모든 것을 다 갖고 있다고 답한다. 자신이 무엇을 원하는지 잘 모르기 때문에 원하는 것을 찾는 것 자체를 어려워한다.

목적이 있는 친절함

다른 사람이 원하는 바가 무엇인지, 상황에 따라서 무엇이 필요한지를 잘 알고 있다는 것에 큰 자부심을 갖고 있다. 다른 사람들과의 관계를 조화롭게 조정하고 연관 짓는 능력을 가지고 있지만 이러한 성품에는 다른 측면도 있다. 사람들과의 관계나 일이 잘되어 갈 때는 우쭐해지는 반면에 계획대로 되지 않을 때는 쉽게 사기가 꺾이거나 분노를 느낀다.

CY 유형

책임감이 강하고 무슨 일이든 준비성이 철저해서 미리 준비하기 때문에 통찰력이 있다는 말을 많이 듣는다. 상상력이 풍부하고 미래를 대비하는 성향이 강해서 혹시라도 잘못될 가능성이 있다고 생각되는 것들은 미리 대비한다. 그래서 걱정이 많아 보이기도 하는데, 준비성이 철저해서 큰 문제는 생기지 않는다. 하지만 회사에서 기획을 하거나 회의를 할 때 잘못될 수 있는 경우의 수를 모두 대비하고자 하기 때문에 문제를 제기하는 것처럼 보이고 의심이 많고 회의적인 사람으로 보일 수도 있다.

가장 기본적인 관심은 '지금 무엇이 잘못되고 있을까?', '내가 누구를 신뢰할 수 있을까?', '지금 내가 최선의 결정을 하고 있는가?'이다. 그래서 누구보다 책임감이 강하고 자신의 일을 확실히 하기 위해서 문제도 제기하고 의심을 하는 것이다. 그래서 미리 걱정하고 미리 준비한다.

대비하고자 하는 방식으로 걱정을 하거나 문제를 제기하고 회의적으로 표현해서 진행 중인 일을 자주 멈추게 하거나 다른 사람들에게 부정적인 말을 하는 것은 건강하지 못하게 표현하는 것이다. 건강하게 표현하기 위해서는 미래를 대비할 때 부정적인 상황만 고려하는 것이 아니라 긍정적인 상황도 함께 고려하고 최상의 시나리오를 준비하는 것이다.

최악의 시나리오

상상력이 풍부하며, 좋은 경우와 나쁜 경우 중 나쁜 경우를 상상하는 경향이 있다. 무엇인가를 결정·계획·행동할 때 잘못될 가능성에 대해 늘 생각하고, 다른 사람의 의견이나 상황에 대해서 잘못될 가능성을 먼저 예측한다. 특히 부정적인 가능성에 대해 집중하기 때문에 스스로 불안을 키운다. 불안해지면 잘못될 가능성에 대해서 더 많이 생각하게 된다. 계획을 세울 때 문제를 미리 예측하고 해결 방안까지 생각해 놓고 준비할 수 있어 문제 해결에 도움이 된다고 믿는다.

최악의 경우까지 계획을 세워라

부정적인 경우를 상상하고 그것을 막기 위한 계획을 미리 세우기 위해서 일을 미루게 된다. 일을 미루는 이유는 일을 잊어버리기 때문이 아니라 무엇이 최선의 선택인지, 무엇이 문제가 생길 소지가 있는지에 대해 불확실하기 때문이다. 걱정이 많고 불안해서 자기를 의심하기 때문에 분석 마비가 올 수 있다.

권위에 대한 믿음

권위가 있는 조직이나 사람, 공신력 있는 자격이나 권위를 가진 사람이 하는 말이나 권유, 지시는 중요한 힘을 갖는다고 생각하기 때문에 권위를 존중한다. 또한 권위를 가진 조직이나 사람이 자신을 보호해 줄 수 있을 것이라 생각하고 보호해 주기를 바란다. 하지만 자신의 보호막이 깨질 수도 있을 것이라고 생각하기 때문에 걱정도 한다.

권위에 대한 기대와 헌신

믿을 수 있는 큰 단체나 조직의 일원일 때 더 안심하고 보호받고 있다고 믿기 때문에 보호받는 만큼 충직하게 헌신한다. 특히 믿을 수 있는 큰 조직이나 권위 있는 사람이 자신의 헌신이나 충성을 인식하고 인정해 주리라 기대한다. 문제가 생겼을 때 주변 동료들이 자신을 지원해 주고 지지해 주기를 원한다.

CZ 유형

꼼꼼하고 공정하고 완벽주의를 추구하여 깐깐하다는 말을 많이 듣는다. 옳지 못한 행동을 하는 것을 가장 싫어한다. 모든 행동에는 기준이 필요하다고 생각하기 때문에 주변 사람이나 상황, 환경을 개선하기 위해서 노력한다. 혹시라도 지각을 하는 동료가 있거나 가족들이 시간을 지키지 않으면 시간을 지키게 하기 위해서 잔소리를 한다.

가장 기본적인 관심 사항은 '무엇이 옳고 그른가', '무엇이 정확하고 부정확한가?'이다. 업무를 처리하더라도 완벽하고 가장 이상적인 처리 방법이 있다고 생각하고, 회사의 운영이나 가정에도 이상적인 모습이 있다고 생각하고, 그것을 만들기 위해서 노력한다. 이상적인 모습이 아닌 경우에 화가 난다.

자신이 한 행동이 자신의 기준에 도달하지 못했을 때 가장 화가 나지만 다른 사람들도 기준에 미치지 못했을 때 화가 난다. 이렇게 화가 나는 이유는 자신만의 재판관이 계속해서 귀에다 지적을 하기 때문이다. 자신이 생각하는 기준을 자신과 다른 사람들이 반드시 지켜야 한다고 생각해서 화를 내거나 지적을 하고 싸우는 방식으로 표현하는 것은 건강하지 못한 방법이다. 건강한 방식으로 극복하기 위해서는 자신의 기대치가 높다는 사실을 인식하고 그 기준과 기대치를 반드시 지켜야 한다는 강박을 내려놓는 것이다. 자신도 가끔 지각을 해 보기도 하고 개선하고자 하는 욕심을 내려놓을 필요가 있다.

완벽주의

끊임없이 현재 상황을 자신이 생각하는 이상적 상황과 비교한다. 또한 자신이 하는 일이 생각한 것처럼 완벽하고 탁월하기를 원한다. 자신만의 높은 내면의 기준을 가지고 있으며 자신은 물론이고 다른 사람들까지도 이런 기준에 맞추어서 책임감 있게 행동하기를 원한다.

옳은 방식은 있다

세상의 모든 일이나 나에게 주어진 문제·상황·과제에 대해 하나의 옳은 해결책이 있다고 믿는다. 옳은 방식, 가장 좋은 접근법, 올바른 답을 제시함으로써 재빨리 상황에 대처하길 원한다. 또한 자신이 선택한 방식을 유일하게 옳은 방식으로 생각하고 이 방식을 다른 사람들이 따라 주기를 바란다.

화를 누르다가 폭발한다

책임감은 가장 중요한 가치이기 때문에 근면하고 성실하게 일을 한다. 특히 시간에 대한 관념이 철저하고 일관성이 있어야 한다고 생각한다. 자기 자신을 비롯해서 다른 사람들이 시간을 철저히 지키지 않고 일관성을 보여 주지 않을 때 화가 난다. 특히 진지하지 않은 사람이나 열심히 일하지 않는 사람을 보면 화가 나는데, 그때그때 화난 것을 표현하지 않고 있다가 어느 순간에 폭발한다. 화가 폭발할 때는 스스로 납득할 수 있는 정당한 명분이 있어야 한다고 생각한다.

비판하는 사람이 항상 따라다닌다

스스로 비판하고 싶지 않아도 계속 마음속 어딘가에서 자신의 생각이나 감정, 행동을 끊임없이 감시하면서 비판하는 비판자가 있다. 그가 무엇을 잘못했는지, 무슨 말을 해야 했는지, 어떻게 행동했어야 옳은지를 끊임없이 말한다. 자신만 들을 수 있는 내면의 목소리는 쉬지 않고 자신을 비난한다. 그것이 실수를 하지 않도록 막는다.

자신의 핵심 신념과 가치를 찾아라

내게 중요한 가치 찾기

서양 동화 주인공 가운데 핑크대왕 퍼시가 있다. 퍼시는 광적으로 핑크색을 좋아했다. 옷, 물건, 심지어 음식까지 모두 핑크색이었다. 그러나 그것으로 만족할 수 없었다. 그래서 백성들의 모든 소유물도 핑크색으로 바꾸라는 법을 만들었다. 그러고는 나무, 풀, 꽃, 동물까지 핑크색으로 염색하라고 명령했다. 그런데 단 한 가지 핑크색으로 바꾸지 못한 것이 있었다. 바로 하늘이었다. 왕의 권력으로도 하늘을 핑크색으로 바꾸는 것은 불가능했다. 그래서 고민 끝에 스승을 찾아갔다. 스승은 준비해 둔 안경을 주었다. 퍼시가 안경을 쓰고 하늘을 바라보자 하늘이 온통 핑크색으로 보였다. 스승은 퍼시에게 핑크색 렌즈로 만든 안경을 준 것뿐인데 온 세상이 핑크색으로 변한 것이다.

사람은 보이는 것을 보는 것이 아니라 보고 싶은 것을 본다. 핑크색 안경을 쓰면 온 세상이 핑크색이 되는 것처럼 우리가 쓰고 있는 안경이 바로 가치(value)이다. 가치는 세상을 바라보는 자신만의 시각과 관점, 고정관념이다. 누구나 자신이 가장 중요하게 생각하는 가치를 훼손당하거나 무시당하면 화가 난다.

인간은 외부 정보를 받아들이는 데 오감을 활용한다. 시각·청각·후각·미각·촉각을 활용하여 생존에 필요한 정보를 수집한다. 인지 능력에 따라서 수집하는 정보의 질이 달라지기도 한다. 인지력의 한계로 인하여 오감을 통해서 수집한 모든 정보를 기억할 수는 없고, 그중에서 중요한 정보와 중요하지 않은 정보를 본능적으로 구분해서 받아들인다.

윌리엄 글래서(William Glasser)는 오감을 통해서 받아들인 외부 정보를 인간이 인지하는 데에는 2가지 필터가 있다고 주장한다. 하나는 지식 필터인데, '보이는 만큼 아는 것'이 아니라 '아는 만큼 보이는 것'이다. 분노를 조절하는 기술에 대해서 아는 것도 중요하지만, 인간의 감정 시스템과 부정적 감정이 인간에게 주는 이득을 이해하고 활용하는 방법을 찾는 것을 알고 있어야 더 효과적으로 감정 조절을 할 수 있다.

또 하나는 가치 필터이다. 핑크대왕은 핑크가 가장 중요한 가치 기준이라고 말하지만, 사실 다른 사람들이 볼 때 핑크는 별 것이 아니다. 그래서 다른 사람이 화가 머리 꼭대기까지 났다고 해도 그다지 공감하지 못한다. 화가 난 원인이 그 사람만의 가치와 기대치에 있을 때는 진심으로 공감하기 어렵다. 살아오면서 겪었던 경험이나 자신의 성격 혹은 가치관에 따라서 화가 나는 원인은 천차만별이다. 그러므로 먼저 내가 '화가 나는 상황'이나 나를 '열 받게 만드는 말', 혹은 실수인 것을 알면서도 반복적으로 하는 '자신의 행동'을 발견해야 한다.

사람들은 다른 사람들 때문에 화가 난다고 말하거나 상황 때문이라고 말한다. 상황이 바뀌면 자신의 분노 포인트가 바뀐다는 것은 말이 되지 않는다. 이 세상의 모든 것이 다른 사람들 때문에 일어난다면 도대체 우리가 할 수 있는 것은 무엇이 있을까. 우리는 말하지 않아도 자신이 이 세상에서 가장 중요하게 생각하는 것이 무엇인지를 알고 있다. '그것'을 찾아야 한다. 그래서 상황에 따라서 매번 찾아야 하는 욕구(needs)가 아니라 평생을 살면서 우리를 끊임없이 괴롭히기도 하고 행복하게도 하고 만족하게도 만드는 '성배'를 찾아야 한다.

영화 「인디아나 존스 : 최후의 성전」은 성배를 찾는 이야기이다. 영화에서 드디어 아버지와 아들은 성배가 있는 방을 찾았다. 방 안에는 수없이 많은 성배가 있는데 그중 진짜 성배는 단 한 개밖에 없다. 진짜 성배에 물을 담아서 마시면 영생을 얻고 다친 사람의 상처가 말끔히 낫지만 가짜 성배에 물을 담아서 마시면 그 물이 독으로 변해서 죽게 된다. 우여곡절 끝에 성배가 가득 찬 방 안에 들어온 아버지는 총에 맞아서 피를 흘리고 있는 상황이고, 아들은 진짜 성배를 찾아야만 한다.

우리에게 가치는 성배와 같다. 진짜 성배(가치)를 찾는다면 자신의 삶에서 가장 중요하게 여기는 것을 찾고 거기에서 시작된 감정과 분노를 포함해서 자신의 사고방식과 행동 방식을 이해할 수 있다. 그리고 자기 자신을 이해할 수 있다면 자신이 원하는 것을 이루기 위해 활용할 수도 있게 된다. 가치란 자신이 중요하다고 생각하고 자신이 하는 행동을 정당하게 만드는 것으로 자기 행동의 평가 기준이 된다. 즉 세상을 바라보는 렌즈이다.

가장 최근에 머리끝까지 화가 났던 일이 무엇이었는지, 가장 중요하게 생각하는 가치관이나 신념을 누군가가 건드렸는지를 한 번 생각해 보라. 감정 조절, 특히 분노를 가라앉히려면 핵심 신념과 가치가 무엇인지, 핵심적인 감정을 찾아야 하기 때문에 자신의 가치를 찾는 것은 매우 중요하다. 우리가 살면서 가장 중요하게 생각하는 것이자 다른 사람들로부터 훼손당했을 때 상처를 받고 화가 나게 되는, 내가 가장 중요하게 생각하는 가치를 찾아보도록 하자.

시선을 바꾸어 바라보기

의미치료라는 상담 기법을 주창한 빅터 프랭클(Victor E. Frankl) 박사는 "어떤 고통에 대한 생각과 의미를 바꾸어 버리면 더 이상 그것은 고통이 아닐 수도 있다."고 말한다.

하루는 우울증으로 고생하는 나이 지긋한 의사가 심리치료를 받기 위해 빅터 프랭클을 찾아왔다. 노의사는 아내와 금슬이 아주 좋았는데 아내가 사망하자 상실감을 이기지 못하고 홀로 고통스럽게 살아가고 있다고 했다. 예전에 아내와 함께 보냈던 행복한 기억들을 떨쳐 내지 못하고 결국 우울증에 걸린 것이었다.

'어떻게 이 내담자를 도울 수 있을까?', '이분에게 어떤 말씀을 드리면 위로가 될까?' 내담자의 우울증 극복을 위해 고민하던 빅터 플랭클은 조언을 해 주기보다는 다음과 같은 질문을 했다.

"만약 선생님께서 사모님보다 먼저 돌아가셨다면 어땠을까요? 그

가치 체크 리스트

가치	의미	체크
감사	고맙게 여기는 마음	
결단	의사 결정시 결정적인 판단을 하거나 단정을 내림	
결속	조직 내에서 마음이나 역량을 뭉치게 함	
겸손	남을 존중하고 자기를 내세우지 않는 태도	
계획	앞으로 할 일의 절차, 방법, 규모 따위를 미리 헤아려 작정함	
공정성	어느 한쪽의 의견으로 치우치지 않고 공평함	
공헌	조직을 위해 힘을 써 이바지함	
관용	남의 잘못을 너그럽게 받아들이거나 용서함	
균형	어느 한쪽으로 기울거나 치우치지 아니하고 고른 상태	
근면	나의 업무를 부지런히 일하며 힘씀	
긍정	마음의 밝은 면을 규명해서 생각함	
끈기	쉽게 단념하지 아니하고 끈질기게 견디어 나감	
나눔	즐거움이나 고통, 고생 따위를 함께함	
다양성	사람마다 다르게 생각하는 가치를 존중해 주는 태도	
단결	많은 사람이 마음과 힘을 한데 뭉침	
도전	기록을 경신하거나 어려운 일을 행하는 것	
독립	다른 것에 예속되거나 의존하지 않는 상태	
믿음	어떤 사실이나 사람을 믿는 마음	
배려	도와주거나 보살펴 주려고 마음을 씀	
변화	새로운 것이나 달라짐에 대해 유연하게 대응함	
사랑	다른 사람을 아끼고 귀중히 여기는 마음	
사려	여러 가지 일에 대하여 깊게 생각함	
성공	목적하는 바를 이룸	
성실	내가 맡은 일에 선한 마음으로 힘을 씀	
성취	목적한 바를 이룸	
세심함	작은 일에도 꼼꼼하게 주의를 기울여 빈틈이 없음	
소속감	자신이 어떤 집단에 속한 느낌	
순발력	순간적으로 판단하여 말하거나 행동하는 능력	
시민정신	자유롭고 평등한 인간으로서 자신의 생활을 향상시키려는 입장에서 발언하는 태도	
신뢰	굳게 믿고 의지함	

가치	의미	체크
신중	잘못이나 실수가 없도록 말이나 행동에 정성을 다함	
안전	위해를 받는 일이 없도록 대책을 세우려 함	
열정	어떤 일에 열렬한 애정을 가지고 열중하는 마음	
올바름	말이나 생각, 행동 따위가 이치나 규범에서 벗어남이 없이 옳고 바름	
완벽	결함이 없이 완전함	
용기	어떤 현상 앞에 씩씩하고 두려워하지 않음	
용서	지은 죄나 잘못한 일에 대하여 꾸짖거나 벌하지 아니하고 덮어 줌	
유연성	고정적인 사고의 틀에서 벗어나 다양한 각도에서 문제의 해결책을 찾음	
의지	어떠한 일을 이루고자 하는 마음	
자발성	남이 시키거나 요청하지 않았는데도 자기 스스로 나아가 행함	
자신감	스스로 어떤 일을 해낼 수 있다거나 꼭 그렇게 되리라 믿는 마음	
절제력	정도에 넘지 아니하도록 알맞게 조절하여 제한함	
정의	진리에 맞는 올바른 도리	
조직화	일정한 질서를 갖고 유기적인 활동을 하게끔 통일이 이루어짐	
지혜	문제의 이치를 빨리 깨닫고 정확하게 처리하는 정신적 능력	
진실	거짓이 없는 사실	
질서	혼란 없이 순조롭게 이루어지게 하는 규칙적인 관계	
창의성	새롭게 생각해 낸 창조적인 의견이나 방안	
책임	맡아서 해야 할 임무나 의무	
체계화	조직원이 일정의 상호 연관 관계를 갖고 공통 목적에 공헌하는 구조	
최고	으뜸인 것	
최선	어떤 목적을 이루고자 할 때 다양하게 살펴본 방안들 중 가장 효율적인 선택	
충성	진정에서 우러나오는 정성을 바침	
탁월성	남보다 두드러지게 뛰어남	
통찰력	새로운 사태에 직면하여 의미를 재조직화함으로써 문제를 해결함	
행복	생활에서 충분한 만족과 기쁨을 느끼어 흐뭇함	
헌신	몸과 마음을 바쳐 있는 힘을 다함	
협력	힘을 합하여 서로 도움	
호기심	새롭고 신기한 것을 좋아하거나 모르는 것을 알고 싶어 하는 마음	
희망	앞일에 대하여 어떤 기대를 가지고 바람	

래서 부인께서 선생님보다 오래 살아야만 했다면 부인은 어떤 경험을 하게 됐을 것이라고 생각하십니까?"

노의사는 이렇게 대답했다.

"아! 그건 정말 있어서는 안 될 입니다. 아내는 정말 나 없으면 혼자 못 사는 사람인데 내가 겪은 것을 제 아내가 똑같이 겪게 됐다면…그건 정말 상상할 수도 없네요. 아내가 이걸 겪었다면 정말…아내는 저보다 마음이 더 약한 사람이어서 큰일 났겠지요."

빅터 프랭클은 이렇게 말했다.

"보십시오, 선생님. 지금 이런 상황이 된 것이 아니면 지금 오랫동안 고통을 겪어 온 그것을 부인께서 모면한 것입니다. 그런 고통을 모면하게 한 분이 당신이고요. 그러기 위해 당신께서 살아서 부인을 그리워하는 마음을 갖고 외로움과 어느 정도의 고통으로 그 대가를 지불하고 계신 것입니다"

노의사는 아무 말 없이 빅터 프랭클과 악수를 나누고는 진료실을 나갔다. 이후로는 빅터 프랭클을 찾지 않았다.

빅터 프랭클은 생각을 바꿀 수 있는 해석을 통해서 노의사의 심리적 안정감을 되찾아 주었던 것이다. 즉 우리를 분노하게 하는 행동은 그 사건을 어떻게 해석하고, 어떤 신념을 집어넣느냐에 따라서 행동과 기분·정서가 달라질 수가 있다.

자신에게 주어진 조건과 환경(activating events)을 어떻게 판단(belief)하느냐에 따라서 결과(consequences)가 달라진다. 이것이 사회심리학자 앨버트 엘리스(Albert Ellis)가 주창한 ABC 이론이다. ABC 이론은 사람들이 겪는 스트레스나 분노 등은 그 사람이 겪은 사건이 원인이 아니라 사건을 어떻게 받아들이느냐에 따라서 나타나는 문제라는 것이다.

이 이론을 모든 상황에 적용할 수는 없지만, 적어도 반복적으로 화가 나거나 질투가 생기거나 두려움이 생기는 것들에 대한 원인은 추정해 볼 수 있다. 그런데 객관적인 상황이 완벽하더라도 상황을 해석하는 개인의 신념, 사고방식, 태도, 가치관이 왜곡되면 상황에 맞는 행동과 표현을 하기 어렵다.

우리는 감정을 조절하고 싶은 마음을 항상 갖고 있다. 그런데 왜 화가 날 때에는 감정을 조절하고 싶은 마음이 생각나지 않는 것인가. 왜 질투심 때문에 괴로울 때는 감정을 조절해야겠다는 생각을 하지 못하는 것일까.

마음과 몸이 편안하고 생각할 수 있는 마음의 여유가 있으면 자기 자신을 돌아볼 수 있게 된다. 그 과정에서 왜, 그때, 그렇게 화를 냈을까를 곱씹으면서 후회한다. 가장 중요하게 여기는 핵심 신념과 가치를 찾는 것이다. 그리고 화가 나는 상황 혹은 질투하는 상황에서 나의 핵심 신념과 가치를 어떻게 건드리게 됐는지를 관찰한다. 관찰하면 이해할 수 있고 이해할 수 있으면 분노가 사라지게 된다.

꽃을 보고 좋아하면
꽃이 기분이 좋습니까?
내가 기분이 좋습니까?
내가 기분이 좋습니다.

상대를 좋아하면 내가 좋습니다.

행복도 내가 만들고 불행도 내가 만드는 것입니다.

'법륜스님의 희망편지'에 있는 글이다. 우리가 어떤 시선으로 꽃을 보는지에 따라서 다른 기분이 들 수 있는 것이다. 꽃을 보고 기분이 좋을 수도 있지만 꽃이 그 자리에 있기 때문에 되는 일이 없다고 말할 수도 있다. 꽃이라는 대상은 세상의 어떤 사람이 봐도 꽃이다. 하지만 그 꽃을 어떻게 보는가는 사람에 따라서 달라지는 것이 자연의 이치인데도 우리는 그걸 깨닫지 못하고 있다. 어떤 사람에게 장미꽃은 사랑을 고백하는 꽃일 것이고, 어떤 사람에게는 사랑 고백을 거절당한 꽃일 수 있다. 이처럼 어떤 상황이든 자신의 성향과 경험과 사고방식과 가치관이 그 안에 들어 있다.

자신의 감정을 자각하고 역린을 파악하라

어린 시절에 화가 났을 때 화를 내면 부모님에게 혼이 났다. 사나이는 태어나서 세 번 우는 것이라고 배우기도 했다. 기쁜 일이 있어서 좋아하면 너무 팔랑거린다고 그만 웃으라는 핀잔을 들었다. 그래서 우리는 감정을 표현하는 것에 대해서 어느 정도 죄의식을 느끼면서 살아왔다. 어린아이에게도 감정이 있어서 잘못했을 때 부모가 비난하거나 혼을 내면 죄책감을 느끼기도 하고 스스로에게 화가 나기도 한다. 감정은 본능이기 때문에 화가 나는 것을 부정할 수 없다. 그런데 감정을 느끼고 표현하거나 조절하는 것을 배운 적이 없었다. 그냥 참고 억압하는 것이 감정을 조절하는 것이라고 배워 왔다.

일상생활에서 감정을 조절하는 방식은 어린 시절에 부모에게서 배우고, 회사에서 감정을 조절하는 방식은 직장 상사에게서 배운다. 어린 시절에 부모가 감정을 어떻게 다루는지, 어떤 방식으로 조절하는지를 보고 배우면서 평생을 활용한다. 직장 상사의 감정 조절 방식은 그대로

혼날 때 듣는 말(어쩌라는 말인지)

눈을 바라보면 : 뭘 잘했다고 똑바로 봐!
고개를 떨구면 : 엄마 제대로 안 봐?
대답 안 하면 : 왜 대답을 안 해?
대답하면 : 뭘 잘했다고 말대꾸야!
울면 : 뭘 잘했다고 울어!
웃으면 : 본격적으로 맞기 시작한다.

대물림되어 부하 직원에게로 간다. 바로 우리가 배워서 자식에게, 부하 직원에게 실행하는 것이다.

감정은 문 손잡이를 끌어당겨야 열 수 있는 방 안에 있는 사람과 같다. 문 손잡이가 없는 당김문 안에 있으면 방 밖으로 나가지 못한다. 방 밖으로 나갈 수 있는 손잡이가 많을수록 나가는 것이 쉬워진다. 자신만의 방에서 나갈 수 있어야 다른 사람들과 소통할 수 있고 사회적으로 교류할 수 있다.

우리는 일생 동안 살면서 경험하게 되는 사건의 개수만큼 다양한 감정을 느낄 수 있다. 수없이 많은 종류의 감정이 있고 깊이와 넓이에 따라서 느끼는 감정이 다르다. 감정과 성숙에 관련한 연구를 한 연구진들은 인간이 느끼고 경험할 수 있는 감정의 종류가 많을수록, 감정의 폭이 넓을수록, 느끼는 감정의 깊이가 깊을수록 신체적인 건강뿐만 아니라 정신적인 건강이 좋다고 밝혔다. 자신이 경험하고 느끼는 다양한 감정을 인식하고, 감정을 인식한 만큼 표현할 수 있으면서 상황에 맞게 조절할 수 있는 사람이 건강하면서 성숙한 사람이다. 신체적으로 건강할 뿐만 아니라 정신적으로 성숙한 사람이 자신이 원하는 삶을 살 수 있고 목표를 달성할 수 있어서 행복한 삶을 선택할 수 있다.

옛말에 '맞은 사람은 발 뻗고 자도 때린 사람은 발 뻗고 못 잔다.'는 말이 있다. 어떤 면에서는 맞는 말이지만 어떤 면에서는 맞지 않는 말이다. 때린 사람은 없는데 맞은 사람만 있는 경우도 생기기 때문이다. 때린 사람은 자신이 때렸는지도 모르기 때문에 스스로 맞았다고 생각하는 사람만 억울할 뿐이다. 이렇게 억울한 상황일 때 어떻게 반응하는가에 따라서 우리의 행복과 불행이 달라진다. 반응한다는 의미는 어떻게 생각하는가, 어떤 감정이 생기는가, 어떻게 행동하는가를 말한다. 분명한 것은 대부분의 사람이 열 받는 순간에 감정을 조절해서 다시는 이런 상황을 만들지 말아야겠다는 생각도 하기 전에 이미 짜증을 부리거나 욱하는 행동을 한다는 사실이다.

직장에서 갈등이 생기면 상대방을 비난하는 것에 시간을 보내느라 바쁘다. 그런데 인생에서 생기는 모든 사건은 우리가 원하는 대로 흘러가지 않는다. 직장에서 생기는 갈등을 분석해 보면 사건 자체에 문제가 있는 경우도 많지만 그 사건을 대하는 각기 다른 사람들의 생각, 그리고 그 사건을 다루면서 생기는 감정 싸움인 경우가 많다. 감정 싸움의 이면에는 각자 개인이 가진, 과거에 경험한 사건이 영향을 미친다.

각자 역린을 하나씩은 갖고 있다. 누군가가 나의 역린을 건드리면 나도 모르게 화가 나거나 부끄러워서 도망치고 싶어진다. 그래서 다른 사람은 모르게, 꽁꽁 숨겨 놓은 자신만의 역린을 발견하고 이해할 수 있는 시간이 반드시 필요하다. 역린을 직면하고 자신의 가장 불편하고 피하고 싶은 부분을 인정하고 이해하는 과정이 필요하다.

성향에서 생긴 것이든, 경험에서 생긴 것이든 자신만의 트라우마와 그것에서 발생한 사건과 상황 들을 다루는 것은 축축한 과거의 사건을 꺼내서 따뜻한 햇볕에 말리는 작업과도 같다. 부끄러운 과거의 경험을 꺼내서 햇볕에 말리면 축축한 과거가 아니라 재미있는 과거로 다시 인식할 수 있다.

과거의 트라우마가 관계에 영향을 미친다

감정 조절 워크숍에 참석한 한 남성이 있었다. 40대 초반인데 미혼으로 워크숍에 참석하기 위해서 연차와 월차를 쓸 정도로 적극적이었다. 금요일부터 일요일까지 진행되는 워크숍에 참석하기 위해서 연차를 신청했는데 갑자기 연차를 못 쓰게 돼서 금요일을 제외한 토요일부터 참석했다. 금요일에 참석하지 못한 이유를 알고 보니 회사 동료가 갑자기 연차를 사용했기 때문이었다. 자신은 한 달 전에 연차를 냈지만, 휴일 전날 갑자기 연차를 바꾼 동료로 인해서 금요일에 근무할 수밖에 없었다는 것이다.

한 달 전에 연차를 신청한 사람이 우선인데 왜 전날 갑자기 바뀌었는지를 물어봤다. 이렇게 자신의 연차나 월차가 자신의 허락을 구하지 않고 바뀌는 일이 종종 있었다고 했다. 그리고 동료가 자신에게 업무를 떠넘기고 팀 내에서 자질구레한 일들을 도맡아서 하는데 그다지 인정을 받지도 못한다고 했다. 업무를 대신 해 줘도 고맙다는 말을 제대로 듣지 못했다. 그런 일이 반복되는데도 불구하고 거절하지 못하고, 싫다고 말하지 못하는 이유는 동료들과 관계가 나빠질까 봐 두려워서라고 했다.

그 원인을 대화 중에 찾을 수 있었는데, 아버지와 관련된 트라우마 때문이었다. 아버지가 술을 마신 날에는 때리기도 하고 칼을 들고 와서 죽이겠다고 할 정도로 음주폭력이 심했다는 것이다. 그래서 어릴 때부터 아버지에게 착한 아들이 되기 위해서 아버지가 시키는 것을 잘하기 위해서 노력했고, 아버지에게 단 한 번도 자신의 의견을 표현한 적이 없었다고 했다.

어릴 때부터 아버지의 폭력을 피하기 위해서 좋은 아들이 되기 위한 연습인 무조건적인 순응과 수용이 습관이 된 것이다. 그래서 지금까지 다른 사람들과 좋은 관계를 유지하기 위해서 자신을 희생하고 거절하지 못하고, 다른 사람이 하라는 대로 해 온 것이다.

자신의 삶에서 부모와의 관계 혹은 친구들과의 관계에서 생긴 경험이 현재의 인간관계에 많은 영향을 미친다. 대부분 그 경험이 현재의 인간관계와 현재의 상황에 영향을 미친다는 사실을 인지하지 못한다. 이런 경험을 혐오학습이라고 하는데, 이런 혐오학습은 한 사람의 인생에 매우 큰 영향을 미친다.

미국에서 늑대를 없애는 방법을 찾기 위해서 혐오학습을 실험한 적이 있다. 늑대를 없애기 위해서 양고기에 지독히 쓴맛이 나는 약품을 바르고 늑대가 양고기를 물게 했다. 양고기의 쓴맛을 경험한 늑대는 이후로 절대 양고기를 먹지 않았다. 이후로는 양을 습격하기는커녕 양을 쳐다보지도 않았을 뿐만 아니라 굶어 죽는 한이 있어도 양을 먹지 않았다. 단 한 번의 혐오학습이 일생 동안 지속되는 결과를 낳은 것이다.

심리학자들은 혐오학습이 강력한 힘을 발휘하는 이유는 개체의 생존과 관련이 있기 때문이라고 주장한다. 인간의 뇌에서 감정을 유발하는 편도체는 학습의 기능을 갖고 있다. 이 때문에 강력한 감정과 함께 학습된 경험은 강한 감정을 동반한다. 늑대가 깜짝 놀라고 펄쩍 뛸 정도로 쓴맛을 경험한 것은 매우 불쾌한 감정을 유발한다. 강한 감정은 우리의 뇌에 영향을 미치고 뇌의 구조를 바꿔 놓을 만큼 강력한 영향을 미친다. 감정은 생존을 위해서 필요하기 때문에 단 한 번의 혐오 경험이 인생 전반에 영향을 미치게 된다.

과거의 트라우마 사건이 현재에 영향을 미치고, 관계에 영향을 미치고, 일상생활과 태도에 영향을 미친다. 감정적으로 충격적인 일을 겪으면 그 사건은 말로 표현하기 어렵다. 스스로 치유한다는 증거는 자신이 경험한 그 사건을 말로 표현하는 것이다. 말로 자주 표현할수록 극복하고 있다는 증거가 된다.

남편과 동료를 비슷한 시기에 잃은 한 여성 연예인이 있다. 남편도 자살로 생을 마감하고 친한 친구도 자살로 생을 마감했다. 정신적인 충격을 극복하기 위해서 은둔 생활도 하고 종교 생활도 하면서 조금씩 극복하려고 노력하고 있다. 지금은 라디오나 방송에 가끔 얼굴을 보이는데 이런 소통을 통해서 자신의 심리적인 트라우마를 조금씩 극복하는 중이다. 하지만 자신의 남편이나 친구에 대해서는 아직 말을 하지 못하고 있다. 심리적으로 강한 충격을 받은 사건이기 때문이다.

이 연예인이 자신의 정신적인 충격을 스스로 치유할 수 있다면 남편이나 친구에 대한 회상을 말로 표현할 수 있게 된다.

종종 자신의 삶에서 가장 힘들고 어려운 일은 말로 표현하지 못한다. 그것은 매우 자연스러운 현상이고 극복하기 위해서 일부러 표현하지 않아도 된다. 하지만 무작정 덮어 두는 것은 매우 위험하다. 말로 표현하기 힘들 경우에는 자신의 마음과 감정과 상황을 일기 혹은 짧은 수기 등의 방식으로 표현하는 것이 필요하다. 그림이나 음악과 같은 방식으로 드러내는 것도 극복하는 데에 도움이 된다.

자신과의 대화로 감정을 정리하라

생각이 '나기' 때문에 생각을 '하는' 것일까? 아니면 생각을 '하기' 때문에 생각이 '나는' 것일까? '닭이 먼저냐 달걀이 먼저냐?'와 같다. 답은 명확하다. 생각이 나기 때문에 생각을 하는 사람이 훨씬 많다. 대부분의 사람은 자신이 무슨 생각을 하는지 알아채기도 전에 수만 가지의 생각이 났다가 사라진다. 생각과 함께 감정도 생겼다가 사라진다. 그래서 생각을 조심해야 한다. 생각이 감정을 만들어 내고 자신도 모르는 사이에 생각을 만들어 내어 우리의 목을 잡고 흔들어 버리기 때문이다. 생각이 별것 아닌 것 같아 보이지만 생각은 행동에 영향을 미치고, 행동들이 모여서 삶이 되고, 미래가 된다. 그래서 생각은 아주 중요하다.

어떤 회사든 핵심 인재와 블랙리스트 직원이 있다. 핵심 인재와 블랙리스트 직원의 차이는 단 하나이다. '어떤 생각을 하는가?', '어떻게 생각하는가?'가 다르다. 생각의 차이가 핵심 인재와 블랙리스트 직원으로 가른다.

우리 회사에 근무하던 한 블랙리스트 직원은 업무 지시를 하면 항상 잊어버리거나 보고를 하지 않고, 업무 체크를 하면 중간에서 증발해 버린 업무가 너무 많았다. 성격이 좋아 동료들과 친하게 지냈는데 동료들이 업무와 관련해서 물어보면 항상 하는 말이 "대충 해요."였다. 자신이 하는 말은 그 사람의 사고방식이고, 그 사람의 행동이자 그 사람 자체이다. 이 블랙리스트 직원은 진짜 일을 '대충' 했다. 그래서 블랙리스트 1위 직원으로 등극했다. 동료들 사이에서는 성격 좋은 동료였지만 상사의 입장에서는 최악의 부하 직원이었다.

결국 최악의 업무 성과로 인하여 자의반 타의반으로 퇴사를 하고 후임이 들어왔다. 블랙리스트 직원이 그만뒀으니 후임이 인수인계를 받아 잘할 것이라고 기대했는데 3개월 만에 퇴사를 했다. 알고 보니 퇴사한 블랙리스트 직원과 개인적으로 연락을 하며 지내는 상황이었다. 퇴사한 직원은 그 좋은 성격으로 '대충'의 사고방식을 엄청나게 전파했던 것이다.

'자신과의 대화'는 한 사람의 내부에서 이루어지는 의사소통을 말한다. 만델라의 자서전인 『나 자신과의 대화』는 27년간 수감 생활을 하며 쓴 편지와 일기, 사적인 대화 녹취록, 대통령 재임 기간에 주고받은 각종 서한과 연설문을 중심으로 쓴 책이다. 한 인간으로서 느끼는 분노, 갈등, 무력감 등의 감정들과 자신과의 대화를 적었다.

인간은 누구나 어렵고 힘든 상황이 닥치면 왜 그런 상황이 왔는지, 자신이 잘못한 일은 없는지를 되뇌이면서 후회하고 또 후회한다. 하지만 만델라는 감옥에 있는 27년간 글을 쓰면서 자기 자신과의 대화를 통해서 자기 자신을 설득하는 작업을 한결같이 했다. 어떤 상황에서 화가 났는지, 무엇 때문에 화가 나고 슬펐는지를 생각하고 스스로 물어보기도 하고 답하기도 했다. 그 과정에서 자신을 돌아보고 문제를 파악하면서 감정을 정리할 수 있었다.

사람은 누구나 생각을 하고 자기 자신과 끊임없이 대화를 한다. 그것을 인지하는지 인지하지 못하는지의 차이만 있을 뿐 아무 생각을 하지 않는 사람은 없다. 세상에서 가장 어려운 것이 아무 생각을 하지 않는 것이다. 그래서 불교에서는 스님들이 명상할 때 자신의 생각에 집중하는 것이 아니라 생각을 관찰하는 훈련을 가장 많이 한다. '보면 사라진다.'는 원리로 보자면 명상은 생각을 없애는 훈련이다.

다른 사람들과 갈등 상황에서 하고 싶은 말을 하지 못하면 나중에 머릿속에서 계속 떠올리게 된다. 하고 싶은 말이 생각나고 또 생각나고 또 생각이 나서 잠을 자고 싶어도 잠이 오지 않을 때가 있다. 이렇게 혼자 있을 때 계속해서 떠오르는 생각은 모두 내가 나 자신에게 하는 말이다. 그래서 내부대화를 잘하면 득이 되지만 내부대화를 잘못하면 스트레스의 원인이 되기도 한다.

취업 준비생들이 취업하고 싶은 회사의 면접을 보고 난 후에 어떤 생각을 많이 하고 어떤 말로 스스로 다독거리는지를 보면 자신과의 대화를 알 수 있다.

어떤 사람은 부정적인 내부대화를 한다.

"면접을 너무 못 봤어. 떨어졌을 거야. 떨어졌으면 어떡하지? 떨어지면 큰일인데….”

사실 인간은 본능적으로 불안감을 느끼고 불확실한 상황에 닥치면 부정적으로 인식하고 다음을 준비한다. 왜냐하면 부정적인 상황으로 준비하고 있어야 신체를 안전하게 지킬 수 있기 때문이다. 하지만 상황을 부정적으로만 보는 것은 자신의 자존감을 낮추고 악순환을 만들어 내기 때문에 좋지 않다. 상황을 부정적으로 인식한다는 것은 자신이 그 상황을 극복하지 못할 것 같다는 생각이 그 안에 있기 때문이다.

어떤 사람은 너무 과하게 긍정적이다.

“면접은 못 봤지만 붙을 거야. 당연히 붙어야지. 내가 면접을 봤는데….”

정확한 현실을 인지하지 못하고 과하게 긍정적인 것도 회피의 일종이다. 그래서 실제로 자신이 본 면접은 엉망이었는데도 자신이 면접을 봤기 때문에 당연히 붙을 것이라고 생각하는 것이다. 이것을 비현실적인 낙관론이라고 하는데, 불행한 일들은 내 삶에서 일어나지 않을 것이라는 믿음이다.

부정적으로 상황을 받아들이거나 긍정적으로만 상황을 해석하는 것은 모두 건강하지 않다. 내부대화가 너무 부정적으로 치우치면 스스로 격려할 수 있어야 하고, 너무 긍정적으로만 상황을 해석한다면 나중을 대비하지 않는 자신에게 채찍질을 할 수 있어야 한다.

내부대화에 성공하기 위해서는 원하는 결과에 초점을 맞춰서 원하는 결과를 만들 수 있도록 자신을 격려하는 말을 해야 한다. 기도는 최고의 내부대화이다. 기도에는 주로 자신이 원하는 것을 이룰 수 있게 도와 달라거나 혹은 자신이 잘하지 못했던 부분을 반성하고 앞으로는 더 잘하겠다는 의지가 담겨 있다. 그래서 어렵고 힘든 일을 겪은 사람들이 종교를 갖고 기도를 하는 과정에서 삶의 의지를 찾기도 하고 용기를 얻기도 한다. 종교가 주는 힘이라고 생각할 수도 있지만, 자기 자신에게 하는 내부대화를 잘 이끌어 냈기 때문에 힘든 일을 잘 이겨 낼 수 있는 것이기도 하다.

내부대화를 잘 활용하기 위해서는 자신의 생각과 감정을 이해하면서 수용하는 것이 먼저이다. 있는 그대로 자신의 생각과 감정을 수용하고, 앞으로 어떤 행동을 해야 하는지에 집중하는 것이 중요하다.

CHAPTER 5

나의 감정을 표현하고 타인과의 관계를 조율하라

회사에서 살아남으려면 내 편을 만들어라

땅에 사는 '동물 나라'와 하늘을 나는 '새 나라' 사이에 전쟁이 났다. 전쟁을 하는 중에 동물 나라가 불리해지자 박쥐에게 도움을 요청했다. 전쟁에 끼고 싶지 않았던 박쥐는 날개가 달려 있으니 도와주지 못하겠다고 대답했다. 이번에는 새 나라에서 도움을 요청하면서 찾아왔다. 위험한 상황에 놓이고 싶지 않았던 박쥐는 날개를 거의 사용하지 못하기 때문에 도와줄 수 없다고 거절했다. 전쟁 중에도 박쥐만큼은 평화를 유지하면서 살았다. 어느덧 전쟁이 끝나고 동물 나라와 새 나라가 평화협정을 맺을 때가 되었고, 박쥐가 나타났다. 그러자 이구동성으로 박쥐에게 말했다.

"너 나가!"

그리고 박쥐는 혼자 동굴에서 살게 되었다.

중립을 지키는 것이 최선의 방법일까. 우리는 회사에서 살아남아야 한다. 매일 매일 스트레스와 싸우고 성과를 강요하는 상사의 압박에서도 이겨 내야 한다. 최대한 불필요한 갈등은 피하고 싶고, 사람들과 부딪치고 싶지 않은 것은 당연한 일이다. 그저 사람들 사이에 존재하고 있다는 사실만으로도 피곤하고 시달리는 듯한 느낌이 들기도 한다. 불필요한 일에서는 되도록 빠지고 싶고 다른 사람의 입방아에 오르고 싶지 않을 뿐이다.

가족과 함께 있는 시간보다 더 많은 시간을 보내는 곳이 직장이다. 새벽에 출근해서 야근하고 회식까지 하면 회사에서 보낸 시간이 15시간을 넘는다. 그런데 10명 중 4명은 회사에서 직장 동료와 대화를 나누는 시간이 30분 미만으로 나타났다. 대화를 나눌 만한 사람이 없거나 대화를 나눌 시간이 없다고 대답했다. 더 중요한 이유는 회사에서 동료들과 장시간 대화를 하다 보면 자신의 의도와 상관없이 오해가 생길 수 있고 갈등의 씨앗이 되기 때문에 동료들과 대화를 하지 않으려고 하는 것이다.

"적이 없다는 말은 내 편이 없다는 말과 같다."

한 드라마에서 나온 대사이다. 회사에서 적이 없으면 편하다. 그렇지만 적이 없는 것이 내 편이 많다는 것을 의미하는 것은 아니다. 오죽하면 직장인의 꿈이 회사를 그만두는 것이라는 말까지 나올까. 어차피 다녀야 하는 직장이라면 더 즐겁고 재미있게 다닐 수 있는 방법은 없을까. 시시때때로 닦달하는 상사와 말 안 듣는 부하 직원 사이에서 살아남으려면 어떻게 해야 할까. 회사를 그만둘 수 없다면 회사에서 답을 찾아야 한다.

직장 동료와 갈등이 없는 것이 소극적인 방식이라면 자신이 행복할 수 있는 환경을 만들기 위해서 노력하고 신뢰할 수 있는 관계를 만드는 것은 적극적인 방식이다. 서로 다른 사람들이 모이는 직장에서 다른 사람과 좋은 관계를 맺고 유지하려는 노력은 소속감의 욕구이다. 같은 직장에 소속된 것만으로 소속감의 욕구가 충족되는 것이 아니라 심리적으로 의미 있는 관계를 맺고 신뢰감을 갖는 소속감이 중요하다.

정신과 의사 보리스 시륄니크(Boris Cyrulnik)는 강제 수용소에서 공산주의자나 여호와의 증인과 같이 신념을 가진 사람은 종교적 신념을 갖지 않은 사람보다 공포심을 더 잘 견디고 고통에 의미를 부여해서 좌절을 견디는 힘이 더 강하다는 사실을 발견했다. 사회적인 결속력과 소속감은 면역력을 강화하면서 수명을 연장시킬 뿐만 아니라 수술 후 회복을 더욱 빠르게 한다는 연구 결과도 최근에 발표되었다.

사람은 사람 때문에 상처를 받기도 하지만 사람으로 치유받기도 하고 힘이 되기도 한다. 사람은 자신에게 의미 있는 사람과 함께 있는 것만으로도 신체적인 고통을 덜 느낀다. 심리적인 안정감과 신체적인 고통에 관한 연구가 많이 있다. 한 실험에서 여성들에게 극단적인 추위나 더위를 참도록 지시했다. 극단적인 온도에서 배우자의 사진을 보여주거나 배우자의 손을 잡은 여성은 추위나 더위를 더 잘 참을 수 있었다. 경사가 높은 언덕에서 내려오는 사람들에게 경사로의 위험도에 대해서 평가를 하는 실험에서도 친구와 함께 내려온 참가자가 혼자 내려온 참가자에 비해서 위험도를 평균 15% 낮게 평가했다. 즉 친구와 함께 내려온 사람은 경사로를 덜 위험하게 받아들인 것이다. 이렇게 다른 사람과 함께 있다는 사실만으로도 심리적으로 안전함을 느끼는 연구는 수없이 많다.

사람들은 자신이 속한 팀에서 왕따를 당하거나 배척당하거나 거절당하면 신체적인 고통을 느끼는 뇌의 부위가 활성화되어 실제로 고통을 느끼는 것과 마찬가지 상태가 된다. 미국의 UCLA에서 집단에서 소외됐을 때 어떤 변화가 있는지를 실험했다. 3명이 공을 서로 패스하는 비디오 게임을 하다가 한 명을 점차 공놀이에서 소외시켰다. 게임에서 소외당한 사람의 뇌를 자기공명영상으로 촬영하자 육체적인 고통을 느낄 때 반응하는 뇌 영역이 활성화되었다. 집단에서 소외당한다고 느끼면 뇌는 육체적인 고통을 느낄 때와 같은 반응을 보인다.

미국의 컬럼비아 대학교 생리학과에서도 비슷한 실험을 했다. 데이트 신청에서 거절당하는 것, 파티에 초대받지 못하는 것, 실연이나 이혼 등의 경험이 뇌에 어떤 영향을 미치는지를 실험했다. 그 결과, 거절당하는 경험도 전대상피질에 고통을 가하는 것으로 나타났다. 실연을 당한 피실험자에게 헤어진 연인의 사진을 보여 주었을 때의 고통은 화상을 입었을 때 느끼는 고통과 같았다. 집단 내에서 거부당하는 것이나 타인에게 거절당하는 것은 심리적인 고통만 주는 것이 아니라 육체적인 통증을 유발한다는 결과가 나왔다. 자신이 속한 팀에서 배척당하는 것은 매우 고통스러운 처벌이나 마찬가지이다.

인간이 소속감을 느끼는 것은 본능이므로 소속되기 위해서 노력을 한다. 그래서 자신이 속한 곳에서 사람들과 어떤 관계를 만들어 나가는지에 따라서 행복감을 느끼기도 하고 고통을 느끼기도 한다. 그저 갈등을 피하는 것만으로 행복감을 느낄 수 있는 것은 아니다.

사실 직장에서는 갈등을 회피하면 더 큰 문제가 생기는 경우가 많다. 고객사에 제출할 컨설팅 결과 보고서를 작성할 때 최적의 대안을 팀원들이 각자 다르게 판단하는 경우라면, 최적의 대안을 도출할 때까지 회의를 거듭해야 하고, 고객사에서 요구하는 납품 기일을 맞추기 위해서 공장에서 근무하는 직원과 일정을 조율해야 한다. 새로 개발된 제품의 성능과 디자인이 충돌할 경우라면, 연구개발팀과 디자인 부서가 서로 강하게 주장하면서 최고의 결과를 만들어 내야 한다.

회사에서 행복하려면 타인과 부딪치지 않는 것이 아니라 상황을 적극적으로 해결해 나가기 위해서 어떤 생각과 마음을 갖고 행동할 것인지가 중요하다. 회사라는 공간에서는 예상할 수 있는 최악의 일이 언제든 일어날 수 있다. 최악의 일이 발생할 때 자신의 생각과 마음을 다스리고 다른 사람들과 좋은 관계를 유지하기 위해서 노력하는 것은 우리가 생각하는 가장 이상적인 사회생활 방법이자 최고의 감정 조절 방법이다.

자신의 마음을 다스릴 수 있다면, 사회생활에서 떼려야 뗄 수 없는 다른 사람들을 어떻게 하면 내 편으로 만들 것인가에 대한 과제가 남아 있다. 상대방의 기분을 나쁘게 하면서 문제를 해결하는가, 상대방의 기분을 좋게 하면서 문제를 해결하는가. 이왕이면 상대방이 기분 좋게 스스로 도와주고 싶은 마음을 만들어 내는 것이 장기적으로 내 편을 만드는 길이다. 좋은 협력자이자 조력자를 많이 만드는 것은 회사에서 자신의 좋은 평판을 만들어 내는 방법이기도 하다.

최근 연구들에서 미래에 대한 긍정적 편향을 담당하는 뇌 부위가 밝혀졌다. 샤롯 교수는 지원자들을 두 그룹으로 나누어 비관적인 미래와 낙관적인 미래를 상상하도록 한 다음에 fMRI로 관찰했다. 그 결과 긍정적인 사람일수록 낙관적인 미래를 상상할 때 '감정뇌'라 불리는 편도체의 활동이 활발해졌다. 반대로 덜 긍정적이거나 우울 증세가 있는 사람들은 이 부분이 덜 활성화됐다. 미래에 대한 낙관주의는 그저 기분이 아니라 신경학적 활동과 연관이 있음이 증명된 것이다.

긍정적인 기대는 뇌 활동을 바꾸고 긍정적인 행동을 강화시켜 미래에 영향을 미친다. 샤롯 교수는 만일 우리가 "보너스를 받는다."거나 "맛있는 디저트를 먹을 거야."라고 긍정적인 기대를 갖게 되면 대뇌반구 기저부의 미상핵이 마치 방송국 아나운서처럼 우리 몸 전체에 "무언가 좋은 일이 일어날 것에 대비하라."고 외친다고 설명했다. 그는 "우리 머리엔 값싼 금속을 금으로 만들 수 있는 '철학자의 돌(연금술사의 돌)'이 있는 셈"이라면서 "낙관주의를 끊임없이 유지하는 방향으로 인간이 진화하고 있다."고 덧붙였다.

그렇다면 애써 긍정적인 기대를 하는 것은 우리 삶에 어떤 영향을 미칠 수 있을까. 뇌신경학자 사라 벵슨은 지원자들에게 부정적, 긍정적 기대를 조작하고 뇌를 스캐너로 관찰했다. 실험에서 일정한 과제를 주고 한 그룹에는 '똑똑하다, 지적이다' 같은 단어를, 다른 그룹에는 '멍청한, 무식한' 같은 단어를 사용했다. 그 결과 학생들은 긍정적인 단어를 들었을 때 실험 과제를 더 잘 수행했다. 뇌도 다르게 반응했다. 긍정 강화 그룹은 실수할 경우 전전두피질의 활동이 강화됐으나 부정

강화 그룹은 이 부분에 반응이 없었다.

이러한 연구는 직장에서의 성공은 능력보다 인간관계에 달려 있다는 말을 뒷받침해 준다. 그러나 갈등을 건설적으로 잘 해결하면 서로를 이해하는 기회가 되고 미래의 갈등을 예방하는 긍정적인 효과가 있어서 오히려 인간관계를 강화시킬 수도 있다. 인간은 타인과 관계를 맺고자 하는 욕구가 있으며 이러한 욕구를 충족하기 위한 목표도 지닌다. 그런데 구체적인 대인 상황에서 각자가 추구하는 욕구와 목표가 서로 다르기 때문에 대립하는 것이다.

예를 들어, 자녀 양육에서 한 사람은 인성 교육을 강조하며 자녀가 인간관계나 취미 활동에 좀 더 많이 참여하기를 바라는 반면, 한 사람은 학업 성적을 강조하며 자녀가 공부와 학원 수업에 몰두하기를 바란다. 이성 관계에서 한 사람은 자주 만나 좀 더 애정을 많이 교환하기를 원하는 반면, 다른 한 사람은 각자의 성취감을 높일 수 있는 활동을 더 중요시한다. 동아리 활동을 함께하는 친구 관계에서 한 사람은 구성원의 친목을 중시하며 더 잦은 회식과 야외 활동을 원하는 반면, 다른 한 사람은 동아리의 활동을 중시하며 발표회와 같은 행사 준비에 더 많은 관심을 갖는다.

이 밖에도 어떤 과제를 함께 수행하는 과정에서 역할 분담에 대한 의견이 상충하거나, 현실적인 이해관계에서 서로 추구하는 이익이 대립하거나, 서로에 대한 애정과 신뢰를 표현하는 방식에서 차이가 나타날 경우 갈등이 발생하게 된다. 이처럼 대인 관계에서 서로의 욕구와 목표가 대립하거나 충돌하게 되는 경우 대인 갈등이 발생하게 된다.

타인을 기분 좋게 만들어서 함께 일하고 싶게 하라

SNS에서 '당신의 직장에 이런 사람 반드시 있다.'는 글이 인기를 끈 적이 있다.

1. 회식마다 술 강권하는 동료
2. 상습적으로 주변 험담을 하는 동료
3. 기획력보다 디자인 예쁜 PPT 만들고 칭찬받는 동료
4. 내 실적 가로채는 하이에나 상사
5. 매사에 투덜거리는 동료
6. 컴퓨터를 다루지 못해서 보고서를 대신 만들라는 상사
7. 매사에 잘난 척하는 동료
8. 말이 잘 안 통하고 자주 업무를 잊는 동료
9. 고맙다는 말을 할 줄 모르는 동료
10. 상사 앞에서만 열심히 하는 동료

왜 사람들은 남의 이야기를 그렇게 쉽게 하는 것일까. 왜 사람들은 내가 싫어하는 것이 무엇인지 기가 막히게 알아서 꼭 그 행동을 하는 것일까. 왜 사람들은 내게 부탁하는 것을 당연하게 생각할까. 도저히 알 수가 없다. 다른 사람들을 바꿀 수 있는 능력을 가질 수만 있다면 무엇이든지 할 것 같은 생각도 든다.

조직심리학 연구에 따르면, 복리후생이나 관리자 등 직장 내 환경과 직장 내 인간관계에 대한 만족도가 높을 때 가장 높은 성과를 달성한다고 한다. 그러나 직장 내 환경의 만족도가 아무리 높아도 직장 내 인간관계의 만족도가 낮으면 성과가 낮다고 한다. 결국 좋은 인간관계는 성과와 연결되기 때문에 역량으로 구분된다. 업무를 진행하다 보면 부서 내 동료의 도움이 필요할 때도 많지만 다른 부서 사람들에게 도움을 요청해야 할 일도 많고 직장 외부 사람들에게 도움을 받아야 할 일도 많다. 따라서 대인 관계 역량의 핵심은 바로 의사소통 능력이다.

인간을 비롯해서 대부분의 동물에게 의사소통은 생존의 수단이다. 유인원과 인류 사이를 잇는 것이 호모 하빌리스인데, 유인원보다 뇌의 용량이 50% 정도 더 컸고, 손재주가 있고 도구를 사용할 줄 알았다. 인류 진화의 요인 중 가장 중요한 것 2가지는 직립보행과 뇌의 발달이다. 두뇌의 용량이 커지면서 지능이 발달하고 언어를 사용하여 의사소통을 할 수 있게 되었다.

인간이 다른 포유류에 비해서 더 뛰어난 이유는 집단 내에서 언어를 사용하면서 상호작용을 하기 때문이다. 서식스 대학교의 로빈 교수는 언어의 일차적인 기능을 집단 내 구성원 간의 정보 교환이라고 주장한다. 인간의 인지 능력은 뇌의 가장 바깥쪽에 있는 신피질의 크기에 따라 달라지는데, 신피질의 크기는 집단의 규모와 크기에 따라서 달라진다. 집단의 구성원이 많을수록 신피질이 발달한다. 집단 구성원 간의 사회적인 접촉 시간도 뇌의 크기와 관련이 있다.

가까운 사람들과 안정적인 관계를 유지할 때 뇌가 발달하고 인간의 능력도 향상된다. 다른 사람과 의미 있는 관계를 갖는 사람들은 평균 수명보다 더 오래 살고 신체적·정신적으로 훨씬 더 건강하다. 알코올 중독이나 마약 중독, 도박 중독과 같은 중독의 문제도 결국은 단절된 인간관계와 외로움을 중독을 통해서 대리만족하는 것이기 때문에 인간에게 의미 있는 안정적인 관계는 매우 중요하다.

직장 동료 중에서 손발이 잘 맞는 사람들은 뇌 활동도 일치한다는 연구 결과가 나왔다. 일본 히타치 제작소의 코이즈미 히데아키 박사 연구팀은 2명이 서로 협동하여 작업할 때는 뇌 활동과 시간이 일치한다고 밝혔다. 연구팀은 눈을 가린 2명의 실험대상자를 서로 마주보고 앉게 한 다음 10초를 세고 나서 동시에 버튼을 누르도록 한 후 버튼을 누르는 순간의 뇌 혈류량 변화를 측정하였다. 그 결과 버튼을 누르는 타이밍이 거의 동시에 이루어진 경우, 두 사람의 뇌 활동 패턴이 비슷한 것으로 나타났다. 이는 타인과 호흡을 맞추어야 하는 업무의 경우, 사고 패턴에 중요한 단서를 제공한다.

잡코리아가 남녀 직장인 927명을 대상으로 실시한 설문 조사에서 동료와 상사, 부하 직원을 내편으로 만드는 요령을 배우고 싶다고 대답한 사람이 43.2%를 차지했다. 좋은 관계를 만들고 유지하기 위해서 타인의 감정을 이해하는 감수성과 자신의 감정을 이해하는 감정관리 능력은 기본이다. 연구에 의하면 리더십이 뛰어난 관리자는 감정이입을 통해서 타인을 이해하고 자신의 감정을 조절하는 능력이 우수한 것으로 나타났다. 타인에 대한 감정이입 능력과 자신의 감정관리 능력은 관계관리 능력이자 갈등관리 능력이다.

사람은 태어나서 가정과 가족이라는 조직에 속해서 자라나고, 초·중·고등학교를 거쳐서 계속 조직에 소속되면서 성장한다. 그리고 다른 사람들과 관계를 맺으며 살고 있다. 인간은 다른 사람들과의 관계 속에서 살아가기 때문에 커뮤니케이션을 통하지 않고는 다른 사람과의 관계를 유지할 수 없다.

미국 브리검영 대학교 연구 결과, 사회생활을 활발히 하면서 좋은 인간관계를 유지하는 이들은 그렇지 않은 사람들보다 먼저 죽을 확률이 50% 낮다고 한다. 연구진은 대인 관계가 건강에 미치는 영향에 관한 기존 연구들을 재분석한 결과 이 같은 결과에 도달했다. 이를 위해 연구진은 30만 8,000명을 대상으로 한 148건의 연구를 들여다봤다. 연구진은 대인 관계가 적은 것은 알코올 중독자가 되는 것과 맞먹을 정도로 나쁜 영향을 끼치며, 운동을 하지 않는 것보다도 더 나쁘며, 비만보다는 배나 해롭다고 주장했다. 이 연구를 주도한 줄리안 홀트 룬스타드 교수는 "대인 관계가 부족한 것은 하루에 담배를 15개비 피는 것과 같다."며 대인 관계의 중요성을 강조했다. 그리고 "다른 위험 요인들을 낮게 평가하는 것은 아니다."면서 "그렇지만 대인 관계도 이젠 심각하게 고려해야 한다."고 밝혔다.

팀의 정의는 상호 보완적인 기술이나 지식을 가진 둘 이상의 구성원이 공동의 목표 달성을 위해 신뢰하고 협조하며 작업 결과에 대해 상호 책임을 공유하는 과업 지향적인 집단이다. 이런 의미에서도 볼 수 있듯이 팀은 공동의 목표, 공동의 문제 해결 방법, 소수의 인원, 공동 책임, 상호 보완적 기술을 가진 팀원들로 구성된다.

전설의 록밴드인 비틀즈의 구성원 개개인은 그다지 뛰어난 뮤지션이 아니었다고 한다. 그들이 전설로 회자될 수 있었던 것은 함께 있을 때 최고의 실력을 발휘했기 때문이다. 비틀즈는 한 명의 리드 보컬이 악기 연주자들을 이끌고 노래한 것이 아니라 구성원 각각이 주연이 될 수 있도록 하였다. 심지어 드럼주자인 링고스타도 노래를 했다. 이들은 각자의 개성과 팀워크를 결합시킴으로써 시너지를 창출할 수 있었던 것이다.

뇌는 인간의 모든 의식과 무의식, 감정과 사고와 행동의 출발점이다. 그리고 생리 작용과 감정, 느낌의 제어판이다. 인간의 뇌는 생존과 감정을 우선 처리하도록 되어 있다. 정서는 대뇌피질의 가장 기본이 되는 반응으로 생존하기 위해서 대뇌 변연계에서 발생하며, 다양한 욕구에 따른 행동을 하게 한다. 즉 대인 관계 역량은 인간이 살아가면서 안전하게 살기 위한 또 하나의 장치인 셈이다.

욱하지 말고 차분하게 표현하라

다음은 일상생활에서 겪는 일들을 어떻게 대응하는가에 대한 질문이다. 이런 질문을 받았을 때 당신은 어떻게 대답하는가?

직장 상사 - 당신! 이 정도밖에 일 못해요?
직장 동료 - 대리님, 일처리를 이렇게 하시면 어떻게 합니까?
부하 직원 - 과장님, 이거 이렇게 처리하면 되는 거 모르셨어요?

1. 죄송합니다.
2. 일단, 죄송합니다. (속으로는 화가 나 있고, 기회가 되면 복수하겠다는 다짐을 한다.)
3. 제가 뭐를 잘못했는데요? (언성을 높이며 싸울 태세를 갖춘다.)

같은 말이라고 해도 누가 하는 말인지에 따라서 대응이 달라진다.

직장 상사가 일을 이 정도밖에 못하느냐고 비난하면 더 고민할 것도 없이 죄송하다고 대답한다. 직장 동료가 비난하면 욱하긴 하지만 그래도 좋게 설명하려고 노력한다. 반면에 부하 직원이 비슷한 뉘앙스로 비난하면 그땐 욱해서 막말이 튀어나올지도 모른다. 우리는 사람을 가려서 욱한다.

많은 사람이 욱하는 상황이 되면 자신의 내면에서 감정과 생각이 어떤 시스템에 의하여 작동되는지에 대한 관심보다는 남들한테 화나지 않은 척을 할 것인가에 대해서만 관심이 있다. 인간은 로봇이 아닌데, 감정이 상했을 때 행동만 친절할 수 있겠는가. 내적 요소를 모두 점검했다면 이제 다른 사람들과의 관계에서 어떻게 대처하면서 분노를 다스릴 것인가에 대해서 다뤄야 한다. 화가 나는 상황은 언제 어디서 발생할지 모르고 그 상황에서 어떻게 대처할 것인가가 감정을 조절한 '결과물'이 되기 때문이다. 욱할 줄 몰라서 안 하는 것이 아니라 우아하게 상황을 대처하는 방법을 훈련해야 한다.

1번 – 수동형 대응

수없이 많은 감정 조절 방법 중 첫째는 바로 내면의 정지 버튼을 누르는 것이다. 심호흡을 하는 것도 좋다. 모두 감정을 멈추는 방법이다. 일단 화가 나는 상황에서는 분노 게이지가 더 이상 올라가지 않도록 하는 것이 가장 중요하다. 분노라는 감정은 멈추려고 노력하지 않으면 그 끝을 모르게 올라가는 경향이 있다. 그래서 욱하는 감정이 생겼을 때 5초만 관리할 수 있으면 화내지 않을 수 있다는 말이 정설처럼 나온다. 문제는 5초를 관리하고 거기에서 끝난다는 것이다. 그래서 많은 사람이 '욱할 때 잘 참는 것'이 분노 조절이라고 착각하는 것이다. '욱할 때 분노를 잘 참는 것'은 다른 의미로 보면, 다른 사람이 하는 행동을 그대로 수용해서 받아들인다는 수동형(억압형) 감정 표현 방식에 해당하는 경우가 많다.

인간관계의 기본 원칙 중 하나로 황금률이 있다.

'대접받고 싶은 대로 대접하라.'

그래서 상대방에게 참 잘해 주는데 상대방은 오히려 그것을 악용해서 계속 부탁만 한다거나 이용해 먹는 경우가 너무나 많다. 그래서인지 다음과 같은 개그맨 박명수 어록에 열광하기도 한다.

"세 번 참으면 호구된다."

욱할 때 참는 것이 진짜 정답일까? 반은 맞고 반은 틀리다.

욱해서 분노 게이지가 마구 오를 때 참는 것은 정답이다. 하지만 일단 참고 나서 자신이 어떤 대접을 받을 것인가를 선택해야 한다. 그리고 상대방이 기분 나쁘지 않게 자신이 받고자 하는 대우를 상대방이 할 수 있도록 요구하거나 요청해야 한다. 이것이 분노 조절에서 가장 중요한 핵심 포인트이다. 분노 조절은 인내심 테스트가 아니다. 인간은 학습의 동물이기 때문에 자신이 한 행동과 상대방의 반응을 기억한다. 상대방의 반응에 따른 자신의 행동 패턴을 기억한다. 그리고 이것이 관계가 된다. 다른 말로 하면 역할놀이가 시작되는 것이다.

친구들과의 관계를 기억해 보면 아주 쉽다. 친구들은 각기 너무나 다른 개성을 갖고 있다. 10명의 친구가 있다면 10명에게 똑같이 대하는 것이 아니라 상대방의 성격이나 관계, 역할에 따라서 나의 행동이 다르다. 어떤 친구를 만나면 농담을 잘하는 모습이고, 다른 친구를 만나면 펴 주는 모습이고, 또 다른 친구를 만나면 욕하면서 뒹구는 모습이다.

직장 생활에서는 어쩔 수 없는 '입장'과 '역할'에서 생기는 관계가 있다. 부하 직원의 역할, 상사의 역할, 거래처의 역할, 갑 혹은 을의 역할 등에서 반드시 해야 한다고 생각하는 기준이 있다. 그래서 누가 알려주지 않아도 그 사회적인 역할에 충실하게 따른다. 그런 사회적인 역할에 맞지 않는 행동을 하면 신랄하게 비판하고 비난하기 때문에 각자의 역할에 맞는 행동을 하려고 노력한다.

언어폭력이 난무하는 상황에서조차 상대방의 말에 대응하지 않고 수동적으로 수긍하는 것이 좋은 관계를 유지하는 데 반드시 필요한 일일까. 이것을 시작으로 한 명은 공격적으로 소리 지르고, 한 명은 듣기만 하는 또 하나의 '역할'이 생기는 것이다.

직장에서도 마찬가지이다. 상사라고 부하 직원 모두에게 똑같은 행동을 하고 똑같이 대하는 것은 아니다. 사람에 따라서 다르게 행동하고 다른 언어 표현을 한다. 아무리 부하 직원이라고 할지라도 화가 났을 때 욱하는 감정 그대로 화를 내는 직원이 있는가 하면 말을 조심하면서 혼을 내는 직원도 있다. 결국 상대방이 자신을 어떻게 대하는지는 자기 자신이 정하는 것이다. 고분고분하게 상대방이 욱하는 것을 받아주기만 하면 호구되기가 쉽다.

2번 – 수동공격형 대응

화가 났다고 직접 표현하는 대신에 상대방을 은근히 골탕 먹이는 방법으로 자신의 화를 표현하는 유형이다. 한국 사람들에게서 흔한 유형인데, 뒤끝 있는 성격이라는 말을 들을 수 있다. 화는 나지만 직접 대응하자니 걸리는 것이 한두 가지가 아니고, 참자니 열 받아서 잠이 안 온다. 그래서 삼삼오오 모여서 상사를 안주로 씹다 보면 조금 풀리는 것 같은 느낌이 든다. 오죽하면 한국 사람은 스트레스를 해소하기 위해서 술을 마신다는 답변이 많을까.

학교에서만 왕따가 있는 것이 아니다. 직장에서도 왕따는 매우 심각한 문제이다. 단체 채팅방에 초대하지 않는다거나 일부러 공식적인 행사 일정을 알려주지 않는다. 또 식사하러 가거나 회식할 때 장소를 알려주지 않고, 말을 걸지 않는 방법으로 왕따를 시킨다. 이 유형은 마음에 들지 않는 사람을 차단하거나, 단체 채팅방에서 내보내거나, 직접적으로 표현하지는 않지만 상대방에게 불이익이 갈 수 있는 행동으로 표현한다.

수동공격적이지만 행동이 조금 더 공격적인 경우도 종종 볼 수 있다. 공기업이나 공무원들의 부정부패를 막기 위한 신고 독려 제도를 이용해 공격하는 것이다. 부정부패를 했다고 신고하지만 실제로는 신고 당사자가 아주 작고 사소한 꼬투리를 빌미로 복수해 버리는 것이다. 또는 감사를 받게 하고 이상한 소문이 나게 만들어서 아무런 잘못이 없는 사람을 사회에서 매장당하게 하는 경우도 있다.

이렇게 간접적으로 상대방을 곤란하게 만드는 이유는 자신이 화가 났다는 사실을 직접 말할 수 없는 대상이거나 자신이 표현할 수 있는 기술이 부족하기 때문 등 여러 이유가 있다. 결국 상대방의 문제가 아니라 표현하지 못하는 문제가 수동공격적인 방식을 만들어 낸 것이다. 수동공격적인 사람들도 수동형인 사람들과 마찬가지로 자신이 원하는 것을 직접 표현하는 것이 가장 중요하다. 하지만 표현할 수 없는 대상이거나 자신이 상황을 왜곡해서 받아들였거나 그저 자신이 화가 난 것이라면 자신의 분노나 공격성을 인식하고 직장 동료와 잘 지내기 위해서 어떻게 해야 하는지에 대한 목표를 다시 설정하고 목표에 집중해야 한다.

어울릴 때는 기분 좋게 만났는데 뒤에서 흉을 본다거나 이상한 소문을 내는 사람이 있다고 생각해 보자. 앞에서는 싫다는 말을 단 한마디도 안 해서 즐겁고 기분 좋게 어울렸다고 생각했는데, 알고 보니 기분 나쁜 일이 있었고 그래서 흉을 보고 다닌다는 사실을 알게 되면 배신감이 먼저 든다. 이런 사람과는 어울리지 않는 것이 가장 좋은 처신 방법이다. 그래서 수동공격형의 분노 표현을 하는 사람들은 주변에 점점 사람이 없게 되고 만다.

3번 – 공격형 대응

화가 나면 자신이 화가 났다는 사실을 모든 사람이 알 수 있도록 공격적으로 대응하는 경우가 있다. 상대방에게 자신의 감정을 드러내면서 말하는데, 목소리에 억울함을 담아 말하거나 짜증을 섞어 말한다.

나는 상사의 입장에서 말대꾸를 하는 부하 직원을 간혹 만나게 된다. 자신의 감정을 있는 그대로 표현하거나 지시하는 업무에 대해서 말대꾸를 하는 신입사원도 종종 경험한다. 최선을 다하지 못한 사람이 할 말이 많고 변명이 많은 법이다. 제대로 일을 하지 못한 사람들이 하는 말들을 들어보면 정말 억울한 것투성이다. 재미있는 사실은 어떤 것은 '말대꾸'이지만 어떤 것은 '의견'이 된다. 좋은 의견인데 말대꾸 형태로 표현하다 보니 인정을 받지 못하는 것이다.

억울한 듯이 하는 말대꾸는 공격형 대응에 해당한다. 특히 자신도 모르게 짜증이 섞인 말투를 사용한다면 이것은 100%이다. 물론 좋은 소리를 못 들었기 때문에 짜증 섞인 대응이 나오는 것이겠지만, 직장이라는 공간에서 상사에게 좋은 소리만 들을 수는 없는 법이다.

상사에게 듣는 피드백이 정당한 업무 피드백인지 언어폭력인지는 들어보면 구분할 수 있다. 구분을 해서 정당한 피드백이면 받아들이고 언어폭력이면 상사에게 존중해 달라고 표현할 수 있어야 한다. 그런데 현실은 상사가 화가 나서 마구 쏟아 부을 때면 욱하는 마음에 자신의 억울함을 표현하거나 울거나 맞받아친다. 아니면 지금까지 가슴에 담아 뒀던 말들을 모두 하고 사표를 쓰고 나가거나, 회식자리에서 술김에 폭력이 오가기도 한다.

공격적인 반응이 위험한 이유는 자신이 한 행동의 결과가 자신에게 바로 직접적으로 영향을 주기 때문이다. 만약 자신의 감정을 고스란히 드러내는 공격형 감정 표현을 하는 사람이 상사라면 어떨까. 공격형 팀장이 있는 팀은 팀장을 제외한 나머지 사람들은 대부분 수동형이거나 수동공격형이 될 가능성이 높다.

공격형인 팀장은 부하 직원이 보고를 할 때면 뱃속 아래 깊은 곳에서부터 묵직한 것이 올라오면서 화가 나기 시작한다. 그래서 부하 직원이 보고를 시작하면 얼마 안 있어서 "왜 일을 그것밖에 못했어요?"라든지 "그 정도밖에 처리 못해요?"라는 말을 쏟아낸다. 그런데 보고를 다 듣고 나면 부하 직원이 알아서 일처리를 다 끝내 놔서 가끔 먼저 화를 낸 것이 미안하기도 하다. 부하 직원 입장에서는 나름대로 처리를 잘했는데 괜히 먼저 욕을 먹기 때문에 보고만 하면 기분이 나빠진다. 이럴 경우 부하 직원이 결론을 먼저 말했다면 괜찮았을지도 모른다. 하지만 진짜 문제는 감정을 공격적으로 표현하는 방식은 습관이기 때문에 언제 어떻게 욱하고 상대방에게 상처를 주는 말을 할지 모른다는 것이다.

간혹 수동형이나 수동공격형의 사람들이 참다못해서 폭발하는 경우도 있다. 가끔 자신이 화가 났다는 사실을 알지 못한 상태로 습관적으로 목소리가 커지면서 말을 하는 사람도 있다. 목소리가 커지고 상대방에게 비난하듯이 말을 하는 사람들의 주변에는 사람이 없다. 옆에 있는 것만으로도 상처를 받기 때문에 주변에 사람이 남아 있을 수가 없다. 자신이 공격형이라고 생각한다면 일단 다른 사람에게 상처를 줄 수 있다는 사실을 인지해야 한다.

욱하지 말고 정확하게 표현하라

팀을 이끌어 가는 리더는 자기 자신의 스트레스 관리를 위해서도 공격형 분노 표현 방식을 줄여야 하지만 팀을 위해서라도 분노를 조절해야 한다. 팀의 분위기는 리더의 기분과 감정에 상당히 많이 좌우된다. 특히 자신의 감정에 따라 업무 처리가 달라진다면 부하 직원들은 상사의 기분을 살필 수밖에 없다. 그래서 보고를 할 때도 팀장이 기분 좋을 때 하려고 하고, 보고를 해야 하는 직원은 하루 종일 팀장의 눈치를 보게 된다.

관리자가 자신의 감정을 관리한다는 것은 개인적인 행복의 차원을 넘어서 팀원들이 일하기 좋은 환경을 만들어 준다는 의미이기도 하다. 팀장이 하루 종일 불쾌해 있으면 부하 직원들이 팀장의 눈치를 보느라 시간적·감정적 소모가 만만치 않기 때문이다.

비슷한 일이 가정에서도 나타난다. 부모가 회사에서 안 좋은 일이 있는 날이면 저녁에 아이들의 사소한 장난에도 불같이 화를 낸다. 평상시에는 약간 어질러져 있는 것은 괜찮았는데 기분이 안 좋은 날이면 계속 잔소리를 한다. 이렇게 일관성이 없는 행동을 하면 아이는 부모의 기분을 살피게 되고 부모가 기분이 안 좋을 때면 방에서 나오지 않는 것이 최선이라고 생각하게 된다. 그러다 보면 부모와 말을 하지 않으려 하고 결국 관계가 단절되고 만다. 성과가 높은 팀이 되기를 원한다면 팀원들이 최상의 성과를 낼 수 있도록 물리적·심리적으로 편안한 환경을 만들어 주어야 한다. 행복한 가정을 원한다면 행복할 수 있는 환경을 만들어 주는 것이 부모의 역할이다.

우리는 상대방이 화를 낼 때 어떻게 대응해야 하는지에 대해 제대로 된 방법을 배운 적이 없다. 그래서 누군가가 화를 내면 그냥 잠자코 있거나, 욱하는 방법을 사용하는 것이다. 이럴 때 어떻게 행동해야 하는지, 어떻게 해야 자신이 제대로 대우를 받으면서 원하는 상황으로 만들 수 있는지를 모르기 때문이다. 그래서 일단 죄송하다는 말을 하고 혼자서 화가 난 감정을 '처리'하는 것이 최선이라고 생각한다.

어떤 회사에는 직원들의 스트레스 해소를 위해 힐링룸이라고 해서 샌드백과 권투 글러브가 있는 공간이 있다. 스트레스 해소를 위해서 개인적으로 권투를 배우는 사람도 있다. 글러브를 끼고 샌드백을 치면서 상사의 얼굴을 치는 듯한 통쾌함을 느끼는 것일까. 누군가는 책을 읽기도 하고 여행을 가기도 한다. 휴가가 최고의 스트레스 해소 방법이라고 생각하는 사람도 있다. 누군가는 회사에서 벗어나는 것이 힐링이라고 말하기도 한다. 하지만 이런 방법들이 항상 좋은 것은 아니다. 상사 때문에 열 받을 때마다 샌드백을 치는 습관을 들인다면 학습 효과 때문에 상사에게 언제 주먹을 날릴지 모르게 되기 때문이다. 회사를 벗어나는 것으로 스트레스를 해소한다는 말은 회사에 출근하면 다시 스트레스가 시작된다는 말이기도 하다.

회사라는 공간에서 느끼는 감정들은 자신이 경험하는 상황을 어떻게 받아들이는가를 반영한다. 업무는 자신이 경험하는 상황을 해결해 나가는 것이다. 업무 과정 중에 일에 관련된 피드백도 주고받으면서 성과를 내야 하는 공간이 직장이다. 그러려면 직장의 한 구성원으로서 존중받으면서 일을 하는 것이 중요하다. 그러므로 존중받지 못했을 때는 반드시 요구할 수 있어야 한다. 자신이 어떤 입장인지, 혹은 어떤 역할을 맡고 있는지는 중요하지 않다. 자신이 원하는 것이 무엇인지를 정확하게 표현하면 불필요한 분노를 줄여서 좋은 관계를 유지할 수 있게 된다. 물론 자기가 하고 싶은 말과 행동이 다른 사람들의 분노를 유발하거나 불편하게 만들면 안 된다.

감정을 조절하는 방법을 잘 알고 있고 스스로 감정 관리를 잘한다고 하는 사람들을 관찰해 보면 재미있는 사실을 발견할 수 있다. 자기 자신은 감정 관리를 하면서 대화를 잘하는데 상대방은 점점 얼굴이 달아오르고 화가 나기 시작하는 것이다. 자신은 감정 관리를 잘하지만 상대방은 열 받게 만드는 것이다. 이는 서로 문제를 해결하기 위해서 최선을 다해야 하는데 감정 관리라는 명분만 앞세운 채 문제를 제대로 해결하지 않고 타협을 하지 않기 때문이다.

감정을 관리한다는 것은 갈등을 관리하고 더 나은 해답을 찾는 것이다. 그러기 위해서는 욱하지 말고 문제를 해결할 수 있도록 상대방과 대화를 할 수 있어야 한다. 자신의 마음이 무엇을 원하는지를 천천히 뜯어보고 관찰해 보면서 문제를 해결해 나가다 보면 욱하는 것보다는 차분하게 표현하는 것이 자신에게 더 이득이라는 사실을 알게 된다. 자신의 감정을 구체적으로 표현할 수 있는 표현 훈련법이 꼭 필요하다.

구체적이고 명확하게 표현하라

남자는 절대 못 푸는 문제 1

남녀가 토요일에 짧은 데이트를 하고 있었다. 그런데 남자가 갑자기 일요일에 친척 병문안을 가야 하기 때문에 6시까지는 집에 들어가야 한다고 말했다. 그러자 여자는 "난 내일 늦게까지 푹 자야겠다."고 말했고, 남자는 "알았다."고 한 후 헤어져 집에 왔다.

다음 날 일요일 아침에 남자도 푹 자고 12시가 돼서 일어났는데 12시 반쯤 여자한테서 "아직 자?"라는 문자가 왔다. 남자는 "아니 방금 일어났어."라고 답문을 보냈다. 그런데 여자가 화를 냈다. "왜일까?"

남성들은 아무리 여러 번 읽어 봐도 여자가 화난 이유를 알지 못한다. 하지만 여성들은 비교적 쉽게 정답을 맞힌다.

남자의 사정으로 토요일에 데이트를 잠깐밖에 못하고 헤어졌으면 일요일 아침 일찍부터 연락해야 하는데, 여성이 늦잠 자겠다고 한 말을 있는 그대로 믿고 오후까지 연락하지 않았기 때문이다.

남자는 절대 못 푸는 문제 2

한 드라마에 나왔던 내용이다. 여자가 새 집으로 이사를 했다. 문을 닫으면 페인트 냄새로 머리가 깨질 것 같다. 하지만 문을 열어 놓으면 계속 기침이 난다. 이때 남자친구가 방으로 들어왔다. 그래서 여자가 남자친구에게 말을 했다. "자기야, 문을 닫으면 페인트 냄새로 머리가 깨질 것 같고, 문을 열어 놓으면 매연 때문에 기침이 계속 나는데 어떻게 하지? 문을 여는 게 좋을까? 닫는 게 좋을까?"

남자들은 매연보다는 페인트 냄새가 낫지 않냐고 하면서 문을 닫자고 말을 하거나, 문을 열어 놓는 게 낫다고 대답을 한다.

정답은 "괜찮아? 병원에 가야 되는 것 아니야?"였다. 이 정답을 들은 남자들은 도저히 이해가 되지 않는다고 말한다.

문제를 풀지 못하는 남자가 잘못일까, 아니면 남녀의 생각 차이가 문제일까. 사람들은 남녀가 이렇게 다르기 때문에 서로 이해하지 못한다고 말한다. 그런데 여기에서 문제는 남녀 간의 의사소통이 아니라 자신이 원하는 것을 정확하게 말하지 않는 것이다.

첫 번째 상황에서 여성은 남성의 개인적인 일정 때문에 데이트를 하지 못하는 것이 서운하면 일요일이라도 아침 일찍부터 데이트를 하자고 말하면 된다. 두 번째 상황에서도 문을 여는 것이 나을지, 닫는 것이 나을지를 물어볼 것이 아니라 내가 지금 너무 괴로우니 걱정해 달라고 말을 하면 좋았을 것이다. 소통에서 가장 큰 문제는 이처럼 자신이 원하는 것이 무엇인지, 상대방이 무엇을 해 주기 바라는지를 정확하게 표현하지 않는 것이다.

자신의 생각과 원하는 바를 정확하게 표현하는 능력을 키워야 한다. 아무리 가까운 사이라고 하더라도 말을 하지 않으면 절대로 모른다. 이 세상의 어느 누구도 말하지 않는데 그 사람이 원하는 것을 정확하게 해 줄 수 있는 사람은 없다. 그런데 말로 표현하지 않으면서 상대방이 알아줄 것이라고 착각하는 사람이 의외로 많다.

자녀가 아무 말도 하지 않고 심통을 부릴 경우, 이유를 추측할 수 있을지는 모르지만 정확한 원인을 알 수 없는 것은 당연하다. 그래서 많은 부모가 자녀와 대화를 하지 못할 뿐만 아니라 우연한 기회에 자녀와 대화하면 깜짝 놀라게 된다. 왜냐하면 자녀들이 부모 입장에서 한 번도 추측해 본 적이 없는 말들을 꺼내면서 부모에게 서운하다고 말하기 때문이다.

자신의 생각과 의견을 전달하는 것과 자신의 감정과 욕구를 말할 수 있는 것은 '능력'이다. 자신의 생각과 감정을 표현해 본 적이 없기 때문에 자신이 원하는 것을 얻어 낼 수 있는 능력이 없는 것이다. 상대방이 알아서 신경 써 주기를 바라는 것밖에 할 수 없다면 얼마나 무기력한가.

화가 났을 때 즉각적으로 가볍게라도 분노를 표현하는 것은 상대방에게 그 행동을 하지 말라는 경고의 메시지이다. 내가 무엇을 싫어하는지를 알려주는 것이므로 상대방이 좋은 관계를 유지하고 싶어 한다면 화가 난 사실을 알아차리고 사과를 하거나 다시는 그런 행동을 하지 않는다. 하지만 즉각적으로 화내는 것보다 더 좋은 방식은 자신이 약간 화가 났다고 말하는 것이다. 사람들은 적당한 분노를 표현하는 사람에게 권력과 지위를 준다. 협상에서도 적당한 분노를 표현하는 사람이 자신이 원하는 것을 더 많이 얻는 경향이 있다. 그래서인지 일부러 화를 내기도 한다. 하지만 전략적이든 무의식적이든 화내는 행동 자체는 자기 자신에게 큰 스트레스로 작용한다.

살다 보면 감당하기 어려운 일들이 수시로 생기게 마련이다. 그런데 어찌해 볼 수 없는 상황에서조차도 자신의 생각과 감정을 정확하게 표현하고 원하는 것을 얻어내는 사람이 있다. 이 세상의 모든 부하 직원이 상사에게 말 한마디 못하고 시키는 대로만 하는 것은 아니다. 말을 하면 안 된다고 생각하는 부하 직원만 그럴 뿐이다.

나만 행복한 것이 아니라 우리가 함께 행복하게 살면서 서로를 있는 그대로 인정하기 위해서는 자기가 원하는 바를 정확하게 표현할 수 있는 능력이 필요하다. 가장 어려운 상대에게 내가 바라는 점을 정확하게 표현하고 좋은 관계를 유지할 수 있다면 우리가 하는 고민의 70% 이상은 해결된다. 하지만 상대방이 어떻게 받아들일지를 예측할 수 없거나 예측이 너무 뻔하면 말을 꺼내 보기도 전에 지레 겁부터 먹는다.

직장에서의 좋은 관계는 부하 직원만 노력한다고 해서 이루어지지 않는다. 상사와 부하 직원, 동료들이 서로 노력해야 한다. 부하 직원이 상사에게만 맞추는 관계가 아니라 상사도 부하 직원의 성향에 맞추면서 성과를 내야 한다.

부드럽게 말문을 열어라

좋은 관계를 유지하면서 원하는 것을 표현하는 것의 핵심은 '무엇을 말하는가?'보다 '어떻게 말하는가?'이다. 그래서 화가 났더라도 화가 난 감정을 있는 그대로 분출하는 것보다는 가공하고 포장해서 예쁘게 전달하는 것이 중요하다. 그러면 상대방도 원하는 것을 주고 싶어진다. 빙빙 돌려서 강요 아닌 강요를 하거나, 혼자 화가 나서 표정으로만 화난 사실을 표현하지 말고 말로 표현해야 한다.

신입사원들과 대화를 하다 보면 직원에 따라서 얄밉게 요구하는 직원도 있고, 구시렁거리듯 요구하는 직원도 있고, 요구인 것 같지 않지만 들어줘야겠다는 생각이 들게 하는 직원도 있다. 그 이유는 말하는 방법 때문이다. 상대방의 생각을 바꾸는 미묘한 차이를 만들어 내는 것이 바로 '어떻게 말을 하는가?'이다. 상대방과 좋은 관계를 유지하면서 요청 내용을 구체적인 행동으로 요구하고 정확한 기대 사항을 말한다. 무엇보다도 사람의 마음을 움직이는 것은 부드럽게 말하는 '표현 방식'이라는 사실을 잊지 말자.

객관적인 상황을 말하라

자신의 생각과 감정을 표현하는 것은 단순히 나의 감정을 전달하는 것을 말하는 것이 아니다. 나의 생각과 감정을 표현하면서 상대방을 설득하는 과정이 포함된다. 그렇기 때문에 둘이 함께 겪는 상황을 객관적으로 표현해야 한다. 객관적인 표현은 자신의 감정과 생각, 원하는 것을 상대방에게 효과적으로 전달할 수 있게 한다. 자신의 개인적인 판단을 주장한다거나 자신을 탓하는 것 혹은 상대방을 탓하거나 짐작하는 것이 아니라 자신이 보고 들은, 있는 그대로의 사실을 표현하면 된다.

"내가 여기에 도착했을 때 다른 사람은 없었어."

"아침에 출근했을 때 학생 한 명이 교무실을 청소하고 있었어."

"내가 8시에 퇴근하고 왔을 때 아이들은 자고 있었어."

객관적으로 표현하기 위해서는 상황에 대한 관찰이 필요하다. 관찰한다는 말은 사물이나 사람의 행동이나 현상을 주의해서 자세히 살펴보는 것이다. 즉 말하는 사람의 주관적 관점이 아니라 오감을 통해서 받아들인 정보를 객관적으로 표현하는 것이다. 뇌 과학에서는 인간이 외부 상황을 받아들이는 가장 첫째 단계가 오감이라고 한다. 있는 그대로 관찰하기 위해서는 오감으로 받아들이는 단계에서 정확하게 살펴보아야 한다.

화가 나는 상황에서 관찰과 평가를 구분하는 것은 매우 도움이 된다. 일반적으로 화가 나면 자신의 의사를 표현할 때 관찰과 평가를 구분하지 못한다. 자신이 경험한 상황이 객관적이라고 착각하는 경우가 많다. 그래서 수없이 많은 오해가 생기고 갈등이 일어난다. 같은 말이라도 '관찰'을 했는가, '평가'를 했는가에 따라서 완전히 다르게 받아들여지는 경우가 많다.

한 회사에서 있었던 일이다. 출장이 많은 회사 특성상 팀장은 부하 직원이 지방 출장을 가는 것이 신경 쓰였다. 그래서 부하 직원들이 불편한 것은 아닌지, 피곤하지 않는지 전화를 많이 했다. 대부분 3시간

이상 걸리는 장소로 출장을 갔는데, 한 번은 1시간 이내의 가까운 거리로 출장을 가게 되었다. 그래서 출장을 가는 부하 직원에게 말했다.

"오늘은 가까운 곳으로 출장을 가니까 집에 일찍 도착하겠네."

팀장은 말 그대로 지금까지는 멀리 출장을 갔는데 이번에는 가까운 곳이니까 집에 일찍 도착할 수 있겠다는 뜻이었다. 그런데 부하 직원은 이 말을 듣고 화가 났다. 그 이유는 가까운 곳에서 출장이 끝나니 고맙게 생각하라는 것으로 들렸기 때문이다. 상대방이 한 말의 의도를 추측하고 평가했기 때문에 의도와 상관없이 화가 난 것이다.

상대방의 의도를 추측하고 판단하고 평가하는 것은 스스로 스트레스를 만드는 행위이다. 그런데 많은 사람이 판단하고 추측하고 평가함으로써 상대방의 의도를 왜곡해서 받아들인다. 객관적인 사실을 정확하게 인지하지 못하면 제대로 된 대응을 하기가 어렵다.

"팀장은 퇴근 시간마다 눈치를 준다."

"신입사원은 눈치가 너무 없다."

"이 대리는 우리 회사의 아웃사이더이다."

모두 주관적인 평가이다. 여기에는 객관적인 사실이라고는 하나도 없다. 그저 자신의 입장에서 자신의 '느낌'과 '평가'만 있을 뿐이다. 다른 사람과 대화하고 정확하게 표현하고 원하는 바를 요구하기 위해서는 미리 혼자 평가하는 것이 아니라 실제로 겪은 상황을 인지하고 객관적인 상황에서 출발해야 대화의 실마리가 풀리게 된다.

"오늘 팀장이 퇴근하려는 나에게 퇴근하고 나서 집에 무슨 일이 있냐고 물었다."

주관적인 표현을 객관적인 표현으로 바꾼 예

"팀장은 퇴근 시간마다 눈치를 준다."
→"오늘 팀장이 퇴근하려는 나에게 퇴근하고 나서 집에 무슨 일이 있냐고 물었다."

"신입사원은 눈치가 너무 없다."
→"회식 장소를 예약하라고 했는데 영화표를 예매했다."

"이 대리는 우리 회사의 아웃사이더이다."
→"이 대리는 회식을 할 때 5번 중 4번은 회식에 참여하지 않는다."

"오늘 내가 실수했는데 신입사원이 그것을 팀장 앞에서 말해 버렸다."

"이 대리는 회식을 할 때 5번 중 4번은 회식에 참여하지 않는다."

이런 식으로 말하는 것이 상황을 관찰한 표현이다. 평가 표현보다 관찰 표현이 상대방에게 요구할 때 훨씬 상황을 부드럽게 만든다.

'나(I)'로 감정을 부드럽게 표현하라

상대방에게 원하는 것을 말로 표현할 때는 무의식적으로 '너(You)'라는 단어로 대화를 시작한다. 그래서 자기도 모르는 사이에 상대방에게 탓을 하는 것으로 보일 수 있다. 그래서 갈등을 촉발할 수 있는 빌미를 만들지 않으려면 말을 신중하게 해야 한다.

감정을 표현할 때는 '나'라는 말을 사용하면 상대방을 공격하거나 비난하지 않고 제대로 표현할 수 있다. 감정은 자신의 것이기 때문에 나의 감정을 표현할 때는 '나'를 주어로 놓고 말을 하는 것이 정상이다. 그런데 대부분의 경우 내가 화나는 원인이 다른 사람이나 상황에 있다고 착각하기 때문에 그 생각이 고스란히 말에 드러난다.

"차가 막혀서 짜증났어."라고 말하지만 차가 막히는 것이 문제가 아니라 늦게 나온 자기 자신의 문제이다. "팀장님이 또 일 시켜서 짜증났어."라고 말하지만 팀장이 일을 시켜서가 아니라 자신이 그 일을 하고 싶지 않는데 일을 시켰기 때문에 짜증이 나는 것이다.

상황이나 다른 사람을 주어로 놓고 말을 하는 것은 상황이나 남 탓으로 돌려 자신의 행동을 합리화하는 것이다. 이는 자신의 삶에서 일어나는 일을 자기 자신이 해결하겠다는 것이 아니라 다른 사람 때문에 생긴 일이니 자신은 잘못이 없다는 태도를 반영한다. 이런 태도는 문제를 해결하려는 의지가 있어도 자신이 할 수 있는 것이 없다고 생각할 수 있어서 원천적으로는 스스로 문제를 해결할 수 없다. 다른 사람에게 자신의 분노를 표현하고 공감을 얻기 원한다면 다른 사람의 행동을 비판하거나 분석하지 말고 자신의 느낌을 정확하게 표현하는 것이 중요하다.

우리(We) 메시지로 요구하기

한국 사람은 '우리'라는 단어를 많이 쓴다. 대한민국의 문화가 바로 '우리'가 '함께' 하는 문화이기 때문이다. 결혼식이나 장례식에 친척과 친구를 모두 불러서 부조금을 받는 것도 품앗이 문화에서부터 시작했고, 왕따 또한 공동체를 중요시하는 문화에서 나온 잘못된 모습이다.

'우리 메시지'란 상대방에게만 강요하는 것이 아니라 함께 개선을 하자는 의미를 포함하는 전달 방법이다. '우리'라는 말로 시작하면 단어 안에 이미 '나'와 '너'가 동시에 포함되어서 상대방을 공격하거나 비난하지 못하게 되고, 함께 개선하자는 의미가 있어서 그 말에 더욱 책임감을 느끼게 된다. '우리'라는 단어는 소속감을 갖게 해 주기도 하면서 자연스럽게 동참하는 느낌을 만든다.

다른 사람에게 무언가를 요구할 때 '나'를 주어로 사용한 후에 상대방에게 바라는 점을 말하면 익숙하지 않을 뿐만 아니라 그 말을 들은 상대방도 나한테만 해 주는 느낌이 들어서 어딘지 모르게 불편함을 느낀다. 그런데 '우리'라는 단어를 사용하면 상대방도 거부감 없이 받아들인다. 이 단어에는 너에게만 요구하는 것이 아니라 우리가 함께 노력해 보자고 하는 의미가 포함된다. 즉 행동을 하기 위해서 나도 함께 노력해 보겠다는 의미가 전제되기 때문에 한국 사람들은 '우리 메시지'에 익숙하고 거부감이 없다. '우리'라는 단어로 바라는 점을 요구하면서 자신이 그 요구에서 할 수 있는 것이 무엇인지를 함께 고민할 수 있다. 바라는 점을 요구할 때는 다음 3가지를 유념하는 것이 좋다.

첫째, 상대방에게 요구하고 싶은 것을 한 번에 하나만 말한다. 2가지 이상을 요구하면 기억하지 못하고, 요청이 많으면 공격으로 인식할 가능성이 높다.

둘째, 행동을 중심으로 요구한다. 사람의 성격이나 사고방식이 바뀌는 것은 어렵기 때문이다. '바뀌었으면 좋겠다고 생각하는 행동'을 중심으로 요구하면 행동은 바꿀 수 있다.

셋째, 구체적으로 표현한다. 두루뭉술하게 표현하면서 상대방이 맥락상 알아듣기를 원해서는 안 된다. 정확하게 말하지 않으면 상대방이 알아들을 리가 없다. 구체적으로 명확하게 표현할수록 상대방과 행동에 대한 합의가 쉽다.

부드럽지만 강하게 표현하라

상대방의 입장과 관점을 수용하라

대부분의 갈등은 서로의 입장과 관점이 다르기 때문에 생긴다. 신입사원의 입장에서는 과장이 어렵고 부담스럽다. 특별히 혼내는 것도 아닌데 존재 자체만으로도 충분히 어렵다. 하지만 과장 직급에서 신입사원을 보면 어린애를 보는 느낌이 절대 아니다. 이미 사회생활을 할 나이이고 자신의 책임과 역할을 다할 수 있는 성인이다.

리더는 직원이 업무를 할 때 심리적인 불편함을 느끼면 업무 성과 저하로 이어지기 때문에 편안한 환경에서 업무를 할 수 있게 만들어 주어야 한다. 이것은 팀을 이끌어 나가는 리더의 역할이자 책임이다. 바꿔 말하면 리더는 부하 직원이 불편하다고 말하면 언제든지 수용하고 배려하려는 마음의 준비가 되어 있다는 말이다. 직장 상사는 부하 직원이 마음만 먹으면 언제든지 원하는 것을 수용해 줄 수 있는 환경이 되기도 한다. 어찌 보면 부하 직원이 지레 거리감을 두는 부분이 있다. 그러므로 상대방의 입장과 관점을 수용한다는 사실을 말로 표현할 필요가 있다. 상대방은 일부러 스트레스를 주기 위해서 업무를 몰아서 주는 것이 아니라는 사실을 인정하는 것이다.

"팀장님, 프로젝트로 바쁜데 제가 먼저 퇴근해서 죄송합니다."

"당신이 나 생각해 주느라 빨리 하라고 하는 것은 고마운데, 그런 말을 들으면 조급해져."

대부분은 화가 나는 상황에서 나의 상황과 입장을 알리기에 급급하기 때문에 상대방과 문제를 풀기는커녕 갈등을 만들게 된다. 상대방의 마음을 움직이고자 한다면 나의 상황과 입장을 말하기 전에 먼저 상대방의 입장을 이해한다는 말을 하면 상대방도 마음의 여유를 갖고 부드럽게 대화를 이어갈 수 있다.

타이밍이 중요하다

싸우고 난 후에 머릿속에서 해야 할 말들이 빙빙 도는 것은 싸울 때 하고 싶은 말을 다 하지 못했기 때문이다. '그 말을 했어야 하는데…'라면서 계속 머릿속에서 재생되는 것이다. 그 타이밍에 했어야 하는 말들을 하지 못하고 나면 계속 그 말이 머릿속에 남아서 더 열 받는 경우가 있다.

성인이 되면 싸우는 일은 거의 없지만 누군가의 말 한마디, 행동 하나로 인해서 신경 쓰이는 경험은 간혹 있다. 뭔가 불편하지만 딱히 말하기 어려운 경우도 종종 있다. 왜냐하면 그 사람이 항상 그렇게 행동하고 말하는 사람이 아니라 나에게만 그렇게 대하는 것인 경우가 많기 때문이다. 결국 '관계'의 문제여서 그 사람은 내가 싫어하는 말이나 행동을 반드시 다시 나에게 한다. 그래서 불편함을 느낀 행동을 한 그 순간에 상대방이 기분 나쁘지 않게 말을 해야 같은 일이 반복되지 않는다.

감정적일 때는 피해야 한다

상대방과 내가 서로 감정적일 때는 원하는 것을 말하고 싶어도 감정이 정리되고 난 후에 하는 것이 좋다. 서로 감정이 고조되어 있을 때 말을 하면 싸움을 하거나 갈등에 빠질 수 있다. 최대한 감정을 표현하지 않는다고 하더라도 목소리가 커지거나 호흡이 가빠지거나 눈을 크게 뜬다거나 해서 상대방에게 화가 났다는 사실을 전달하게 되기 때문이다. 반드시 기억해야 할 점은 좋은 관계를 유지하면서 자신이 하고자 하는 말을 하는 것이다.

원하는 결과가 무엇인가

자신은 항상 야근을 하는데 다른 사람들은 일찍 퇴근하거나, 자신에게 일을 미룬 동료들이 휴게실에서 쉬는 모습이 한순간 눈에 들어올 때가 있다. 가장 멀리 가는 출장은 늘 자신이고, 잡무는 모두 자신에게 모이는 기분이 들기도 한다. 처음에는 자신이 일을 잘하기 때문에 그럴 것이라고 생각했지만 이제는 너무나 익숙해져서 이런 상황을 바꾸지 못할 것 같은 생각마저 든다.

어느 날 문득 자신만 일을 한다고 느꼈다면 직장 상사나 동료들에게 그 말을 할 타이밍을 잡기가 힘들다. 왜냐하면 지금까지 늘 익숙하게 해 왔기 때문에 갑자기 말을 꺼내면 자신도 부담스럽고 다른 사람들 입장에서도 새삼스러워하며 불쾌하게 생각할지 모르기 때문이다. 그렇다고 그냥 계속 혼자 일을 할 생각을 하면 예전처럼 열정이 생기지 않을 것 같다. 이런 경우에는 언제 말을 꺼내야 할지 몰라서 난감하기도 하지만, 어떻게 말해야 자신이 원하는 것을 얻을 수 있을지에 대해서도 잘 몰라서 마음이 답답하다.

'왜 나만 일을 시키지?'라는 생각이 든다면 혼자 생각할 것이 아니라 다시 새로운 일을 지시하는 순간에 미리 생각해 놓았던 시나리오를 웃으면서 말해 보자.

"팀장님, 지금은 아까 팀장님이 지시하셨던 보고서 작성과 프레젠테이션 준비를 해야 하는데, 혹시 다른 사람이 할 수 없을까요?"

"팀장님, 조금 이따가 다 함께 하는 것이 어때요?"

쉴 새 없이 일을 던지는 팀장이 문제라면 조금 전에도 지시받은 일이 있다는 사실을 구체적으로 알려야 하고, 동료가 자신에게 일을 미루는 것이 문제라면 업무 담당자가 누구인지 찾아서 팀장에게 기억할 수 있도록 말해야 한다. 자신이 원하는 것이 무엇인가를 생각하고 그런 상황을 만들 수 있는 말을 하는 것이 무엇보다도 중요하다.

상대방이 행동을 바꾸도록 요구하는 것은 정말 어려운 일이다. 어려운 상사나 동료에게 나의 의사를 확실하게 표현한다는 것은 기름을 안고 불구덩이에 뛰어드는 것과 같은 느낌이 들 수 있다. 그래서 평상시에는 하고 싶은 말을 머릿속에 수십 번 되뇌이면서도 정작 그 앞에만 서면 작아지게 된다. 요구는커녕 기분이 나쁘다는 사실조차 말하기 힘든 경우가 많다. 하지만 말하는 것이 불편해서 피하기만 하면 결국 상대방이 어떤 행동을 하든 자신이 수용했다는 의미로 해석될 수 있다.

마음을 굳게 먹고 심호흡을 한 번 한 뒤 상사에게 하고 싶은 말을 떠올려 보자. 수만 가지 말이 떠오를 것이다. 그 동안에 웃으면서 농담으로 자신이 하고 싶은 말을 다 표현했다고 생각한다면 그것은 제대로 표현하지 않은 것이다. 상대방이 인식하지 못하는 표현은 정확하게 표현하지 못한 것이다. 제대로 대접받고 싶다면 상대방에게 시간을 내달라고 요청하고 두 눈을 쳐다보며 정확하게 표현해야 한다. 따로 만나서 눈을 보면서 말을 하는 것은 정말 힘든 일이다. 그러므로 사전에 수십 번의 연습이 필요하다.

화가 난 상황에서 감정을 정리하고 상대방에게 자신의 상황과 감정을 전달하고 원하는 것을 요구하기까지는 많은 시행착오를 겪어야 한다. 하지만 용기를 갖고 훈련을 하다 보면 한 번이 두 번이 되고, 두 번이 세 번이 될 수 있다. 편안하게 자기표현을 할 수 있을 때쯤이면 아마 스트레스 상황에서 많이 벗어나고 마음도 편안해져 있을 것이다.

용서는 나에게 사면권을 주는 것이다

직장을 배경으로 한 영화나 드라마에서는 상사들이 무척 악랄하고 악마처럼 그려진다. 실제로 많은 직원이 그렇게 느끼기 때문일 것이다. 같은 말이라도 곱게 하면 좋을 것을 꼭 비꼬면서 말하거나 기분 나쁘게 말한다. 상사와 동료로부터 받은 상처들 때문에 회사에 대한 트라우마가 생긴 사람도 많다. 한 방울씩 떨어지는 물방울이 바위를 뚫듯이 사소한 스트레스가 모여 트라우마가 생기기도 한다. 그래서 직장에 다니는 것에 대해서 두려움을 갖는 사람도 많다.

직장에서 왕따를 당한 경험이 있는 한 직장인은 회사를 그만둔 뒤 1년 동안 백수생활을 하면서도 다시 회사에 들어갈 엄두를 못 내겠다고 했다. 사람이 그렇게 무서운 줄 몰랐다는 것이다. 인간 취급을 받지 못한 기억 때문에 다시 직장에 들어가도 같은 일이 반복될까 봐 두렵다는 것이다. 직장에서 경험한 정서적인 학대 경험이 새로운 삶을 방해하는 걸림돌이 되기도 한다. 심한 경우에는 과거에 자신을 괴롭혔던 사람들을 떠올리면서 이를 갈거나 복수를 하고 싶다는 생각을 하기도 한다.

보복할 것인가

TV 드라마를 보면 상대방으로부터 피해를 입자 복수를 하겠다고 다짐하는 인물이 간혹 나온다. 자신이 피해를 입었을 때 취할 수 있는 전략 중의 하나가 복수와 보복이다. 우리도 부당한 일을 당하면 복수와 보복을 꿈꾸지만 현실에서는 드라마처럼 매끄럽게 복수가 진행되지 않는다. 복수는 매우 길고 고통스러운 과정이다. 복수를 꿈꾸며 미래를 준비하다 보면 분노나 좌절감과 같은 부정적인 감정이 많기 때문에 정신건강에도 좋지 않다. 특히 복수나 보복하는 과정에서 법적으로나 사회적으로 문제가 생길 경우에는 복수를 하고 난 이후에 자신의 삶이 더 망가질 수도 있다.

억압할 것인가

복수하고 싶지만 현실적으로 불가능하다고 생각하면 좌절을 느끼고 포기하게 된다. 이는 억압이나 억제함으로써 회피하는 방법이다. 달리 손을 쓸 방법이 없는 상황에서는 내키지 않더라도 선택할 수밖에 없는 방법이지만, 이런 억압 전략은 화병이 될 수 있기 때문에 좋은 선택이 아니다. 지금 당장은 크게 문제되지 않더라도 부정적인 영향이 어떤 형태로든 우리에게 나타날 수 있기 때문이다.

영화 「플랜맨」의 주인공은 정확한 시간에 정확한 일을 할 뿐만 아니라 정해지지 않은 일은 절대로 하지 않는다. 더구나 결벽증이 있어서 다른 사람들과 포옹은커녕 악수조차 하지 않는다. 나중에 어린 시절에 어머니가 자기 눈앞에서 사고를 당하고 죽었는데도 제대로 된 치료를 하지 못하고 그냥 일상생활에 복귀해서 살아왔다는 이야기를 통해 주인공이 강박증을 갖게 된 원인이 밝혀진다. 이처럼 억압하거나 회피하면 언제 어디서 문제가 나타날지 모른다.

용서할 것인가

복수나 보복은 현실적으로 불가능해 보이고, 그냥 참고 넘어가자니 정신적으로 힘들다. 이 2가지 중에서 선택해야만 한다고 생각하면 고를 수가 없어서 좌절하게 된다. 이럴 때 우리에게 필요한 것이 '용서'이다. 분노나 좌절·우울·슬픔 등을 겪으면 신앙의 힘을 빌리는 경우가 많은데, 신앙에 기대는 것도 있지만 기도나 자기와의 대화를 통해서 스스로 용서의 과정을 거칠 수 있다.

용서는 용서할 수 없다고 생각하는 사건이나 그 사건과 관련된 사람들에 대한 자신의 감정을 해결하는 활동이다. 용서할 수 없는 존재를 용서하는 과정은 매우 어렵기 때문에 짧게는 몇 개월에서 길면 몇 년이 걸릴 수도 있다. 하지만 용서를 하면 자신을 괴롭히던 것들에서 해방될 수 있으므로 상대를 위해서가 아니라 자기 자신을 위해서 용서를 하는 것이 좋다.

마음의 감옥에서 벗어나는 용서

이란에서는 이슬람 특유의 보복 처형 제도인 '키사스'가 있다. 7년 전에 시장 골목에서 친구들 간의 말싸움 끝에 흉기를 휘둘러 한 명이 다른 한 명을 죽였다. '키사스' 제도에 따라서 6년간의 재판 끝에 사형이 확정되었고, 죽은 아들을 대신해서 부모가 사형을 집행하는 순간이었다. 범인의 목에는 올가미가 채워져 있고, 부모가 의자 위에 서 있는 범인의 의자를 빼기 위해서 앞으로 나온 순간에 적막이 흘렀다. 얼마 후 부인이 손을 부르르 떨면서 범인의 빰을 때렸다. 그리고 남편이 말없이 범인의 목에서 올가미를 풀어 줬다. 범인을 용서한 것이다.

둘째 아들을 오토바이 사고로 잃은 지 얼마 안 되어 첫째 아들을 잃은 부부는 복수심에 불탔다. 하지만 아들을 죽인 아들 친구의 목숨을 빼앗는다고 해서 죽은 아들이 살아 돌아오지는 않는다는 생각에 고민이 많았다. 사형 집행 며칠 전 꿈에 죽은 아들이 나타났다. "저는 좋은 곳에 있어요. 보복하지 마세요." 이 꿈을 꾸고 난 후에 부부는 마음을 바꾸고 용서하기로 한 것이다.

사형 집행 며칠 전에 꾼 꿈 때문에 바로 용서를 한 것은 아닐 것이다. 이 부모는 6년간 마음속에서는 이미 수십만 번 그 사람을 죽였다가 살렸다가 했을 것이다. 그리고 드디어 용서를 한 것이다. 아들을 죽인 사람을 용서하는 데 6년이 걸린 셈이다.

용서하기란 쉬운 것이 아니다. 아들을 죽인 사람을 어떻게 용서하겠는가. 내가 용서를 하면 상대방의 죄가 사라지는 것 같은 느낌이 들기 때문에 용서는 절대 쉬운 일이 아니다. 죄를 지은 사람이 똑같은 일을 겪지 않으면 그 사람이 얼마나 끔찍한 일을 했는지조차 모를 것이라는 생각이 든다. 그래서 복수를 통해 상대방도 똑같은 일을 겪기 바란다. 상대방이 평생 자신이 무엇을 잘못했는지 모른 채 살아가는 것만큼 억울한 일은 없다. 그래서 '너도 한 번 당해 봐라!' 하는 심정으로 복수를 꿈꾼다. 하지만 상대방에게 복수를 꿈꿀 때 자신이 행복하기보다 괴로워지기 때문에 문제가 된다. 이것은 마음의 감옥이다.

마음의 감옥에서 벗어나는 방법은 하나밖에 없다. 용서하는 것이다. 문제는 상대방을 용서한다고 해도 상대방이 변하지 않을 것 같기 때문에 용서하고 싶지 않다는 것이다. 용서는 나를 분노하게 한 사람을 위한 선물이 아니다. 용서의 핵심은 다른 사람을 미워하는 마음에서 벗어나 내 마음이 편안해지도록 나 자신을 위해서 하는 것이다.

미국 스탠포드 대학교의 프레드 러스킨(Fred Luskin) 교수가 10년 동안 용서 프로젝트를 진행했다. 연구 결과, 용서를 하기 전에는 초조하고 예민했던 사람들이 용서하고 난 이후에는 상대방에 대한 분노가 적어지면서 온화해졌다.

상대방을 용서하면 나 자신이 갖고 있던 죄책감이나 복수심으로부터 자유로워질 수 있게 된다. 그래서 용서를 하는 것은 내가 나에게 사면권을 주는 것이다. 상대방을 용서하는 행동은 아무나 하지 못한다. 매우 큰 용기가 필요하고, 정신적으로 강한 사람만이 사람을 용서할 수 있다.

용서하는 방법

아무리 노력해도 바뀌지 않는 것들이 있다. 과거의 사건이나 다른 사람의 사고방식, 어쩔 수 없이 흘러간 상황이 그렇다. 이런 때 문제의 원인이 된 대상을 용서하면 스트레스가 낮아지고 마음이 편해질 수 있다.

용서를 하는 것에는 5가지의 방식이 있다.

첫째는 '보복 후 용서'이다. 보복하는 형태와 결합된 용서를 말하는데, 상대방이 나에게 한 행동을 그대로 복수하고 나서 용서해 주겠다는 것이다. 아이들에게서 흔히 볼 수 있는 방식으로 "네가 나를 때렸으니까 나도 너를 때리게 해 주면 용서해 줄게."로 표현할 수 있다. 받은 만큼 주고 용서하겠다는 것이다. 배우자가 바람을 피우니까 나도 똑같이 바람을 피워도 된다는 논리이다. 용서라고는 하지만 진짜 용서를 했다고 볼 수는 없다.

둘째는 '보상의 용서'이다. 용서하는 사람은 빼앗긴 것을 돌려받기를 원한다. 예를 들어, 불공정한 계약 때문에 입은 피해를 보상하는 것이나, 펜을 훔쳐 갔는데 다시 돌려받는 것으로 용서하는 것이다. 복수보다는 약한 방식으로 돌려받는 것이다. 배우자가 바람을 피운 상황이라면 진심어린 사과를 요구하면서 용서하는 것이다.

셋째는 '사회적인 기대에 따른 용서'이다. 주변 사람이나 가족들이 용서하라고 압력을 넣어서 용서하는 것이다. 최근에 연예인들이 악플러를 고소하는 일이 많아졌다. 이제는 참고 넘어가지 않겠다는 것이다. 그런데 어떤 연예인은 끝까지 고소를 진행하지만 어떤 연예인은 중간에 고소를 취하한다. 고소를 취하한 이유로 소속사에서 용서하자고 해서 용서했다는 말을 한다. 이렇게 주변 사람들의 영향 때문에 용서를 하기도 한다.

넷째는 '사회적인 조화를 위한 용서'이다. 직장에서 좋은 관계를 유지하기 위해서 상대방의 행동을 용서한다. 배우자와 혼인관계를 지속하기 위해서 배우자의 외도를 용서하기도 한다. 이것도 주변의 상황에 의해서 용서를 하기로 결정한 것뿐이다.

다섯째는 '사랑으로 하는 용서'이다. 이 수준에 있는 사람은 상대방이나 주변 사람들의 반응에 상관없이 용서한다. 어릴 때부터 가정교육이라는 이름으로 학대당한 사람이 상당히 많다. 성인이 되고도 부모의 학대 경험으로 인해서 현재 가정이 위태로운 경우가 있지만, 과거 부모님과의 문제가 지금까지 영향을 미친다는 사실을 인지하고 부모님을 마음속 깊이 용서함으로써 현재가 평온한 사람도 많다.

용서를 하기 위해서는 먼저 자기 자신의 분노나 상대방에 대한 적개심을 이해하는 과정이 있어야 한다. 깊이 숨겨둔 감정을 꺼내서 보는 것은 쉬운 일이 아니다. 상대방을 용서할 수 없고 감정을 꺼내기 힘들다면 일기를 쓰면서 자신의 감정을 이해하면 좋다. 일기를 쓰다 보면 자신의 감정과 분노와 적개심을 이해하면서 상대방이 '왜 그랬을까'에 대해서도 생각하게 된다. 그러는 동안에 마음이 조금씩 용서하는 쪽으로 바뀌게 된다.

용서하겠다고 결심하는 것도 중요하다. 일기를 쓰면서 상대방을 조금씩 이해해 보고 그럴 수 있는 입장이라는 사실도 이해하려고 노력하다가 어느 순간 용서해야겠다는 결심을 해 보는 것이다. 어쩌면 연민과 자비심이 들면서 자신에게 피해를 준 사람이 불쌍하다고 느껴질 수도 있다.

다른 사람을 비난할 때는 둘째손가락을 상대방에게 향하며 삿대질을 한다. 하지만 한 손가락만 상대방을 가리킬 뿐 나머지 손가락들은 나를 향하고 있다. 내가 하는 비난이 결국 나 자신에게 돌아오는 것이다. 용서하지 않고 상대방을 비난하고 원망하다 보면 그 3배 이상의 원망과 비난이 자신에게로 돌아온다.

토머스 사즈는 다음과 같은 말을 했다.

"어리석은 자는 용서하지도 잊지도 않는다. 순진한 자는 용서하고 잊는다. 현명한 자는 용서하나 잊지는 않는다."

용서는 하되 실수는 기억해서 같은 실수를 되풀이하지 않는 것이 현명하다. 용서를 하는 것이 쉬운 것은 아니지만 측은지심의 눈으로 상대방을 바라보면 용서에 한 걸음 다가갈 수 있다.

CHAPTER 6

내일로 미루지 말고 지금 여기서 행복하라

행복하려면 긍정적으로 생각하라

삼성 그룹에서 내부 인트라넷과 인터넷을 통해서 단편 시 공모전을 열었다. 총 4,000여 편의 응모작 중 최우수상과 네티즌 인기상, 우수상 총 10편을 뽑아서 시상을 했다. 직장인이라면 일상적으로 마주치는 상황과 애환을 시로 재미있게 표현해 냈다.

· 이제 가면 언제 오나 〈출근길〉
· 내가 맞는 건데 내가 틀린 느낌 〈정시퇴근〉
· 니가 나보다 오래 살겠지 〈임원자리 화초〉
· 하고 나면 어색해 〈야자타임〉
· 너 때문이라고 말할 수가 없어 〈면담〉
· 내 것도 니 꺼 니 것도 니 꺼 〈아이템 회의〉
· 드디어 세상이 나를 중심으로 돌기 시작했다 〈숙취〉
· 모를 줄 알았지? 그럴 줄 알았어! 〈사내연애〉

· 진짜 찾았다고? 뺑치지 마 〈평생직장〉
· 내가 가고 있는 이 길이 옳은 일일까? 〈구내식당 신 메뉴 줄 서기〉

직장인들이 느끼고 경험하는 것들이 짧은 시 안에서 다 드러난다. 기발하고 재미있는 짧은 시이지만 그 의미를 살펴볼 필요가 있다. 각각의 시에는 대부분 직장에서 일어나는 일들이 함축되어 있다. 즐겁고 행복한 일들이라기보다는 스트레스의 원인이 되는 일들이 대부분이다. 즉 직장 생활이 행복하지 않다는 반증이다.

2012년에 잡코리아와 한경 BP가 공동으로 30~40대 남성 직장인 248명을 대상으로 '현재 삶에 대한 행복 여부'에 대해 물어본 결과 23.1%만이 행복하다고 대답했다. 하루 24시간 중에서 최소 9시간에서 10시간 이상 근무하는 직장에서의 생활이 행복하지 않은데, 삶이 행복할 수 있을까.

삶은 자신이 살아가고 만들어 나가는 것이다. 누구에게나 직장은 힘들고 어려운 공간이다. 직장에서 행복을 만들어 나가는 것은 자기 자신만이 할 수 있는 일이라는 사실을 기억해야 한다. 동료 때문에, 상사 때문에, 부하 직원 때문에 화가 나는 일뿐이라고 생각할 수도 있다. 하지만 그 주변 환경에는 반드시 자기 자신이 있다. 그들과 소통하는 것이 자기 자신이라는 사실을 잊지 말아야 한다. 그들과 함께 소통해 나가면서 감정을 조절하고 분노를 다스리고 자신이 추구하는 삶의 목표와 행복을 만들어 나가는 것은 자기 자신만이 할 수 있는 것이라는 사실도 기억해야 한다.

성질이 급하고 불평불만이 많은 남자가 마을버스를 탔다. 그런데 버스가 떠나지 않고 계속 서 있었다.

"왜 안 떠나는 거야?"

참다못한 남자는 운전기사를 향해 크게 소리를 질렀다.

"이봐요, 이 똥차 언제 떠나요?"

그 말을 들은 운전기사는 눈을 지그시 감은 채 나직한 음성으로 입을 열었다.

"예, 똥이 다 차면 떠납니다."

버스가 출발하지 않는 것과 같이 사소한 일로 화내고 짜증을 내는 사람이 있는 반면에 짜증이 나는 상황이라도 편안하게 있는 사람이 있다. 어느 날 갑자기 성공을 하거나 돈을 많이 벌어야 행복해지는 것이 아니라 순간순간의 상황에서 얼마나 행복해지기 위해서 노력하는가에 따라서 삶의 질이 달라진다.

만화영화 「개구쟁이 스머프」에는 투덜이 스머프가 나온다. 투덜이 스머프의 얼굴에는 짜증이 가득해서 대화를 하더라도 결국 마지막 말은 똑같았다.

"나는 그것이 싫어."

매번 다른 상황이지만 항상 싫은 것이 등장한다. 그래서 투덜이 스머프가 하는 말 중에는 긍정적인 말보다 부정적인 말이 더 많다. 항상 싫다는 말이 많고, 하지 못하는 일이 많고, 하기 싫은 일이 많다.

그런데 정작 우리가 스스로를 판단할 때 자신이 투덜이 스머프인지 잘 모르는 경우가 많다. 퇴근하고 집에 들어와서는 아이를 만난 행복감보다 어질러진 집안에 초점이 맞춰져서 아이를 먼저 혼낸다. 회사에서도 상대방을 칭찬하는 일보다 혼내는 일이 더 많고, 아내나 남편을 지지하는 말보다 지적하는 일이 더 많으면서도 자신이 투덜이 스머프는 아니라고 생각한다.

투덜이 스머프 주변에는 사람이 많지 않고, 가족도 힘들어한다. 하지만 자신이 부정적이라는 사실을 인지하지 못하고 주변 사람이 힘들다는 사실도 이해하지 못한다. 자신이 인식하는 세상이 부정적이라면 당연히 자신도 행복할 수 없다. 다른 사람에게 부정적이면서 피해를 주는 사람은 행복할 자격이 없다. 여기서 가장 중요한 것은 행복은 지극히 개인적이고 주관적이라는 사실이다.

포다이스(Fordyce) 박사가 개발한 행복도 검사는 측정하는 사람이 자신의 행복도를 측정하는 방식으로 체크한다. 자신이 극도로 불행하다고 생각하면 0점을 체크하고, 극도로 행복하다고 생각하면 10점을 체크하면 된다. 미국인 3,050명을 대상으로 검사한 결과 10점 만점에 평균 6.92점, 한국인 250명을 대상으로 검사한 결과 6.46점이 나왔다. 주관적인 평가 방식으로 체크를 한 결과 미국인보다는 낮지만 그래도 행복감을 느끼는 편이라는 것이다.

그런데 2010년 온라인 리쿠르팅 업체인 잡코리아가 '대한민국 직장인 행복 만족도'에 대한 설문 조사를 했다. 전국 남녀 직장인 683명을 대상으로 행복에 대해서 대답한 결과, 현재 자신이 행복하다고 응답한 직장인은 123명(18%)이었고, 보통이다라고 응답한 직장인은 369명

포다이스의 행복도 검사

당신은 스스로 얼마나 행복하다고 느끼는가? 평소에 느끼는 행복을 가장 잘 설명해 주는 항목을 골라 보라.

- □ 10. 극도로 행복하다. (말할 수 없이 황홀하고 기쁜 느낌)
- □ 9. 아주 행복하다. (상당히 기분이 좋고 의기양양한 느낌)
- □ 8. 꽤 행복하다. (의욕이 솟고 기분이 좋은 느낌)
- □ 7. 조금 행복하다. (다소 기분이 좋고 활기에 차 있는 느낌)
- □ 6. 행복한 편이다. (여느 때보다 약간 기분 좋을 때)
- □ 5. 보통이다. (특별히 행복하지도 불행하지도 않은 느낌)
- □ 4. 약간 불행한 편이다. (여느 때보다 약간 우울한 느낌)
- □ 3. 조금 불행하다. (다소 가라앉은 느낌)
- □ 2. 꽤 불행하다. (우울하고 기운이 없는 느낌)
- □ 1. 매우 불행하다. (대단히 우울하고 의욕이 없는 느낌)
- □ 0. 극도로 불행하다. (우울증이 극심하고 전혀 의욕이 없는 느낌)

이제 감정을 느끼는 시간에 대해 생각해 보라. 평균적으로 당신은 하루 중 얼마 동안이나 행복하다고 느끼는가? 또 얼마 동안이나 불행하다고 느끼는가? 행복하지도 불행하지도 않은 보통 상태는 어느 정도인가? 당신이 생각하는 시간을 아래 빈칸에 퍼센트로 적어라. 3가지의 합계는 100퍼센트여야 한다.

평균적으로 행복하다고 느끼는 시간 ________________%

불행하다고 느끼는 시간 ________________%

보통이라고 느끼는 시간 ________________%

(54%), 행복하지 않다고 응답한 직장인도 191명(28%)에 달했다. 결혼을 한 사람이 미혼인 사람보다는 조금 더 행복했고, 남성 직장인이 여성 직장인보다 행복 만족도가 더 높았다. 즉 직장인 10명 중 2명이 채 되지 않는 1.8명만이 행복하다고 생각했다.

과연 행복한 사람이 되기 위해서 가장 중요한 것은 무엇일까. 누구나 행복을 추구하고 인생에서 가장 중요한 것이 행복이라고 말하고, 행복해지기 위해서 삶의 조건을 추구하기도 하고 환경을 안락하게 만들기도 한다. 하지만 그것들이 행복을 만드는 조건이 아니라는 사실을 알고 있다.

행복해지고 싶은데 행복하기 위해서 가장 먼저 무엇을 해야 할지를 모른다. 모르기 때문에 무엇을 시작해야 할지 모르는 것이 가장 문제이다. 짜증 내지 않고 다른 사람을 부정적으로 바라보는 것과 같은 부정성이 사라진다고 해서 긍정적인 사람이 되는 것은 아니다. 긍정적인 사람은 언제나 화가 나지 않는 것도 아니다. 그저 화가 나는 상황에서 분노를 잘 다룰 뿐이다. 분명한 것은 자신의 현재 상태를 정확하게 이해하고 긍정적으로 받아들이려고 노력해야 한다는 것이다. 즉 행복하기 위해서는 행복을 선택해야 하고, 행복을 선택하는 첫째 방법은 긍정적인 감정 상태로 만드는 것이다. 행복으로 들어가는 문의 손잡이는 우리의 마음에 있다.

파랑새 증후군에서 벗어나라

7살 아이가 『요술램프 지니』를 읽는 것을 보고 호기심에 물어봤다.

“만약 요술램프 지니가 나타나서 3가지 소원을 들어준다면 무엇을 빌 거니?”

첫째 소원은 할아버지 할머니가 건강하게 오래 사셨으면 좋겠다, 둘째 소원은 가족이 함께 행복하게 살았으면 좋겠다, 셋째 소원은 돈이 많으면 좋겠다였다. 7살이면 사회성이 이미 발달했기 때문에 아이의 진심을 알려면 대답을 잘 관찰해야 한다. 첫째와 둘째 소원에는 물론 어느 정도의 진심이 담겨 있지만 이것은 사회성의 영향을 받은 대답에 속한다. 셋째 소원이 진짜 소원일 확률이 높다. 그래서 돈이 많으면 무엇을 하고 싶은지 물어보니, 태권도 학원이랑 미술학원에 다니면서 하고 싶은 것을 모두 할 수 있을 것 같다고 대답했다. 유치원 친구가 돈이 많으면 하고 싶은 것을 모두 할 수 있다고 했다는 것이다. 물론 그 친구는 부모가 한 말을 따라 했을 것이다.

신입사원들에게 꿈과 목표에 대해서 물어봤다. 갓 입사한 신입사원의 70%가 로또 당첨 혹은 부자가 되는 것을 꿈으로 꼽았다. 그러면서 로또에 당첨되면 직장을 그만두고 여행을 다닐 것이라고 했다. 대기업의 부장급에게 물어봐도 마찬가지였다. 로또에 당첨돼서 직장을 그만두고 편안하게 여생을 보내겠다고 했다.

7살짜리 아이에서부터 50대 성인까지 많은 사람의 꿈이 로또 당첨이라는 것을 보면 한국 사회에서는 성공과 행복의 기준이 돈이라는 생각이 든다. 그런데 재미있는 것은 로또에 당첨된 이후에는 무엇을 할 것이냐고 물으면 거의 대부분 구체적으로 생각해 본 적이 없는 것처럼 천편일률적인 대답을 한다. 로또에 당첨되면 가장 먼저 집을 사고, 차를 사고 난 후에 여행을 다닐 거라고 한다. 땅을 사거나 건물을 사겠다고 대답하는 사람도 가끔 있다.

진심으로 자신이 로또에 당첨될 것이라고 생각해 본 사람은 별로 없는 것 같다. 왜냐하면 로또에 당첨되면 세금이 얼마인지 아는가에 대해서 물어봤을 때 제대로 아는 사람은 한두 명 정도에 불과했다. 실제로 로또에 당첨될 것으로 가정한다면 가장 먼저 실수령액이 얼마인지를 알아야 하는데, 실수령액에 대해 생각해 보지 않았다는 것은 로또는 구입하지만 실제로 로또에 당첨될 것이라고 생각하지는 않는 것이다. 그러면서도 로또 당첨에 대한 희망을 버리지 못한다.

로또에 당첨되고 나서도 직장에 계속 다니겠냐고 물어보면 '왜 직장에 다녀야 하느냐.'는 반응이 되돌아온다. 거액의 돈이 있으면 직장은 그만두고 집 사고 차 사고 건물 사고 난 이후에 여행이나 다니면서 살

것이라면서 '그게 행복 아니겠냐?'고 오히려 되묻는다. 자기 행복의 기준을 큰돈과 함께 여행 다니는 것에 둔다면 지금 직장에 다니는 것이 얼마나 괴로울까.

특히 대학생이나 신입사원에게 성공의 정의를 내려 보라고 하면 여지없이 돈이 많은 사람이라고 대답한다. 이것이 대한민국의 현주소이다. 행복의 기준이 돈이고 성공의 기준도 돈이다. 그렇기 때문에 하고 싶은 것과 해야 할 것, 할 수 있는 것과 하면 안 되는 것에 대한 구분을 하지 못하고 자신만을 위해서, 돈만을 위해서 움직이는 것이다.

그런데 우리가 한 번쯤은 생각해 봐야 하는 것이 있다. 과연 '돈이 많고 부자가 되면 행복할 것인가?'이다. 그래서 '돈'이 많아서 매일 골프를 치러 다니거나 언제든지 여행을 떠날 수 있는 사람들을 만나서 질문하고 관찰을 했다. 아이러니하게도 돈을 벌지 않아도 되는 사람들은 매일 할 일이 없어서 골프를 치러 다니는 것이 무료하다고 했다. 그래서 직장을 다녀볼까를 생각하는 사람도 있고, 너무 돈이 많아서 이성이 돈을 보고 접근해서 정상적인 결혼생활을 하지 못하는 사람도 있다.

파랑새 증후군이라는 말이 있다. 자신의 현재 직장이나 가정에 안주하지 못하고 자신의 행복이 다른 어딘가에 있을 것이라고 생각하고 찾아다니는 현상을 말한다. 자신의 삶이 행복하지 못한 이유가 현재의 직장에 있다고 생각하거나, 지금의 남자친구 혹은 남편을 바꾸면 더 행복한 미래가 있을 것이라고 생각하는 것이다. 혹시 당신도 파랑새증후군을 앓고 있지는 않은가.

행복을 내일로 미루지 마라

마틴 셀리그만은 100년 전과 지금 사람들의 행복지수를 측정해 보았다. 그 결과 모든 문화권의 사람들이 100년 전에 비해서 더 행복해지지도 불행해지지도 않았다. 100년 전 대한민국은 한복을 입고, 빨래터에서 빨래를 하고, 산에서 나무를 베어서 지게에 지고 내려와야 했다. 신문물이 들어오기 시작하면서 정장을 입고, 안경을 쓰고, 모자를 쓰기 시작했다. 지금의 생활과 비교하면 100년간의 대한민국은 눈부신 발전이 있었다. 빨래는 세탁기로 하고, 땔감 대신 보일러가 있고, 스마트폰을 갖고 다닌다. 아무 데서나 스마트폰으로 게임을 할 수 있고, 이메일을 열어 볼 수 있고, 버스가 도착하는 시간까지 알 수 있다.

이렇게 많은 변화가 있었음에도 불구하고 더 행복해지지도 않았지만 더 불행해지지도 않았다는 것이다. 풍요로워지고 환경이 안락해졌지만, 그 편안함에 익숙해졌기 때문이다. 세탁기를 처음 샀을 때는 빨래가 편해졌다고 생각했지만, 널거나 다림질까지는 할 수 없지 않는

가. 빨래는 여전히 손이 많이 가고 힘든 가사일에 속한다.

인생역전을 꿈꾸며 산 복권에 당첨된 사람들의 행복지수를 측정해 본 결과 당첨 초기에는 대다수 당첨자의 행복지수가 급격하게 상승했다. 하지만 얼마 못 가서 본래 자신의 평상시 생활에 익숙해지고, 더 이상 행복감을 느끼지 못했다.

'돈이 많으면 좋겠다.', '성공하면 좋겠다.', '자식들이 잘되면 좋겠다.' 등 자신이 행복하기 위해서는 무언가 갖춰져야 한다고 착각한다. 그 바람은 자신의 상황이 바뀜에 따라서 계속 바뀐다. 오늘은 힘들고 괴롭지만 내일을 위해서 참고 견디면 행복해질 것이라고 생각한다. 그래서 계속 행복하기를 꿈꾼다. 이것을 행복고문이라고 한다. 지금 당장 행복하지는 않지만 견디고 나면 행복해질 수 있을 것이라고 생각하면서 오늘 괴로움을 참고 또 참는다.

돈을 행복의 가장 큰 조건으로 생각하는 것은 한국 사람에게 두드러진 특징이다. 그래서 취직을 하는 이유는 돈을 벌어서 물질적인 풍요로움을 느끼기 위해서이고, 부모가 돈이 많아서 굳이 취업할 이유가 없다고 생각하면 집에서 놀고먹는 것이다. 직장인이 자기계발을 하는 이유도 연봉을 높이기 위해서여서 지금 연봉을 많이 받으면 굳이 자기계발을 해야 하는 이유를 모르는 것이다.

매슬로우의 욕구 5단계에서 가장 높은 만족감을 만들어 내는 것은 자아실현의 욕구이다. 하지만 돈이 행복을 좌우한다고 생각하는 한국 사람들은 자아실현을 위해서 노력하지 않는다. 그저 돈과 연봉과 몸값을 위해서 노력할 뿐이다. 그렇기 때문에 삶의 만족도나 행복지수는 상당히 낮은 편에 속한다. 돈이 행복과 밀접한 관련이 있다고 생각하는 사람들은 그렇지 않은 사람들보다 삶의 만족도가 떨어진다.

영국의 신경제재단에서 행복통계지수(HPI : Hppy Planet Index)를 측정하는데, 기대 수명 중에서 얼마나 행복하게 시민들이 그 지역에서 살아가는가에 대한 통계이다. 2012년에 발표한 통계에 따르면 151개국 중 1위는 코스타리카이고 대한민국은 63위였다. 매년 측정하는 통계를 보면 한국은 60위권 대를 유지한다. 경제 성장은 세계 어느 나라를 찾아봐도 유례가 없을 정도로 빠른 성장을 거듭해 왔지만 개인의 행복지수는 경제 성장과 경제 규모에 비해서 턱없이 낮다. 가계소득도 높고 학력 수준도 높을 뿐만 아니라 경제 성장을 주도할 만큼 성실하다. 하지만 주거 환경이나 일과 개인 생활의 조화와 같은 삶의 질과 관련된 것들은 하위권을 차지한다.

언제 삶이 행복하다고 느낄 수 있을까. 우리의 삶은 '준비, 시작!'이라는 구호와 함께 시작하는 것이 아니라 시간의 흐름에 따라서 연속적으로 흘러간다는 사실을 잊고 있는 것 같다. 모두들 '준비, 시작!'이라는 구호와 함께 시작해서 마지막 종료지점에서 종료를 하고 나면 그때부터 행복을 만끽하면서 살 수 있을 거라고 착각한다. 그래서 결혼하기 위해서 돈을 모으고, 결혼하고 나면 다시 전세를 위해서 허리띠를 졸라매다가, 드디어 전세로 옮기면 내 집을 마련하기 위해서 노력하고, 노후준비를 위해서 노력한다. 노후준비를 다 해놓았다고 생각하는 순간 자녀들 결혼시키느라 집 사 주고 혼수 마련해 주고, 더 많은 노후자금을 위해서 투자했다가 날리기도 하면서 돈과 함께 행복이 생졌다가 사라진다. 항상 머릿속 생각은 미래에 가 있고, 행복도 미래에 있다고 생각한다. 그래서 이것만 성공하면 다 잘될 것 같다고 입버릇처럼 말한다. 과연 지금 공들이는 그것이 완성되면 원하는 삶이 펼쳐질 수 있을까. 그럼, 내일부터 행복해질 수 있을까.

오늘을 즐기며 충실하게 내일을 준비하라

영화 「죽은 시인의 사회」에서 키팅 선생님이 학생들에게 "카르페 디엠(carpe diem)"을 외치면서 지금 이 순간을 즐기라고 강조하는 장면이 있다. 그런데 카르페 디엠을 오해하는 사람들이 있다. 내일 세상이 끝나도 여한이 없을 만큼 음주와 가무를 즐기고 지금 행복하고 편안하기 위해서 아무것도 하지 않거나 자신이 응당 해야 할 인생의 책임을 다른 사람에게 떠넘기기도 한다. 취업을 해야 할 나이인데도 부모님에게 용돈을 받아서 생활하고, 밤에는 클럽에서 친구들과 놀다가 술에 취해서 지나가는 사람에게 시비를 걸고 싸움을 하는 사람을 두고 행복한 사람이라고 할 수 있을까. 순간적인 쾌락이나 자신만의 이기적인 편리함을 추구하는 사람을 행복한 사람이라고 할 수 있을까.

이는 '행복을 내일로 미루지 말라.'는 말을 오해해서 생긴 일이다. 오늘 행복하기 위해서는 몸과 마음이 편하고 스트레스를 받지 않으면서 즐겨야 한다고 생각하는 것이다. 그래서 혹시라도 생기는 불행감, 우울, 분노, 슬픔이라는 감정을 빠르게 행복감으로 대체해야 한다고 생각하기도 한다. 카르페 디엠이라는 말을 정확하게 이해하면 행복이 무엇인지를 알 수 있다.

카프레 디엠은 라틴어로 지금 살고 있는 '현재에 충실하라.'는 뜻이다. 현재를 즐기라는 말이 아니라 충실하라는 말은 앞으로 우리에게 올 기회와 위기를 대비하여 '현재에 충실하라.'는 의미이면서 자신의 삶의 목표를 달성하는 '과정을 즐기라.'는 의미이기도 하다.

아무리 힘들고 어려운 일이 닥쳐도 내일은 오늘보다 나을 것이라는 기대 때문에 현재를 견딜 수 있다. 특히 자신의 삶에서 목표가 있고 꿈이 있는 사람은 지금 당장은 큰돈을 벌지 못하더라도 행복하다. 꿈을 이루고 나면 더 행복할 것 같지만 실제로 꿈을 이루고 난 이후에는 행복감보다는 허탈감이 더 크다. 그래서 오랜 시간 꿈을 이루기 위해 노력해서 드디어 꿈을 이룬 후에는 몇 개월에서 몇 년간 슬럼프에 빠져서 나오지 못하는 사람들도 있다. 꿈을 꾸고 꿈을 이루기 위해서 노력할 때 행복감이 더 크다.

많은 심리학자와 철학자는 행복의 의미를 순간적인 쾌락에 두지 않았다. 행복은 인간이 이루고 싶은 꿈이나 목표를 성취하기 위한 과정에서 느끼는 긍정적인 정서라고 주장한다. 긍정심리학에서는 행복의 정의를 '자신이 달성하고자 하는 목표를 달성해 나가는 과정' 혹은 '만족감을 느끼는 상태'라고 정의한다. 뇌과학에서는 행복을 '두려움이 없는 상태'로 본다.

학자들은 전 세계적으로 행복한 사람들과 행복하지 않은 사람들을 연구한 끝에 행복한 사람의 특징을 찾아냈다. 행복한 사람들은 일반 사람들보다 일상생활에서 긍정적인 감정을 훨씬 많이 느꼈다. 우울하거나 슬픈 일이 있더라도 부정적인 감정을 잘 다스리면서 감사한 마음이나 만족감 혹은 희망과 같은 긍정적인 감정을 느끼려고 노력했다. 긍정적인 감정을 일반 사람들보다 더 많이 느끼면서 자신의 꿈과 목표를 성취하기 위해서 몰입하고, 좋은 사람들과 함께 긍정적인 관계를 유지하면서 삶의 의미를 찾아가는 것이 바로 행복의 조건이다.

행복은 많은 것을 포함하기 때문에 어느 한 가지 측면만 놓고 본다면 누구나 행복하다고 할 수 있다. 하지만 행복의 요소인 긍정적인 정서와 관계, 성취, 몰입, 삶의 의미 등을 모두 고려한다면 단순히 '오늘부터 행복하기로 마음먹었다.'고 해서 쉽게 달성할 수 있는 것은 아니다. 어떻게 보면 행복이라는 단어를 현실 부정과 회피의 방식으로 사용하는 것일지도 모른다. 성공에 대한 집착을 내려놓는다고 해서 갑자기 행복해지는 것도 아니고, 갑자기 훌쩍 여행을 떠난다고 해서 행복해지는 것도 아니다. 자신의 삶을 충실하게 살면서 좋은 사람들을 만나려고 노력하고 자신의 꿈을 이루기 위해서 노력하면서 긍정적인 감정 상태를 유지하는 것이 행복이다.

행복을 다시 살펴보면, 모든 것을 갖추지 않은 지금 상태이자, 지금은 조금 부족하지만 자신의 꿈과 목표를 이루기 위해서 몰입하는 것이다. 행복은 목표를 달성하기 위해서 노력하고 점점 나아지기 위해서 적극적으로 삶을 살아가면서 얻는 만족감이다. 만족감을 얻기 위해서 삶을 유지할 수 있는 돈도 필요하고, 좋은 인간관계도 필요하고, 직장도 필요하고, 환경도 필요하다. 그리고 노력도 필요하다. 불교에서 말하는 '내려놓음'만이 행복의 지름길은 아니다.

노래방에 가면 몰입해서 목이 터지게 노래를 불러야 노래방에서 있었던 시간이 즐겁고, 클럽에 가면 미친 듯이 적극적으로 춤을 추고 놀아야 재미있다. 우리 삶도 마찬가지이다. 자신의 삶에 적극적으로 뛰어들어 몰입해서 자기 자신을 위해서 열심히 부딪치고 물어뜯기고 발벗고 나서기도 하고 성취하기도 하면서 성장해 나갈 때 진짜 삶을 사는 것이다.

학교를 다니더라도 공부가 되든 친구와 노는 것이든 클럽 활동이든 취미 생활이든 무언가 재미있고 흥미롭게 생각하는 것에 몰두하고 시간을 보내는 것이 진짜 추억이다. 자신의 삶에 뛰어들어서 헤엄치기도 하고 빠져 보기도 하고 숨이 차기도 해야 삶이 다이내믹하고 즐거운 법이다.

선조체의 뉴런들은 동일한 보상일지라도 수동적으로 받을 때보다 적극적으로 선택할 때 더 많이 반응한다. 내일부터 행복하겠다는 다짐으로 오늘을 희생한다는 마음으로 오늘을 고뇌의 순간으로 만들지 말고, 열심히 사는 지금 이 순간을 즐기면서 충실하게 내일을 준비하는 과정을 즐겨라. 그것이 행복이자 행복으로 만드는 지름길이다.

일상을 긍정적으로 즐겨라

보기만 해도 저절로 웃음이 지어지는 사진이 있다. 저절로 얼굴을 미소 짓게 만드는 사진에는 비밀이 한 가지 있다. 그것은 사진을 찍은 당사자가 진짜 기쁘고 행복감을 느꼈을 때의 감정과 표정이 담긴 사진이라는 것이다. 이런 미소를 뒤셴 미소(Duchenne smile)라고 한다. 19세기 중반 프랑스의 신경생리학자인 기욤 뒤셴(Guillaume Duchenne)이 실험을 통하여 발견해 냈다. 인간이 웃을 때 진짜 행복할 때는 인위적으로 만들어 낼 수 없는 진짜 미소가 있다는 사실이다. 눈 주위의 근육 수축 정도가 진심으로 행복하다는 것을 드러낸다는 것이다.

캘리포니아 오클랜드의 사립 여학교인 밀스 대학의 졸업 앨범을 연구한 심리학자들이 있다. 버클리의 리 앤 하커와 다처 켈트너는 1958~60년의 졸업 앨범에 담긴 114장의 사진으로 뒤셴 미소 척도를 분석했다. 그러자 이 졸업 앨범의 뒤셴 미소는 10점 만점에서 평균 3.8 정도였다. 그리고 종단 연구에 참여한 여성을 중심으로 사진에서 뒤셴 미소 척도와 졸업 후 결혼 여부와 결혼 만족도를 확인했다. 그러자 졸업 앨범에서 뒤셴 미소를 지었던 여학생이 중년이 되었을 때에도 더 행복한 결혼생활을 하고 있었다. 즉 진짜 기쁘고 행복감을 느끼는 사람이 시간이 흐른 후에도 행복한 생활을 할 가능성이 높았다.

우리는 감정이나 행복을 순간적이라고 생각한다. 감정이 습관이라는 사실을 알고 있는 사람은 드물다. 성격에서 그 사실을 엿볼 수 있다. 성격의 정의를 살펴보면 '한 사람의 독특하고 반복적인 생각과 감정, 행동 패턴'이라고 한다. 즉 생각과 감정, 행동이 계속 반복적이기 때문에 상황이 달라지고 사람이 달라져도 자신이 경험하는 생각과 감정, 행동은 동일하다는 것이다. 그래서 비슷한 상황에서 사람은 자신의 습관적인 사고방식과 감정 방식을 사용한다. 뒤셴 미소를 지었던 사람들은 졸업 앨범을 찍을 때만 즐겁고 행복했던 것이 아니라 평상시에도 긍정적인 감정 패턴을 갖고 있었던 것이다.

미국 켄터키 대학교의 심리학자 데보라 대너(Deborah Danner)와 동료들은 가톨릭 수녀 180명을 대상으로 긍정적 정서와 장수의 관계를 연구했다. 수녀들을 대상으로 한 이유는 사회경제적 지위가 동일하고, 생활환경이 유사하여 종단 연구(수십 년에 걸친 연구)에 적합했기 때문이다.

연구자들은 1917년 이전에 태어난 수녀 180명이 수녀가 되는 과정에서 작성한 간단한 에세이를 분석하는 방식으로 연구했다. 수녀들이 쓴 에세이에 긍정적인 단어가 포함된 문장의 수와 부정적인 단어가 포함된 문장의 수를 구분하는 방식으로 수녀들의 사고 패턴과 감정 패턴을 추측했다. 연구자들이 확인한 긍정적 정서와 부정적 정서는 다음과 같았다.

긍정적 정서 : 성취, 즐거움, 만족, 감사, 행복, 희망, 흥미, 사랑, 안도감
부정적 정서 : 분노, 경멸, 혐오, 무관심, 두려움, 슬픔, 수치

긍정적인 표현을 한 수녀의 에세이에는 이렇게 적혀 있었다.

"주님은 한없는 은혜를 나에게 주시며 나의 삶을 바꾸어 놓으셨다. 내가 노트르담 대학에서 공부하며 예비수녀로 보낸 지난해는 너무도 행복했다. 이제 나는 수녀회에서의 거룩한 생활과 신의 사랑과 합치하는 삶을 기쁨으로 고대하고 있다."

다음은 중립적인 표현을 한 수녀의 에세이이다.

"나는 1909년 9월 26일에 2남 5녀의 장녀로 태어났다. 본원에서의 예비수녀 기간 동안 나는 노트르담 대학에서 화학과 2년차 라틴어를 가르쳤다. 앞으로 주님의 은혜 안에서 우리의 사명인 전도와 내적 치유를 위해 힘쓰겠다."

이 에세이를 쓰고 약 70년이 지난 1990년대에 에세이를 쓴 수녀들을 추적한 결과 약 40%가 사망했다. 행복이나 긍정적인 감정과 같은 단어를 사용한 수녀는 다른 수녀들에 비해서 평균 10년 정도 오래 살았다. 흡연을 하는 사람과 비흡연자의 평균 수명 차이가 7년이라는 사실을 볼 때 긍정적인 감정이 우리에게 미치는 영향은 매우 크다. 긍정적인 감정과 만족감은 순간적인 감정으로 치부될 것이 아니라 인생

칭찬이 과제 수행에 얼마나 영향을 미치는가에 관한 실험

아래에 제시한 범주에 해당하는 단어이면 '예'를 체크하고, 해당하지 않으면 '아니오'를 체크하면 된다.

자동차	비행기	간호사
□ 예	□ 예	□ 예
□ 아니오	□ 아니오	□ 아니오

단어 예시 : 자동차, 비행기, 버스, 택시, 고속버스, 자전거, 오토바이, 간호사, 의사, 변호사, 상담자, 교사, 엔지니어, 과학자, 회사원, 개발자, 디자이너, 서울, 대전, 부산

※ 정답일 때는 "당신은 최고! 역시 맞힐 수 있을 줄 알았어요! 계속 맞주세요!"라며 칭찬을 하고, 오답일 때는 그냥 넘어간다.

전반에 걸쳐서 매우 큰 영향을 미친다는 사실을 알아야 한다.

버지니아 대학교의 심리학자 바바라의 연구에 따르면, 긍정적인 사람들은 부정적인 사람들에 비해 문제 해결뿐만 아니라 지적 능력, 창의력까지 높은 것으로 나타났다. 긍정적인 감정은 단순히 즐겁고 행복한 것 이상의 의미가 있다는 것이다.

마틴 셀리그만은 이와 관련한 실험을 했다. 아주 간단한 실험이었는데, 연구자는 참가자에게 단어를 제시하고 그 제시한 단어가 특정 범주에 포함되는지 아닌지를 빨리 대답하게 했다. 이것은 탈것에 해당하

는 단어에 '예'를 선택했을 때 계속 칭찬을 하는 것이 과제 수행에 얼마나 영향을 미치는가에 관한 실험이다. 결과를 보면, 대상의 연령과 지적 수준과 관계없이 긍정적인 정서를 잠깐이나마 경험한 집단이 아무런 정서를 경험하지 않은 집단보다 수행 결과가 좋았다. 칭찬뿐만 아니라 아주 저렴한 사탕, 비언어적인 긍정적 메시지도 같은 결과를 만들었다. 이와 비슷하게 실험 대상자들의 연령이나 지적인 수준을 다르게 해서 실험을 진행한 경우에도 결과는 비슷했다.

사람들은 저마다의 방식으로 환경에 적응하고 살아간다. 학교를 졸업하고 취업을 하고 각자가 원하는 방식으로 삶을 채워 나간다. 돈을 중요하게 생각하면서 자신의 삶을 설계하기도 하고, 커리어를 쌓고, 여행과 같은 경험을 하기도 한다. 중요한 것은 우리 삶의 질을 좌우하는 것은 우리가 행복을 만들어 나가는 과정에서 생긴다. 얼마나 그 과정을 긍정적으로 즐기는가가 행복을 좌우한다.

긍정적으로 상황을 인식하고 받아들이는 것은 온전히 개인적인 선택으로 할 수 있다. 행복한 삶을 선택하고 매 순간 행복하게 살기 위해서는 부정적인 감정을 없애는 것만이 아니라 긍정적인 감정 상태로 만드는 것이 필요하다. 그래서 원하지 않는 야근이라 하더라도 이왕이면 즐겁게 일을 하는 것이 정신건강에 좋다.

무엇을 선택할 것인가. 행복을 선택할 것인가, 행복하지 않은 것을 선택할 것인가. 행복을 선택하면 나 혼자만 행복해지는 것이 아니라 나의 행복으로 나의 주변 사람들에게까지 행복을 전염시킬 수 있다.

자기 성격의 강점을 활용하라

「EBS 다큐프라임 : 당신의 성격」에서 성격에 대한 흥미로운 실험이 많이 소개되었다. 외향적인 사람들의 개인 사무실에 가면 손님들이 누구나 앉을 수 있는 소파가 있지만 내향적인 사람의 사무실에는 손님이 앉을 수 있는 공간이 없는 경우가 많았다.

서울대에서 외향적인 학생과 내향적인 학생을 대상으로 레몬즙 실험을 했다. 실험 전에 분비되는 침의 양을 측정하고 각 학생의 입에 같은 양의 레몬즙을 떨어뜨리고 나서 분비되는 침의 양을 측정했다. 레몬즙이라는 자극에 대해서 성격에 따라서 얼마나 생물학적으로 민감하게 반응하는지를 측정한 것이다. 그 결과 내향적인 학생이 외향적인 학생보다 훨씬 더 많은 양의 침을 분비한 것으로 나타났다. 내향적인 사람은 대뇌피질의 각성 수준이 높고 외부 자극에 민감하게 반응하기 때문이다.

또 다른 실험에서는 모르는 사람의 얼굴 사진을 번갈아서 보여 주면서 뇌를 관찰했다. 그 결과 외향적인 사람은 뇌의 안와전두엽피질과 북측선도체가 많이 활성화되었다. 이 부분은 쾌감과 관련 있는 뇌 부위로 단 것을 먹으면 기분이 좋아지는 것과 같은 쾌감을 불러일으킨다. 그래서 외향적인 사람은 새로운 사람이나 친구를 만나는 자리를 기다리고 설레어하는 것이다.

성격의 차이는 뇌 구조의 차이에서부터 시작한다. 성격에 따라서 좋아하는 것과 잘하는 것, 그리고 하고 싶은 것이 다를 수밖에 없다. 사람들은 성격의 강점을 활용할 때 행복감을 느낀다. 강점이란 개인이 갖고 있는 다양한 성격 특성 가운데 두드러진 특성을 말한다. 자신의 성격 강점을 활용해서 행복감을 느끼는 것이 중요하다. 하지만 강점을 활용할 때 다른 사람에게 피해를 주거나 도덕적인 결함이 있다면 아무리 행복감을 느끼더라도 활용해서는 안 된다.

희망을 갖고 몰입하여 성취하라

1982년 2월 5일 스페인의 카나리 제도에서 서쪽으로 약 1,290킬로미터 지점에서 나폴레옹 솔로호가 폭풍에 뒤집혔다. 배에 타고 있던 서른 살의 스티븐 캘러헌(Steven Callahan)은 고무보트에 탄 채 표류하기 시작했다.

빗물을 받아서 식수로 마시고, 직접 만든 창으로 물고기를 잡아먹었다. 음식 찌꺼기를 노리고 모이는 새도 잡아먹으면서 표류한 지 76일 만에 발견되었다. 정신을 놓지 않기 위해 자신의 경험을 기록하기도 하고, 약해진 몸이 허락하는 한 요가도 하면서 견뎠다. 마침내 구조되었고, 바다에서 한 달 이상 생존한 몇 안 되는 사람으로 기록되었다.

아무리 노련한 선원이라고 하더라도 표류하면 살아서 돌아오는 것이 쉽지 않다. 생존하기 어려운 환경이기도 하지만 극한의 상황에서는 좌절하고 스스로 삶을 포기하기 때문이다. 망망대해에서 자신이 구조될 것이라고 생각하지 않으면 구조되기까지 긴 시간 동안 버틸 수 없다. 구조될 수 있을 것이라는 희망이 있어야 버틸 수 있는 힘도 생기는 것이다. 만약 희망이 없었다면 아무것도 없는 바다에서 버틸 수 있었을까. 아무리 노력하고 최선을 다해도 미래에 대한 희망이 없다면 금방 포기하게 된다.

1965년에 코넬 대학교의 심리학자 마틴 셀리그먼(Martin Seligman)이 실험을 했다. 잡종 개들을 한 마리씩 흰색이 칠해진 칸막이 안에 고무끈으로 묶어 놓고 신체에 무해한 전기 충격을 주기적으로 주었다. 개들이 들어간 공간에는 서로 다른 장치를 했다. 한 공간에는 머리로 옆면을 누르기만 하면 충격을 멈출 수 있었지만, 다른 한 공간에는 전기를 멈출 수 있는 방법이 없었다. 전기 충격은 두 마리에게 동시에 가해지도록 설계되었지만 전기를 멈출 수 있는 공간의 개가 옆면을 누르면 두 공간 모두 전기가 멈추었다. 멈춤 장치가 있는 공간의 개는 전기 충격을 멈출 수 있는 것을 알고 있었지만, 전기를 멈출 방법이 없었던 개는 곧 겁을 내면서 낑낑거리기 시작했다. 이 반응은 우울과 불안의 징후로 실험이 끝난 뒤에도 지속되었다.

두 번째 실험을 했다. 전기가 흐르는 바닥에 두 마리의 개를 넣었다. 벽은 뛰어넘을 수 있을 정도로 낮았다. 첫 번째 실험에서 전기 충격을 멈출 수 있었던 개는 벽을 뛰어 넘어서 전류를 피하는 요령을 금방 터득했지만, 전기 충격을 멈출 수 없었던 개는 벽을 뛰어넘지 못하고 바닥에 웅크리고 앉아 낑낑거리면서 탈출하려는 시도조차 하지 않았다. 벽을 뛰어 넘는 개를 보면서도 벽을 뛰어 넘지 못한 것이다.

이것을 학습된 무기력이라고 말한다. 아무리 노력해도 성공할 수 없을 것이라고 느끼게 되는 것이다. 학습된 무기력을 가진 사람은 좌절의 순간을 극복하려고 노력하지 않고 포기한다. 극복하려고 몇 번 노력해 봤지만 결국은 별반 다르지 않았다는 사실을 경험했기 때문에 지레 짐작하고 포기해 버리고 만다. 그리고 그것이 습관처럼 굳어진다. 내일에 대한 희망과 낙관성이 없으면 삶의 의미를 찾지 못하고 무기력해진다. 무기력감이 지속되면 우울감이 생기고 미래에 대한 희망이 없다고 느끼게 되기 때문에 좌절을 극복하기 힘들다.

누구나 지금이 아무리 힘들고 어려워도 다가오는 내일이 희망적이라고 느끼면 더 힘을 낼 수 있고 행복할 수 있다. 하지만 내일도 오늘과 다르지 않을 것 같고 그다지 큰 발전이 없을 것같이 느껴지면 아무것도 하기 싫어진다. 사람이 최악의 상황에서도 상황을 극복할 수 있게 하는 힘은 바로 내일에 대한 희망이다. 희망은 노력의 결과가 좋을 것이라는, 자신의 삶이 원하는 대로 잘 풀릴 것이라는 기대이면서 자신이 한 노력의 결과가 긍정적일 것이라는 희망이다. 희망이 있을 때 더 노력하고 인내하고 더욱 몰입할 수 있다.

수업 시간에 자신도 모르게 졸다가 눈을 떴을 때 시간이 많이 지나갔을 것 같은데 사실은 몇 분밖에 지나지 않은 것을 경험해 본 적이 있을 것이다. 하지만 재미있는 드라마를 보거나 자신이 좋아하는 취미생활을 하거나 수다를 떨 때는 시간이 무척 빠르게 지나간다. 이것은 몰입하고, 몰입하지 않고의 차이 때문이다. 아무리 재미가 없더라도 자신이 그 과정에 참여해서 집중하려고 노력하면 결국 졸면서 시간을 보내는 것보다는 조금 더 빠르게 시간이 지나간다. 시간이 빠르게 지나간다는 것은 몰입했다는 증거이다. 사람들은 자신이 원하는 일을 할 때 몰입할 수 있다. 몰입한다는 말은 그 일을 즐긴다는 의미이다.

미국 피터드러커 경영대학원의 심리학자 칙센트 미하이는 전 세계의 수천 명을 인터뷰하면서 다음과 같은 질문을 했다.

“당신의 삶에서 가장 큰 만족을 얻었을 때가 언제였습니까?”

자신의 일에 열정을 다하는 사람들이 말하는 가장 행복했던 경험은 좋아하는 일에 몰입했을 때의 느낌과 비슷하다. 순간적인 쾌락이나 즐거움과 같은 기분이 아니라 좋아하는 일을 하면서 몰입할 때는 만족감을 느끼게 되는데 이 만족감이 행복을 만든다. 행복은 자신이 이루고자 하는 목표를 달성해 나가는 과정에서 느끼는 것이기 때문에 무언가를 달성했을 때 느끼는 성취감은 행복의 한 요소일 수밖에 없다. 자신이 원하는 것을 하고 거기에서 보람을 얻고 만족감을 얻는 것은 행복과 직결된다.

좌절을 견디는 회복력을 키워라

하와이의 북서쪽에 카우아이라는 섬이 있다. 지금은 관광지가 되어 많은 관광객이 찾는 멋있는 곳이지만 1950년대의 카우아이 섬은 대대로 지독한 가난과 질병에 시달린 곳이었다. 심리학자 에미 워너와 루스 스미스는 카우아이 섬의 아이들을 대상으로 종단 연구를 했다. 1955년 카우아이 섬에서 태어난 신생아 833명을 어른이 될 때까지 추적 조사했다. 이 섬에서 태어난 아이들은 90%가 계속 섬에서 생활했기 때문에 연구 대상이 되었다.

극단적으로 열악한 조건에 놓인 201명을 선별하여 아이들의 출생과 양육 환경이 사회 적응에 얼마나 영향을 미치는가에 대한 연구를 했다. 부모가 별거·이혼했거나, 부모가 알코올 중독이나 정신 질환을 앓고 있다거나 하는 고위험군을 대상으로 조사한 결과 실제로 일반적인 환경에서 자란 아이들에 비해서 훨씬 더 높은 비율로 사회 부적응자가 되었다. 하지만 201명 중에서 3분의 2에 해당하는 사람들만 문제를 일으켰고, 나머지 3분의 1에 해당하는 72명은 별다른 문제를 일으키지 않았다. 오히려 성적도 좋고 더 긍정적이고 유능한 사람이 되었다.

회복력은 스트레스나 역경에 대한 정신적 저항력을 의미한다. 공이 바닥에 닿았다가 튀어 오를 때는 딱딱한 공보다 부드러운 공이 더 빨리 더 높이 튀어 오른다. 사람도 정신적으로 버틸 수 있는 힘이 고갈되었을 때 바닥을 쳤다는 표현을 한다. 인생의 밑바닥이나 정신적으로 가장 밑바닥에 있을 때 바닥을 치고 올라와서 평상시의 정서 상태로 만드는 능력이 회복력이다.

어떤 사람은 작은 어려움에도 무너지지만, 어떤 사람은 보통 사람이 상상하기 어려운 역경에서도 트라우마나 외상 후 스트레스 장애를 이겨 내고 더욱 강해진다. 장애, 사고, 사별, 군대 경험 등 자신이 견디기 힘들어하는 부정적인 경험에도 불구하고 어떤 사람들은 성장한다. 그러한 사람들은 일련의 사건·사고 이후에 무조건 트라우마나 우울증·분노 등의 부정적인 감정과 상황으로 연결되지 않고, 그 상황에 대한 대처 방식에 따라 긍정적인 변화를 경험한다. 이것을 외상 후 성장(Post-Traumatic Growth, PTG)이라고 한다.

힘든 상황과 사건·사고를 겪으면서 어떤 사람은 분노로 인해서 문제가 생기고, 어떤 사람은 우울증을 경험하며, 어떤 사람은 자살을 선택하고, 어떤 사람은 외상 후 스트레스 장애로 평생 괴로워한다. 그러나 똑같이 고통을 경험해도 어떤 사람은 고통을 발판 삼아 더 성장한다. 역경은 누구나 겪는 것이고, 자신의 삶을 스스로 회복할 수 있는 힘을 갖게 되면 언제든지 다시 일어설 수 있고 더 큰 성장을 할 수 있다.

캐런 레이비치 박사와 앤드류 샤테가 오랜 연구 끝에 알아낸 회복력의 요소에는 7가지가 있다. 감정 조절력, 충동 통제력, 낙관성, 원인 분석력, 공감 능력, 자기 효능감, 적극적 도전이다. 이 7가지를 활용해서 회복력을 높일 수 있다. 회복력이 높은 사람은 여러 가지 기술을 활용해 감정, 집중력, 행동을 통제할 수 있다.

첫째 요소는 감정 조절력이다. 스트레스 상황에서 평온하게 감정을 유지하는 능력으로 긍정적인 감정 상태로 만들 수 있다. 한국 사람들은 유난히 감정 조절력이 약하다. 감정 조절력이 높으면 좌절의 상황을 이겨 내는 데 유리하다. 감정을 조절하지 못하는 사람은 주변 사람들을 지치게 할 뿐만 아니라, 협업을 어렵게 하고 우정도 지속하지 못한다. 감정을 조절하는 것은 감정을 통제하는 것이 아니라 자신의 감정을 솔직하게 표현하는 것이다.

둘째 요소는 충동 통제력이다. 자신이 원하는 목표를 위해서 현재를 참을 수 있는 능력을 말한다. 다른 말로 하면 만족지연 능력이라고 할 수 있다. 예를 들면, 5년 후 집을 사고 싶은 목표를 이루기 위해서 돈을 모으기로 다짐을 하지만 어떤 사람은 다짐만 할 뿐 쓰고 싶은 것을 참지 못한다. 하지만 어떤 사람은 돈을 모으기 위해서 쓰고 싶은 충동을 통제한다. 충동 통제력은 감정 조절력과 밀접한 관련이 있다. 사람이 좋아하는 것을 먹고 좋아하는 것을 사는 것은 감정과 관련이 있다. 그래서 감정을 조절할 수 있다는 것은 충동적으로 행동하지 않는다는 말이기도 하다.

셋째 요소는 낙관성이다. 낙관적인 사람은 고통이 금방 지나갈 것이고 다시 좋아질 것이라고 생각하기 때문에 미래에 대한 희망을 가지고 살아간다. 또 본인이 어느 정도는 인생의 방향을 통제한다고 믿기 때문에 역경도 통제하고 극복해 나갈 수 있다는 믿음을 가지고 있다. 그래서 회복력 지수가 높은 사람은 낙관적이다.

넷째 요소는 원인 분석력이다. 정확한 원인 분석을 통해 문제 해결을 효과적으로 할 수 있다. 그런데 95%의 사람이 잘못된 원인 분석으로 잘못된 생각을 한다고 한다. 잘못된 원인 분석은 결국 잘못된 해결책으로 이어진다. 원인 분석은 문제의 원인을 정확하게 분석하는 능력으로 낙관성과 연관이 있다.

다섯째 요소는 공감 능력이다. 이것은 대인 관계에 영향을 미치기 때문에 행복지수와 밀접한 연관이 있다. 공감 능력이 뛰어난 사람은 주변 친구들이 학교나 직장에서 어려움에 처했을 때 도와줄 가능성이 높다. 그래서 더 넓은 사회적 관계를 맺고 친밀한 관계를 유지할 수 있다. 성폭행, 폭력, 살인 등의 범죄자들은 공통적으로 공감 능력이 부족하다. 그래서 그들은 타인의 고통을 보면서도 아플 것이라는 생각을 하지 못하는 것이다.

여섯째 요소는 자기 효능감이다. 자신에게 일어날 문제를 해결할 수 있다는 믿음과 성공할 수 있는 능력에 대한 확신을 말한다. 스탠퍼드 대학교의 심리학자 앨버트 반두라는 어떤 일에 대한 능력 자체보다는 그 일을 해낼 수 있다고 믿는 신념이 실제로 일을 해내는 데 훨씬 큰 영향을 미친다고 말했다. 회복력이 높은 사람은 일반적으로 자기 효능감이 높은 편이다. 그래서 본인의 의지대로 인생을 살아가면서 스스로 행동을 제어하고, 자기 스스로 운명을 개척할 능력이 있다고 생각한다. 자기 효능감을 키울 수 있는 가장 좋은 방법은 작은 성과를 달성하면서 '성공'을 경험하는 것이다. 그렇게 하면 얼마든지 해낼 수 있다는 믿음과 자신감을 갖게 된다.

일곱째는 적극적 도전이다. 역경을 이겨 낸 사람들은 역경을 통해 스스로에 대한 믿음을 키우고 기꺼이 새로운 경험을 받아들인다. 그리고 위험 또한 감수하고 받아들인다. 어떤 새롭고 낯선 상황도 넘어서고 이겨 낼 수 있다는 믿음이 있기 때문이다.

사회적으로 좋은 관계를 가져라

찰스디킨스의 『크리스마스 캐롤』에는 지독한 구두쇠인 스크루지가 나온다. 스크루지는 친구 마레와 함께 장사를 했다. 그러던 중 친구가 죽었는데, 친구의 장례식날조차도 장사를 할 정도로 지독한 구두쇠이다. 사람들과 사귀지도 않고 남을 돕지도 않고 도움을 받지도 않는다. 거지조차 돈을 달라고 구걸하지 않을 정도로 지독한 구두쇠이다.

크리스마스 전날 밤에도 스크루지는 여전히 추운 사무실에서 일하면서 친척이 사무실로 찾아와도 문전박대하고 기부를 요청해도 쫓아냈다. 조카가 집에 초대를 해도 거절할 정도로 사람들과의 관계를 중요하게 생각하지 않았다.

그날 밤에 죽은 마레의 유령이 나타나 욕심을 버리고 사람들과 어울리며 살라고 하면서 앞으로 유령 셋이 나타날 것이라고 말하고 사라진다. 이후로 유령이 차례차례 나타났는데, 첫 번째 유령은 스크루지를 데리고 과거로 여행을 했다. 불쌍했던 어린 시절과 문전박대를 당하던 모습과 욕심 때문에 헤어진 약혼자의 모습을 보고 왔다. 두 번째 유령은 현재의 모습을 보여 줬다. 스크루지 사무실 직원의 집도 가 보고, 자신을 초대한 조카의 집에도 가면서 다른 사람들이 스크루지를 걱정하고 축복하는 모습을 보았다. 세 번째 유령은 스크루지가 미래에 죽었을 때의 모습을 보여 줬다. 사람들은 스크루지의 죽음을 슬퍼하지 않을 뿐만 아니라 물건을 훔쳐갔다.

과거의 모습에서는 자신의 아픔을 보고 현재를 반성하고, 현재의 모습에서는 사람들에 대한 감사를 배우고, 미래의 모습에서는 사람들과의 관계에 대해서 생각하게 되었다. 스크루지는 다음 날 아침에 눈을 뜨자마자 사람들에게 인사를 하고, 기부금도 내고, 직원의 월급도 올려주었다.

사랑을 주고받는 것도 능력이다. 다른 사람과 좋은 관계를 맺고 정서적인 교감을 하는 것은 행복에서 매우 중요한 요소이다. 태어나면서부터 노년기까지 살아가는 데에 강력한 영향을 미치는, 사랑하고 사랑받는 능력은 인간이 본래부터 가지고 태어나는 것으로 보는 학자가 많다.

학자들은 처음에 옥시토신이라는 호르몬에 관해서 연구를 하기 시작했다. 연구에서 친한 친구의 사진을 보여 주었을 때와 가족과 자녀 등 진정으로 사랑하는 사람의 사진을 보여 주었을 때 뇌가 서로 다르게 작동한다는 사실을 밝혀냈다. 이때 신경회로는 한 사람이 코카인에 심하게 중독되어 있을 때 활성화되는 것과 같았다. 사랑 호르몬 혹은 포옹 호르몬이라고 불리는 옥시토신은 신경전달물질인 도파민과 관련이 있다. 이는 다른 사람과의 긍정적인 관계가 옥시토신과 도파민을 분비시키기 때문에 개인의 행복이 대인 관계와 연결되어 있다는 사실을 보여 준다.

마틴 셀리그만과 이디 디너는 행복한 사람의 상위 10%를 연구했다. 행복한 사람들이 불행한 사람들과 다른 점은 바로 넓고 긍정적인 인간관계였다. 행복뿐만 아니라 성공하기 위해서도 인간관계가 큰 영향을 미친다. 사람이 좋아하는 사람을 돕고 싶어 하는 것은 본능이다.

뇌 연구에서 도덕성에 관한 연구도 있었다. 본능적 도덕성과 이성적 도덕성으로 구분했다. 본능적 도덕성은 자신과 친한 사람이나 가까운 사람에게 특별하게 대하는 것이다. 주변 사람이 부탁하면 옳고 그름을 따지기 이전에 들어줘야 할 것 같은 착각에 빠진다. 친한 사람이나 주변 사람들, 혹은 아는 사람들과 친밀한 관계를 유지하기 위해서 하는 행동은 모두 본능적 도덕성에 해당한다.

이성적 도덕성은 자신과 관계 있는 사람뿐만 아니라 전혀 모르는 사람이라도 친한 사람에게 대하는 것과 같이 공정하게 대하는 것이다. 아무리 친한 사람이라도 옳지 않은 행동을 하면 옳은 행동을 할 수 있도록 하는 것은 이성적 도덕성에 해당한다. 친밀한 사람에게 친절하게 대하고 직접적인 도움을 주고 싶어 하고, 이런 행동이 더욱 끈끈한 친밀감을 만들어 낸다. 하지만 옳고 그름의 판단을 하지 않는 친밀감은 반드시 독이 되어 돌아오게 된다. 관계를 유지하면서 올바른 행동을 할 수 있게 만드는 능력은 반드시 필요하다.

일본 하루야마 시게오의 연구에서 마음으로 생각하는 것은 반드시 행동과 신체에 영향을 미치게 된다는 사실이 밝혀졌다. 인간이 화를 내거나 긴장하면 뇌에서 노르아드레날린을 분비하고, 공포감을 느끼면 아드레날린을 분비한다. 부정적인 감정이 생기면 신체는 외부 상황을 경계하고 대응해야 하기 때문에 긴장하고 싸우거나 화낼 준비를 한 상태가 된다. 반대로 긍정적인 생각과 긍정적인 감정 상태가 되면 β-엔도르핀이 분비되어 암세포를 파괴하고 마음을 즐겁게 한다.

사람은 사회적인 존재이다. 복지시설이 잘된 미국의 요양원이나 양로원에서 사는 노인들의 사망률을 조사해 보니, 생일·결혼기념일·크리스마스 등 특정 기념일에는 사망률이 현저히 감소했다. 그 원인을 분석한 결과, 대부분의 사람은 기념일을 꼭 지내고 싶다는 열망을 갖고 있으며, 일정한 목표가 달성되고 나면 삶의 의지가 약화되기 때문에 사망률이 급증한 것이라고 한다.

WTO가 발표한 건강에 대한 정의는 '단순히 질병이 없는 상태가 아니라 신체적, 정신적, 사회적으로 안녕한 상태로 직업, 안전한 환경을 포함한 건강한 상태'(Adams, Bezner & Steinhart, 1997)이다. 건강하고 행복한 삶에 직업과 환경을 포함한다는 사실은 인간이 사회적으로 진화되어 왔고 집단생활이 가능하도록 뇌가 발달해 왔다는 사실과 연결된다. 그래서 단순히 좋은 인간관계나 긍정적인 인간관계만 중요한 것이 아니라 사회적으로 인정받을 수 있는 올바른 사고방식을 가지면서 좋은 관계를 갖는 사람이 행복하다.

혼자만이 아니라
함께 행복한 사람이 돼라

이탈리아 파르마 대학의 지아코모 리촐라티(Giacomo Rizzolatti) 교수와 연구팀은 짧은 꼬리 원숭이의 뇌에 전극을 꽂고 손과 입의 동작을 제어하는 신경을 가려내는 실험을 했다. 그들은 음식을 집는 것을 비롯하여 다양한 동작을 할 때 각각의 뉴런에서 일어나는 활동을 기록하며 하나의 동작에 대응하는 하나의 뉴런을 찾아냈다.

그러던 중 이상한 현상을 발견하였다. 투명 칸막이로 가로 막혀 먹이를 잡을 수 없었던 원숭이가 연구원이 먹이를 집어 들자 직접 먹이를 집었을 때 반응을 한 뉴런이 똑같은 반응을 보인 것이다. 획기적인 발견이라고 말하는 '미러 뉴런(거울 뉴런)'이다.

다른 사람이 특정한 행동을 보이면 나의 거울 뉴런을 통해 그 사람이 무엇을 느끼는지 거울에 비추어 보듯이 이해할 수 있다. 예를 들어, 누군가가 달리기를 하다가 물을 마신다면 내가 직접 물을 마시지 않아도 그 사람이 갈증이 났을 것이라는 것을 알 수 있다. 직장 동료가 웃으며 인사를 건네면 나의 거울 뉴런도 내가 웃는 것처럼 반응한다. 그리고 내가 웃을 때의 감정을 만들어 낸다. 이때의 반응은 진짜 즐거워서 나오는 행동이 아니라 사회적인 교감을 하는 반사행동이다.

옆사람이 하품을 하면 따라서 하품을 한다. 아기에게 밥을 먹일 때 자기도 모르게 '아' 하면서 같이 입을 벌린다. 길을 가던 중 다른 사람들이 어딜 쳐다보고 있으면 자기도 가던 길을 멈추고 그곳을 쳐다본다. 타인이 어떤 행동을 하면 나의 뇌도 반응하고 자신도 모르는 사이에 행동을 따라 한다. 그 사람이 하는 행동의 의도를 '생각'하기도 전에 본능적이고 즉각적으로 그 의도를 공유할 수 있는 것이다.

거울 뉴런은 인간들이 문명을 일으키고, 각 사회의 고유 문화를 유지하는 데 핵심 요소로 작용하였다. 거울 뉴런의 모방 기능은 관찰이나 간접 경험으로도 인간이 직접 그 일을 경험한 것과 같이 만든다.

열정적으로 사랑하는 연인들의 뇌 사진을 촬영한 결과 공감에서 남녀 간에 큰 차이가 발견되었다. 사랑을 하면 뇌에서는 도파민과 같은 신경전달물질이 생긴다. 그래서 고통도 슬픔도 동시에 느낄 것이라고 생각했다. 하지만 연인들을 대상으로 전기 충격을 가하는 연구를 한 결과 여성과 남성의 공감 능력은 서로 다른 결과를 나타냈다. 남자친구에게 전기 충격을 가하자 여자는 남성의 고통을 함께 느낀 것 같았다고 말을 한 반면에 남자는 여자 친구가 전기 충격으로 고통을 받는 모습을 보더라도 고통을 함께 느끼지 않았다.

블랙먼과 스턴은 "공감은 다른 사람의 신발에 발을 넣었다가 빼어 자신의 신발을 쉽게 다시 신는 능력이다. 신은 신발이 편안하게 느껴지면 상대방과 함께 편안함을 즐기는 것"이라고 하였다. 장자는 "귀로만 듣는 것과 이해로 듣는 것은 서로 전혀 다른 것이다. 마음으로 듣는다는 것은 귀나 타고난 인식 능력 또는 생각만으로 듣는 것이 아니다. 그러므로 모든 생각이 비워졌을 때, 그때에는 존재 전체로 듣게 된다."고 했다.

공감은 상대방의 시각과 관점으로 들어가서 그 사람의 관점과 시각으로 세상을 볼 수 있는 능력이다. 공감을 해야 상대방의 감정과 욕구를 파악할 수 있다. 또한 공감은 상대방의 감정과 욕구를 인식하고 상대방이 이해받고 있음을 알려주고 상대방의 감정을 긍정적으로 만들면서 소통하는 능력이다. 상대방과 동일시하는 능력이 아니라 상대방의 입장에서 생각해 주고 감정을 읽어 주고 상대방의 감정을 관리해서 옳은 방향으로 행동할 수 있도록 하는 능력이다.

공감한다고 하면 상대방이 느끼는 것을 함께 느껴야 한다고 오해를 한다. 상대방이 느끼는 것을 똑같이 느끼는 것은 감정이 전이된 것으로 공감하는 것이 아니다. 타인의 감정을 정확하게 인식하고, 상대방의 감정을 읽어 주고 이해받고 있음을 알게 하는 것으로 마음으로 이해하는 것이다. 인간관계에서 공감은 다른 사람에 대한 선입견과 판단을 떨쳐 버린 후에야 비로소 가능해진다. 공감적 이해란 자신이 직접 경험하지 않고도 상대방의 이야기를 그의 관점과 입장에서 듣고 상대방의 감정을 거의 같은 내용과 수준으로 이해하는 것이다.

엄마는 아이의 얼굴을 보고 표정에 나타난 놀람을 알아차린다. 아이가 왜 놀랐을까? 아이의 시선이 머문 곳으로 엄마가 시선을 돌린다.

마룻바닥에 벌레가 기어가고 있다. 엄마에게는 그리 놀랄 일이 아니었지만 아이의 입장에서는 놀랄 만하다고 이해할 수 있다. 이렇게 상대방의 관점에서 세상을 바라볼 수 있는 능력을 관점수용이라고 한다.

나의 관점과 타인의 관점을 분리시킬 수 있는 관점수용은 만 4세가 되어야 나타나기 시작한다. 관점수용 능력이 발달하지 않은 어린이들은 자기가 보는 세상이 남이 보는 세상과 같다고 여긴다. 어린이들이 엄마의 생일선물로 엄마가 좋아할 만한 선물을 주는 것이 아니라 자기가 아끼는 물건, 이를테면 스티커와 같은 것을 선물로 주는 이유는 이 때문이다.

어른이 되면 관점수용 능력이 뛰어나게 될까? 나와 타인의 관점이 다를 수 있다는 사실을 받아들이는 일은 그리 간단하지 않다. 특히 지위가 높아질수록 이 능력은 점차 상실되기 쉽다. 현역 선수 시절에 뛰어났던 사람이 훌륭한 감독이 되기 어렵다는 속설도 여기에 이유가 있다. 그들은 '차라리 내가 뛰는 게 낫겠다.'라고 생각할 뿐 상대의 관점에 공감하지 못하기 때문이다.

공감적 반응은 상대방이 하는 말을 상대방의 관점에서 이해하고, 상대방의 감정을 함께 느끼며, 자신이 느낀 바를 상대방에게 전달하는 것이다. 공감적 반응을 위해서는 상대방의 관점과 입장에서 그의 마음을 헤아리는 노력이 필요하다.

첫째, 자신의 관점에서 이해하기보다 상대방의 관점에서 이해하려는 태도를 갖는다. 이를 위해서 상대방의 입장과 의견을 충분히 경청하고 탐색하는 것이 필요하다. 둘째, 상대방의 말 속에 담긴 감정과 생각을 잘 포착한다. 상대방이 표현한 말의 내용뿐만 아니라 이면에 담긴 기분이나 감정을 이해하려는 노력이 필요하다. 셋째, 상대방의 감정과 자신에게 느껴진 감정을 잘 전달한다. 즉 상대방의 이야기를 들으며 상대방이 느끼는 기분과 감정을 함께 느끼면서 이러한 느낌을 전달해 주는 것이 공감에서는 꼭 필요하다.

적절한 공감 반응은 관계를 더욱 단단하게 만들지만 적절하지 못한 공감은 상대방의 반감을 살 수 있다. 공감은 기본적 수준에서의 공감과 심화된 수준의 공감으로 나눌 수 있다.

기본적 수준의 공감은 상대방이 표현한 감정을 다시 한 번 말해 주는 수준의 공감 반응이다. 말하는 사람이 직접적으로 말한 감정 단어를 그대로 말한다. 실제로 감정을 정확히 이해해서 반응하는 것은 쉬운 일이 아니다. 그래서 상대방이 말하는 것을 촉진하는 수준이다.

심화된 수준의 공감은 말하는 사람이 표현하지 않거나 표현하지 못한 내면의 감정을 대신 표현해 주는 수준의 공감 반응이다. 상대방이 말로 표현하는 것보다 더 깊은 내면의 감정을 말로 표현해 줌으로써 미처 깨닫지 못한 내면의 욕구를 발견할 수 있도록 한다.

제2차 세계대전 때 부모를 잃은 아이들의 정신건강 보고서를 작성한 존 볼비(John Bowlby) 박사는 중요한 것을 발견했다. 아동이 정상적인 발달을 하기 위해서는 적어도 한 성인과의 따뜻하고 지속적인 관계가 필요하다는 것이다. 다른 사람의 관점과 입장을 이해하고 상대방의 깊이 있는 감정까지 수용하고 포용할 때 정서적인 애착 관계가 형성된다. 이 정서적인 애착 관계가 행복감에 미치는 영향은 매우 크다.

하버드 대학교의 뇌과학자 다이애너 타밀과 제이슨 미첼은 재미있는 실험을 했다. 실험 지원자에게 지원자 본인에 대한 질문과 오바마 대통령 같은 타인에 대한 질문을 여러 개 했다. 질문 내용은 '스노보드를 좋아하는지', '피자 토핑은 버섯을 좋아하는지' 등 가벼운 것에서 공격성과 호기심 같은 개인 성격에 관한 것까지 다양했다. 그리고 개인적 질문 대신 타인에 대한 질문에 답하면 최고 4%(약 46원)씩 돈을 차례대로 더 주겠다는 단서를 달았다. 흥미로운 점은 이들 중 상당수가 잠재적인 자기 수익의 17~25%를 포기하고 타인보다 자신에 관해 이야기하기를 선택했다는 것이다. 연구진은 질문에 답하는 지원자의 뇌를 자기공명영상(MRI)으로 촬영하고 스캔 사진을 분석했다. 사람들의 뇌는 '자기와 관련된 이야기'를 할 때 도파민을 분비하는 영역이 활발하게 움직였다.

도파민은 신경전달물질이면서 보상 및 쾌락 중추를 제어하여 감정의 반응을 조절한다. 도파민은 천연 마약과 같은 작용을 하여 짜릿한 쾌감과 행복감을 느끼게 한다. 연구진은 사람들이 자기 이야기를 할 때 뇌세포는 물론, 뇌세포를 연결하는 접점인 시냅스에서 쾌감을 느끼기 때문에 말을 멈출 수 없다고 설명했다. 타밀 박사는 "사람들은 자기 이야기를 하기 위해서 돈 몇 푼 정도는 쓸 수 있다고 생각한 것"이라며 "실제로 대화를 나눌 때는 더 많은 금액도 내려고 할 것"이라고 말했다. 같은 주제를 연구하는 미국 텍사스 대학교의 심리학자 제임스 페너베이커는 "우리는 다른 사람들이 자신에게 귀 기울이는 것을 무척 좋아한다."고 말했다.

그래서 다른 사람을 공감해 주고 그 사람의 입장과 관점을 수용해 주면 그 사람과 깊은 유대 관계를 맺고 있다고 생각한다. 직장에서도 동료들과 관계가 좋지 않으면 퇴사율이 높고 동료들과 관계가 좋을수록 퇴사율이 낮다.

마음이 힘들 때 아내나 남편으로부터 위로받고 자식을 보면서 이겨내는 힘을 얻는다. 그저 곁에만 있어도 위로가 되고 힘이 된다. 힘들고 괴로울 때 자신의 힘든 마음을 털어놓는 것으로도 위로가 되지만 마음을 털어놓을 수 있는 사람이 있다는 것에서 위안을 얻고 버틸 수 있는 힘을 얻는다.

즐겁고 행복한 날에 누군가에게 자랑하고 칭찬받고 인정받고 싶은 마음이 들 때 온 마음으로 축하해 주는 친구가 있다면 말할 수 없는 기쁨과 뿌듯함, 충만한 감정을 느끼게 된다. 슬플 때 얻는 지지와 충만감도 의미가 있지만 기쁠 때 얻는 기쁨과 충만감은 그것과 비교할 수 없을 정도로 크다.

다른 사람들과 부대끼면서 살다 보면 항상 좋은 일만 생기는 것은 아니다. 부정적인 피드백을 받기도 하고 갈등도 생기지만, 한편으로는 사람에게서 위로받고 사람들의 지지를 받으면서 회복이 된다. 그래서 부정적인 경험과 감정을 없애기 위해서는 긍정적인 경험이 반드시 필요하다. 안 좋은 경험과 감정을 상쇄시키기 위한 방법은 긍정적인 경험과 감정이다.

바바라 프레드릭슨은 3:1 비율로 부정적인 경험 하나를 상쇄시키기 위해서는 3개의 긍정적인 경험이 필요하다고 한다. 존 가트맨은 행복한 결혼생활을 하기 위해서는 부부 사이에 긍정적인 상호 작용이 부정적인 상호 작용보다 최소한 5배 이상은 되어야 한다고 주장한다. 부부가 대화를 나눌 때 긍정적인 상호 작용을 관찰해 보면 이 부부가 얼마 후에 이혼하게 될지를 예측할 수 있다. 그래서 가트맨 비율로 알려져 있다.

결국 행복한 사람이 되기 위해서는 2가지가 필요하다. 하나는 자기관리 능력이고, 또 하나는 대인 관계 능력이다. 인간관계가 없는 긍정성과 자유는 행복이 아니다. 우리의 행복에는 나와 내 가족, 동료, 팀원, 친구들이 존재한다. 행복한 사람의 주변에는 행복한 사람이 있다. 행복도 전염되고 감사도 전염된다. 그 사람들과 함께 행복할 때 나도 행복하다. 혼자 행복한 사람이 아니라 그 곁에 있고 싶은 사람이 되면 나와 내 가족, 동료와 주변 사람들이 함께 행복해질 수 있다.

자신이 진짜 행복한 삶을 영위하라

행복을 상상하면 광고 장면에서 흔히 보듯이 푸른 초원 위의 집이나 바닷가를 거니는 모습, 아이들이 마당에서 뛰어놀고 잔디에 물을 주면서 즐거운 한때를 보내는 모습이 떠오른다. 대부분의 사람이 노년까지 이런 시간을 보내는 것이 행복이라고 상상한다. 자신의 상상을 현실로 만드는 것은 자신밖에 없다.

하버드 대학교의 심리학과 길버트 교수는 18~60세의 성인 남녀를 20년간 연구한 결과 사람들은 각자만의 행복 수준을 계속 유지하는 것으로 나타났다. 결혼했을 때, 이혼했을 때, 장애가 생겼을 때, 아이가 생겼을 때 등 행복과 불행이 일시적으로 나타나더라도 결국 자신이 가진 기본 행복 수준으로 다시 되돌아갔다. 결국 고부 갈등이든 장서 갈등이든 직장 내 인간관계 갈등이든 지금 당장은 너무 괴롭고 힘든 상황이라 하더라도 불행은 금방 지나가 버리고 금방 자신의 본래 행복 수준으로 되돌아온다.

유대인의 지혜서 『미드라쉬』에 다음과 같은 이야기가 있다.

어느 날 다윗 왕이 보석 세공인을 불러 명령을 내렸다.

"짐을 위해 반지를 만들고 그 반지에 글귀를 하나 새겨 넣어라. 그 내용은 내가 승리했을 때 기쁨에 취해 자만해지지 않도록, 동시에 절망에 빠졌을 때 수렁에서 건져 줄 수 있는 글이어야 하느니라."

보석 세공인은 왕의 명령대로 아름다운 반지를 하나 만들었다. 하지만 적당한 글귀가 생각나지 않아 고민하다가 지혜로운 솔로몬 왕자를 찾아가 조언을 구했다.

"폐하의 황홀한 기쁨을 절제해 주는 동시에 폐하께서 낙담했을 때 격려를 줄 수 있는 말이 무엇일까요?"

솔로몬이 미소를 지으며 대답했다.

"이렇게 쓰시면 됩니다. 이것 또한 곧 지나가리라. 폐하께서 승리의 순간에 그 글을 보시면 자만심을 가라앉히게 될 것이고, 절망의 순간에 그것을 보신다면 곧 용기를 얻게 될 것입니다."

행복이든 불행이든 곧 지나가고 평상시 자신의 행복 수준으로 금세 되돌아간다. 그래서 우리의 행복 수준을 높이는 것이 중요하다. 최근에 긍정심리학에서 행복의 수준을 높이는 방법에 대한 연구를 많이 한다. 행복의 기본 수준은 유전적인 요인에 의해서 결정된다고 하지만 그것도 자신의 노력에 따라서 충분히 향상시킬 수 있다.

인간의 뇌는 시냅스가 계속해서 새로운 회로를 만들어 내고 새로운 회로는 자주 사용할수록 단단해진다. 뇌의 변연계 옆에 있는 해마는 단기기억을 장기기억으로 바꾸는 역할을 하는데 한 달에 3번 이상의 정보가 들어오면 매우 중요한 정보로 인식하기 때문에 장기기억으로 넘어가서 뇌의 새로운 회로를 만들어 낸다. 뇌는 지식만이 아니라 행동, 상황, 인식, 감정 등 다양한 정보를 처리하기 때문에 노력하는 그 순간부터 뇌에서는 새로운 회로가 생겨난다. 그리고 이렇게 회로를 만들어 내는 활동은 늙어 죽을 때까지 지속된다.

행복해지기 위해서는 2가지를 실천하면 된다. 첫째는 나 자신을 사랑하고 좋아하는 일이고, 둘째는 다른 사람을 사랑하고 좋아하는 일이다.

첫째 방법인 나 자신을 사랑하고 좋아하는 일은 쉽지만 어렵다. 은연중에 다른 사람을 부러워하고, 은연중에 갖지 못한 것을 원하고, 자신도 모르는 사이에 질투하고 부러워하기 때문이다. 자신을 사랑하지 않으면 자신이 가진 것보다 갖지 않은 것을 부러워하고 아쉬워한다.

안데르센이 쓴 『행운의 덧신』이라는 동화가 있다. 행운의 덧신을 신고 자신이 원하는 것을 말하거나 생각하면 그것이 이루어지는 것이다. 행운의 덧신을 신은 첫 번째 사람은 중세시대가 지금보다 훨씬 더 행복하고 좋았을 것이라는 논쟁을 하다가 자신의 신인 줄 알고 실수로 행운의 덧신을 신었다. 그러자 중세시대로 이동을 했다.

그는 길도 제대로 깔려 있지 않고 가로등도 설치되지 않은 길을 걷다가 물웅덩이에 신발이 젖고 투덜거린다. 길도 안 좋고 사람들과 대화도 안 되고 집으로 돌아가고 싶어도 가지 못한 상태에서 모르는 사람들과 대화를 하지만 대화가 통하지 않아서 화가 났다. 결국 그 자리를 벗어나려다가 신발이 벗겨지면서 현실로 돌아왔다. 자신이 동경한

중세시대에 가서도 행복한 것이 아니라 괴롭기만 했다.

두 번째 사람은 야경꾼인데 덧신을 발견하고는 위층의 중위의 것이라고 생각한다. 중위에게 덧신을 전해 주고 싶었지만 가죽 신발이 부러워서 한 번 신어 봤다. 그러면서 말했다.

"세상은 참 우스워. 내가 중위라면 따뜻한 침대 속에 누워 있을 텐데 저 중위는 저렇게 잠도 안 자고 방 안을 서성이니 말이야. 저 사람은 진짜 행복한 사람이야. 내가 중위라면 얼마나 행복할까. 처자식도 없고 얼마나 자유로울까."

그러자 덧신이 요술을 부려서 야경꾼은 중위로 변했다. 그는 분홍색 종이를 들고 서 있었다. 종이에는 중위가 쓴 시가 있었다.

오, 내가 부자라면!
오, 내가 부자라면!
청춘이란 이름이 모든 근심을 날려 버린
즐겁고 화려한 시절에 얼마나 자주
이런 소망을 가졌던가.
나, 부를 소망했건만 권력을 얻었다네.
칼을 차고 깃털 달린 모자에 군복을 입은
훌륭한 장교가 되었다네.
그래도 나의 부는 곧 가난이라네.
아, 자비로운 신이여, 날 가엽게 여겨 도와주소서!

시의 내용은 자신이 부자였으면 좋겠다는 것과 젊은 시절에 대한 그리움과 자신의 처지를 비관하는 내용이었다. 중위는 괴로움에 창틀에 기대면서 깊이 한숨을 쉬면서 생각했다.

"길 위의 저 가난한 야경꾼이 나보다 훨씬 더 행복할 거야. 함께 울고 웃는 가족이 있는 야경꾼은 얼마나 행복할까. 저 사람은 나보다 더 행복해."

그 순간 중위가 되었던 야경꾼은 다시 야경꾼으로 돌아왔다.

이처럼 인간은 계속 다른 사람을 부러워하고 질투한다. 그리고 자신이 갖지 않은 것들을 원하고 갖지 못하다는 사실을 비참해하고 괴로워한다. 이유는 단 하나이다. 자신이 가진 것을 중심으로 생각하는 것이 아니라 갖지 못한 것을 중심으로 생각하기 때문이다.

내가 나를 사랑한다는 것은 자신이 가진 것과 자신이 할 수 있는 것에 대한 자부심과 자긍심이 있으며 자존감이 높다는 말이다. 내가 나를 좋아하고 사랑해야 하는데 다른 사람들이 나를 사랑해 주기만을 바랄 뿐 내가 나를 사랑하지 않는 사람이 많다. 가족에게 희생하면서 자신을 돌보지 않고, 희생했으니 상대방은 반드시 나를 사랑해야 한다고 생각하는 것이다. 어느 정도는 가족을 위해서 희생하고 배려하면서 살아가야 하는 것이 삶이기 때문에 희생 자체가 잘못된 것은 아니다. 다만 자신을 돌보지 않고 희생만 하는 것이 문제이다. 자신을 가치 있게 여기는 순간 다른 사람도 나를 가치 있게 바라보기 시작한다.

둘째 방법은 다른 사람을 사랑하고 좋아하는 일이다. 다른 사람을 바라보는 시선이 긍정적일 때 좋은 관계가 형성되고 좋은 관계가 다시 자신에게 영향을 미친다. 행복의 핵심은 내가 나를 사랑하고 존중하는 만큼 다른 사람도 사랑하고 존중해야 한다. 행복지수는 내가 다른 사람을 사랑하고 존중하는 과정에서 계속 올라간다.

케임브리지 대학교의 펠리시아 푸퍼트와 티모시 소는 행복을 지속적으로 증진시켜 활짝 피우면 삶이 그만큼 풍성해진다는 의미로 플로리시(Flourish)라는 정의를 사용했다. 행복의 만개라는 뜻으로 활짝 핀 꽃처럼 더 피울 것이 없고, 더 바랄 게 없고, 더 올라갈 데가 없고, 더 채울 것이 없는 풍족하고 충만한 삶, 이것이 플로리시한 삶이다.

성장하고 발전하고 가치 있는 사람이면서 존중받는 행복한 사람이 되기 위해 가장 중요한 기준은 바로 자신이다. 행복한 삶을 위해서 다른 사람을 희생시키지 않고 긍정적인 관계 안에서 행복을 만들어 나가는 것이 진짜 행복이다. 우리는 행복하기 위해서 지금 이 순간 최선을 다하며 살고 있고, 더 나은 미래를 준비하면서 오늘을 즐겁게 살려고 노력한다. 분명 매 순간 행복감을 느끼는 것은 불가능할지도 모른다. 하지만 나 혼자만 그런 것이 아니다. 세상의 모든 사람이 부럽고, 자기만 아직도 제자리걸음을 하는 것 같고, 늦은 것같이 느껴질 때는 다음과 같은 생각을 해 보라.

'남들도 다 똑같다.'

이 세상에 나 혼자 있다는 생각이 들고 외로울 때 '나만 그런 것이 아니야.'라고 생각하면 위로가 된다. 살아가면서 고난과 역경이 없는 사람은 없다. 즐거운 일과 행복한 일만 가득하다면 거짓말이다. 사람들은 행복해지기 위해서 계속 노력하는 것뿐이다. 내일이 아닌 오늘 행복하기 위해서 노력하고 긍정적인 감정을 만들기 위해서 노력하는 것이다.

세상에 공짜는 없다. 노력하기 때문에 발전이 있고, 발전하기 때문에 더 나은 나 자신을 만들 수 있는 것이다. 자신이 원하는 삶과 목표를 달성하기 위해서 그 과정을 즐기고 오늘을 즐기면서 지속적으로 행복을 만들어 나가는 노력을 해야 한다. 그래야 내가 진짜 행복한 삶을 영위할 수 있다.

참고문헌

공자. 김형찬 역(2016). 논어. 홍익출판사.

도모노 노리오. 이명희 역(2007). 행동 경제학. 지형.

돈 리처드 리소, 러스 허드슨. 주혜명 역(2009). 에니어그램의 지혜. 한문화.

로랑 베그. 이세진 역(2013). 도덕적 인간은 왜 나쁜 사회를 만드는가. 부키.

Robert Plutchik. 박권생 역(2004). 정서심리학. 학지사.

루이 코졸리노. 이민희 역(2013). 뇌기반 상담심리학의 이론과 실제. 시그마프레스.

매튜 맥케이, 피터 로저스, 주디스 맥케이. 정동섭 역(2008). 분노의 기술. 이너북스.

박경애(1997). 인지 정서 행동치료. 학지사.

쉬나 아이엔가. 오혜경 역(2010). 쉬나의 선택실험실. 21세기북스.

슈 나이트. 박정길 역(2005). 비즈니스 NLP. 물푸레.

스티븐 코비. 김경섭 역(2003). 성공하는 사람들의 7가지 습관. 김영사.

애비너시 딕시트, 배리 네일버프. 이건식 역(2009). 전략의 탄생. 쌤앤파커스.

오세진·김청송 외 9명(2015). 인간행동과 심리학. 학지사.

우문식(2012). 긍정심리학의 행복. 물푸레.

이언 맥더모트, 조셉 오코너. 설기문 역(2000). NLP의 원리. 학지사.

이훈구·이은정(2005). 정서심리학. 법문사.

정옥분·정순화·임정하(2007). 정서발달과 정서지능. 학지사.

J. M. 바바렛. 박형신·정수남 역(2007). 감정의 거시사회학. 일신사.

James W. Kalat, MICHELLE N. SHIOTA. 민경환 역(2011). 정서심리학. CengageLearning.

GEORG H. EIFERT. 유성진 역(2008). 분노의 갑옷을 벗어라. 이너북스.

Johnmarshall Reeve. 정봉교·윤병수·김아영·도송이·장형심 역(2011). 동기와 정서의 이해. 박학사.

존 아사라프, 머레이 스미스. 이경식 역(2008). THE ANSWER 해답. 랜덤하우스코리아.

차드 멍 탄. 권오열 역(2012). 너의 내면을 검색하라. 알키.

켄 블랜차드. 조천제 외 1명 역(2007). 상황대응 리더십 2 바이블. 21세기북스.

크리스토퍼 피터슨. 문용린 외 2명 역(2010). 긍정심리학 프라이머. 물푸레.

Howard Kassinove, Raymond Chip Tafrate. 채규만·김민녀·위지희 역(2011). 분노관리하기. 학지사.

한규석 역(2009). 사회심리학의 이해. 학지사.